发现闵行之美·闵行区政协文史丛书

岁月有痕 辑

上海小史

仲富兰 著

上海书店出版社

SHANGHAI BOOKSTORE PUBLISHING HOUSE

总　序

祝学军

　　习近平总书记指出，"文化自信是一个国家、一个民族发展中更基本、更深沉、更持久的力量。"

　　闵行区承上海县700年历史文脉，更有史前"马桥文化"5000年之历史渊源和深厚积淀，其前身上海县的立县历史可追溯到元代至元二十九年（1292），是上海"建置之本"，人们口中的"先有上海县再有上海市"并非妄语。明清时期的上海县交通便捷、经济发达，受松江府城的近距离辐射，经济、文化、城镇发展均优于其他地区；在近代城市化进程中，既没有彻底洋化，也没有固守不变，从而成为农耕文化、商贸文化与近代海派文化的相生、相融之地，独具地域文化特色。

　　改革开放以来，闵行区经济社会发展成就显著，经济总量、财政收入、居民生活水平、城市化进程、公共服务等诸多指标均位列上海各区前茅，闵行经济技术开发区、紫竹高新区、莘庄工业区引领经济发展。所以，闵行是上海的工业基地、科创新区，也是当之无愧的经济强区。同时，闵行集聚了上海交大、华东师大、航天八院、中国商飞等众多高校科研机构，各文化艺术门类、文化艺术团队及文化名人遍布全区各地，是上海的人文高地和名副其实的文化大区。

闵行区的前世今生，堪称海派文化的发祥之地。闵行区政协牢记肩负的文化使命，若干年之前，区政协文体委就组织开展了闵行文化资源的调查，据当时调查报告所示，作为闵行区文化资源重要组成部分的地方历史文献，未能及时系统整理出版，为此提出了相关建议。2017年，区六届政协工作开局之初，就着手筹划闵行文史资料的编撰出版工作，由学习和文史委员会负责编制本届政协文史资料编撰出版工作规划，定名为"发现闵行之美"系列丛书，秉承"以人存书""以书存史""以史为鉴"的原则，计划每年编撰出版一辑5册，共五辑25册，分五年完成。从"民艺乡俗""岁月有痕""老巷陈香""故土之韵""百舸争流"五个方面，集结闵行历史文化之精粹，以飨众多闵行和上海读者。

编撰过程中，也碰到了很多困难，但有幸于闵行丰厚的历史和历代先贤留下的文化瑰宝，让我们充满底气；政协委员和社会各界的鼓励和支持使我们信心倍增。热切期盼得到社会各界持续关注、支持和热心指导。

让我们共同努力，传承好闵行灿烂的历史文化，谱写好未来的美好乐章！

目 录

上海，一个包罗万象的"海"

（代序）

　　2019年4月10日下午，我应邀出席闵行区政协在上海海派艺术馆举行的"发现闵行之美"系列文史丛书出版雅集。那次会上，闵行区政协主席祝学军先生提议要编一本"上海小史"的书，勾勒上海发展的线索，描摹上海的历史风情，文字要简明生动、图文并茂可读性强，庄重大气又便于携带，这个提议得到了与会领导与专家学者的赞同。

　　祝学军先生的提议，体现了闵行人对曾经的上海县的感怀，因为现在闵行的大部分地区原本属于上海县，从传承有序、情怀追寻上来考虑，闵行人提出写《上海小史》，是合情合理、顺理成章的。上海县自元代设置，直到1927年7月7日之前，可以说，"上海县"就是上海的全部。从"上海特别市"和"上海市"相继出现，再到1992年9月26日国务院关于设立新的闵行区的批复，"上海县"才淡出人们的视野，从风土记忆"传承有序"的视角来考虑，编撰一本言简意赅地讲述上海的"小史",帮助更多人知晓上海的昨天和前天,建设上海更加美好的未来,一定会大有裨益。

后来,闵行区政协学习和文史委的同志找到我,要我承担起撰作这本《上海小史》的任务,这既让我感到荣幸,又感到有几分惶恐,承担这项编撰工作,与闵行人一起,与有荣焉;然而又生怕自己学养不足而如履薄冰。倘若我一再推辞,就难免"却之不恭"了。

一座闻名遐迩的国际大都市总是元气淋漓、富有生机的。正如一句西谚所云:"罗马不是一天建成的",今天举世闻名的上海也不是一天造就的。1840年鸦片战争,西方老牌帝国主义国家依托他们的坚船利炮,轰开了中国的大门——上海被迫开埠、设立租界。然而,谁能否认,要是没有古代上海深厚的传统文化根基,要是没有苏、浙、皖以及中国各地民众在这里留下的经济文化积累,要是没有一代又一代上海土著居民与外来移民,筚路蓝缕,辛勤劳作,艰难开拓,不懈奋斗,上海今天的繁荣也是难以想象的。

上海就是一个包罗万象的"海",文化底蕴深厚,人物事件巨量,尽述上海之详,恐怕成百上千卷煌煌巨著也是说不尽的,这是一个专门的学问,有学者还为此开辟了一门"上海学"的学科。我一辈子做民俗学、传播学,也是不断地在学习,风土识小,见微知著,虽然出版过几本有关上海人文的著述,但真的要做这本"小史",断不能采取"报流水账"的写法,应该抓住上海的特点与重点。虽然是闵行区政协提出撰作这本"上海小史"，但不能仅仅是站在闵行的角度说上海，特别需要以一种公允平和的心态和客观公正的眼光来叙述这段历史，我的理解是要跳出闵行看上海，乃至跳出上海看上海。

那么，什么是上海的特点与重点呢？思前想后，最终我理出了"三段、二论、一主线"的思路。是不是合适？借此机会，也向读者诸君做一个分享。

先说"三段"，就是将上海的历史划分为"三段"。从上海这块土地上有人烟遗迹开始，说到北宋出现"上海"这个地名，是为第一段；从宋代"上海务"出现、上海镇的建立到元代建县，形成一个滨海县城，到1843年11月17日上海开埠，此为第二段；开埠之后至今，是为第三段。

我曾经犹豫过，尽管上海古文明有六千年之久，但宋代之前并没有"上海"这个地名，远古文明要不要说，秦汉之前乃至魏晋南北朝直到唐代，这块土地上有过什么往事？记得拙作《上海六千年》（三卷本）问世后，也听到一些意见，有人说上海这座城市主要是与人家"比新"，而不是"比老"，说它有六千年有什么稀奇，有的地方有几万年呢。我心里想，有什么好比的呢？就如同一句俗话说的："不与他人较长短，只与自己比高低"，上海为什么要与别地"比长短"呢？！即使要与别的城市"比新"，上海就一定是强项吗？深圳比上海的历史短得多，但它不是光华四射吗？！我写上海六千年，并不是说上海城市已经有六千年了，而是根据考古学家的发掘与研究成果，今上海这片土地在六七千年前就有文明的遗迹，有先人生活的印痕。世界上无论哪一个城市，要谈及她的由来，总离不开考古学、民俗学追溯，这是常识啊。说到底，说上海的远古文明，与这座城市面向未来的创新意识是并不抵牾的。所以，这本拙作还是从上海古代成陆时的冈身说起，对"上海"这个地名出现前的土地与文化记忆做点交代与铺陈，以便于读者对上海历史的理解有一种纵深感。

"上海"得名于北宋，根据是《宋会要辑稿食货十九·酒曲杂录》。这部书是从《永乐大典》中辑出的宋代官修《会要》之文，应该是可信的。宋人马端临《文献通考·征榷考一·征商》说"凡州县皆置务，关镇亦或有之，大则赚置官监临，小则令、佐兼领，诸州乃令都监、监押同掌。"据此，一般的州、县设置税务，多数镇市和某些繁华墟市也设置税务都监、监押也参掌州的财政事务。"上海务"就是那个朝代设立的一批官署衙门潮流下出现的。

北宋熙宁十年（1077），"上海务"已经名列秀州十七个酒务之前十名，那么它的出现时间应该更早，关于"上海务"成立的时间，史料无载，不过《宋史》记载的"务"，为官署名，多为掌管贸易和税收的机构，史料典籍中出现"上海务"的时间是宋仁宗天圣元年（1023），那一年还出现了诸如"稻田务""交子务"一类的官署机构，这些机构与"上海务"性质是一样的，都是朝廷设置在各地的税务机构，所不同的是，"上海务"是榷酒税的机构。今人所见《宋会要》有关"上海务"的记载，还有几处，如北宋庆历四年（1044）、元丰四年（1081）两次编撰的汇集，所以在《宋会要辑稿》中出现两种税额，熙宁十年额是新额，旧额则是庆历三年（1043）前的岁额。据《宋会要辑稿·食货·酒曲杂录》记载，旧额是天圣元年"以大中祥符元年至乾兴元年内取一年课高者为额"的。上海务名列在旧额中，说明它的出现年代应不迟于1023年，很可能就在宋真宗大中祥符元年（1008）。

"上海务"虽然还不是正式的行政建置机构，但它为后来"上海镇"的设立，打下了基础。由于史料的匮乏，这段历史显得很不清晰，需要我们从种种蛛丝马迹中进行辨别。从"上海务"机构的设立到上海镇的设立，特别是上海镇何时成立，目前还是一个"文化之谜"。好在众说纷纭的各种观点中，有个"公约数"，那就是各方面的专家学者都认可宋代设立了上海镇，所以，从慎重起见，本书还只得维持"宋代建镇"的观点。

从宋代上海建镇一直到近代上海开埠，期间包括元至元廿九年（1292）上海设县，不足千年的历史。这期间历经元明清及民国诸朝诸代的政权更替，纵观这一段历史，上海确实一直在变化与发展之中，一是人口更多，文化更发达了；二是这期间没有太大的战争对上海造成的祸害，生产力有了长足的进步；三是这几个朝代，都很重视发展经济。南宋鼓励松江这一带发展经济，可以开发海滩，在一段时间里免征赋税徭役，经济发展了，其中尤以盐业与植棉业为最，在相当长一段时间里面，成为上海的支柱产业，加上交易的需要，极大地促进了商品经济的发展。

元至元廿九年（1292）建立上海县，其中就有海运发展的原因，元灭宋后，要将南方粮食与财赋源源不断地运送到北方大都，上海作为重要的运粮枢纽，海上交通要道的地位逐渐凸显，导致上海早期的海运事业蓬勃发展起来，建县就成为必要。

明代朱元璋立国，海上政策禁止私人出海、外贸，这对上海影响很大。明代实行海禁主要是为了防止倭寇和金银外流，而不是禁止国际贸易。而清代前期的海禁主要是出于防汉制夷的政治考量，打击反清复明势力。因此清代海禁也非常严厉，尤其是在清人入关后的头两年里，让沿海地区变成了无人区，导致沿海地区经济的大倒退。不过在康熙王朝之后海禁被解除了，清代也较大范围的开放了民间海上贸易，给了上海县的发展以很大的生机。

第三段，那就是1843年上海开埠，开埠之初，上海县城人口大概20多万，在全中国比较大的城市当中，排名第12位。到1900年，就超过了一百万。到1915年，超过了二百万。到1919年，达到了二百四十万。到1949年，达到了546万，已经是世界第五大城市，中国的特大城市了。据历史学家熊月之介绍，这些人口中85%以上，都是移民过来的。这个时候，上海城市人口结构变化很大，一个是国内的移民，江苏、浙江、广东、安徽、山东等地的移民很多，还有一个是国际移民，有来自58个国家和地区，外国人的比例，比今天上海外国人的比例还要高。

从上海历史发展"三段论"来看，我概括出两个论点："有容"与

"开放"。

俗话说"有容乃大",上海是滨海的城市,与水有与生俱来的因缘。大海赋予了上海特别的灵气,因而特别能够包容。自从宋室南渡以后,中原人士因战乱不断南移。许多世家大族,例如董其昌、徐光启等家族,大体上都是南宋时期,由北方举族南迁而来,中原人士南移的目的地固然是当时的都城杭州,但在迁徙过程中,很多人半途就落户在上海这个地方了。这些有文化底蕴和腰缠万贯的世家大族与本地的顾姓、陆姓等望姓大族不断融合,给上海文化增添了一抹亮色,也由此形成上海宽容地对待各地移民的历史传统。是为"有容"。

开埠以后的上海,它表现出面向大海的巨大胸怀,特别是欧风美雨的袭来,对内地不同人群有着不同的吸引力:对资本的拥有者来说,上海是一个首选的投资场所;对追求享受的达官贵人而言,上海是罕见的温柔乡和销金窟;对谋生者来说,上海是充满就业机会的地方;对寻求发展者来说,上海是一个各路英雄的用武之地。滨海城市的出路在于港口,开埠之前上海就演变成"江海之通津,东南之都会"。上海的繁荣与衰落跟港口的兴衰直接相关,港口盛,上海就兴旺;港口衰,上海就缺乏动力。当然,新中国成立后,特别是在改革开放时期,国家的开放政策,如春风化雨,使上海的面貌巨变,这个现状很多人亲身经历,大家有目共睹,就用不着我赘言了。是为"开放"。

说完前面的"三段"与"二论",这本小史的"主线"就呼之欲出了。上海之大，无奇不有，可写的东西实在太多，既然是"小史"，还是力求贯穿"上海人文追寻与城市建置沿革"这根主线，与这条主线稍远的东西只能删繁就简了。从1000年前的上海务，900年前的上海镇，700多年前的上海县，93年前的上海市。循着这样的一条主线，我为自己定了一个小目标，就是想用十来万字与一百多幅图片的容量，为上海的发展勾勒一个大致的节点，交代一个来龙去脉。

当然，写作方式上，不追求"高大上"，不搞"学究气"式的繁琐。考证是必须的，然也尽可能写得通俗些，再通俗些，但真的要写得"通俗"也是很难的事情，要让读者看得懂、愿意读，又坚持这是一本严谨的社会科学读物，不搞"戏说"，不搞"虚构"，它的每一个观点，都有历史依据，要经得起推敲。尽管平素也积累了一些书刊与资料，真的用起来，就感觉"书到用时方恨少"，是不是说到点子上了，真的要恳求上海史研究的各位方家和读者们的批评指正。

我交待一下这本小书的成书过程：先是做了一遍资料长编，进行对比梳理的研究，那个辛苦的过程我就不说了，前人谓"挑三担水，喝一杯茶""磨刀不误砍柴工"，资料工作做得心里有底了，方才开笔成文。行文风格还是采用散文的笔调，或者说一个新闻记者写报道的语言风格，可能比较自由和散淡，读者面可能会宽一些，于我也可挥洒自如一些。这本小书不是做学术论文，引文的来源和出处随文交代，不做繁文缛节的脚注，文末附有参考书目，有兴趣的读者可以进一步延伸阅读。为了有助于读者的阅读理解，我也选用了一些图片，现在是读图时代，而且老图片也蕴含着很大的信息量。当然，在互联网时代，网络上的资讯材料，但凡细心引用来源可征之资料，也引用了一些，并尽量用原来之语句，不过在运用时，有时也会解释一下，以减少读者阅读的障碍与麻烦。

想法是蛮多的，但是不是做到或者做好了，我不敢说，只有让读者去评判了。任何善意的批评我都是心怀感激的。

仲富兰

2020年7月31日于沪上五角场凝风轩

第一章
"冈身"延展的
文化遗迹

"冈身"与海陆变迁

上海是长江口的一块冲积平原，位于长江三角洲的东端。其地理位置东临东海，西濒太湖，北倚长江，南望杭州湾；南北长一百二十多公里，东西宽约一百公里，现在的面积为六千三百多平方公里。

远古时代，太湖原本是一个海湾。其后长江南岸的沙嘴自西北逐渐向东南伸展，在到达杭州湾后，由于受强潮影响，折而向西南推进，终于和钱塘江口的沙嘴连成一气，将太湖与大海隔开，沙嘴的外缘就成了江南

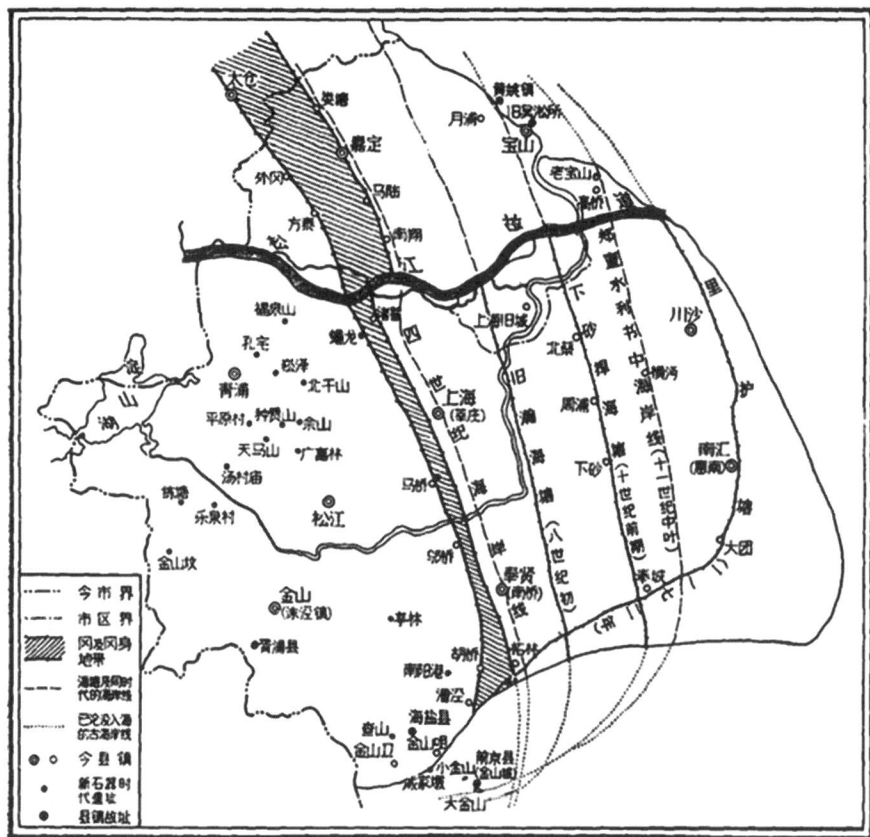

上海市大陆部分海陆变迁示意图，原载《考古》1973年第1期

地区第一条基本上连续的海岸线。根据考古学家和历史地理学家考证，上海史前文明有六千年之久，早在六七千年前，在长江和海水交互作用下，由于海陆变迁，海浪在那里堆积了大量泥沙和介壳残骸，因而形成了一条条高出于原来地面的海岸遗迹，人们称之为"冈身"。"冈身"两字最早见于北宋郑宣《水利书》，北宋朱长文《吴郡图经续记》也说："尝闻频海之地，冈阜相属，俗称之冈身。此天所以限沧溟而全吴人也"。

冈身是远古时代古海岸线的沉积标志，也是上海滩逐渐成陆的有力佐证。

"冈身"由"西北—东南"走向的贝壳砂堤构成，比附近地面高出几米，走向略似弓形。随着"冈身"形成，上海的海岸线稳定下来。"冈身"以东为尚未成陆的海疆，直到汉唐以后逐步成陆，形成现在的市区和浦东。时至今日，陆地面积还在缓慢向大海延伸。

冈身形成后，潮汐为冈身所阻，原来较高的沙嘴沙洲免除了被淹的威胁。人类在此从事生产活动，并定居下来，经历了一段相当漫长的历史时期。自公元一世纪以后，中原历次的兵燹，促使黄河流域的人口一批批

今上海奉贤区境内的华亭古海塘

地南下移殖长江流域。

由于位于西南方的冈身以内和冈身地带的区域成陆在先，位于东北方的冈身以外和里护塘以外的区域成陆在后，所以开发顺序也是由西南而渐次推向东北。由于人口逐渐增多，与海争地的需要更为迫切，从公元12世纪至今的8个多世纪内，在宽仅几公里至十几公里的新涨土地上，逐步向外增筑了至少四条海塘（钦公塘、老圩塘、陈公塘、新圩塘），这些海塘的兴建，抵御了海水的咸潮浸灌，扩大了上海的陆地面积，保护了民众的生命财产安全，海塘的修筑同时又迫使此后长江挟带来的泥沙全部堆积在海塘以外，人为地加快了陆地扩展的速度。

然而，海陆变迁的过程也是艰难曲折的，有进就会有退，大陆土地向大海缓慢伸展，也会有陆地面积坍没的现象。近几百年来，上海大陆东北部坍没现象就是很明显的例证。据《宝山县志》，宝山城外明代旧海塘约在明末清初坍没，塘址逐步内移，去旧塘已数里之遥。清乾隆五年（1740）为保障县城的安全，乃于县城附近土塘内加筑石塘一段。今土塘已坍没，仅赖石塘护卫。再如宋代著名的黄姚场（黄窑镇），宋明以来许多史志和典籍都曾提到它，然而，这个"黄姚镇"在明末或清初就沦于海，其故址在今宝山月浦镇东北三公里张家宅后海塘外。为上海人熟知的金山和金山城由陆地沦海也是例证，地方志书上都讲到了古代金山本在陆上，山北麓有一个金山城；后世金山城及其附近平陆沦没于海，大小金山遂孤悬海中，形成了今天所见的金山"三岛"。

这片土地在六千年前就开始有人类活动的遗迹，却至迟到一千多年前，仍然没有得到很好的开发。学者在分析这种历史现象时说道："主要应该是由于当时海塘未筑，这片土地还经常受到海水咸潮浸灌之故。唐开元初年兴筑了上海地区第一条海塘——旧瀚海塘，这在上海开发史上是一件划时代的大事。"（谭其骧《上海市大陆部分的海陆变迁和开发过程》，《考古》1973年第1期），因为唐代修筑了海塘，海塘以内的土地免除了咸潮的冲击与危害，使农业生产和人们的生活有了基本的保障，此后三十多年新建的华亭县才能一直保存下来，并且又陆续分建了其他几个县。

渐次东进的三条海岸线

古代上海地区的海陆变迁，从距今6000—7000年前冈身形成，一直到后来几条海塘的修建，海岸线逐渐缓慢地向东南推移，数千年来上海大致存在过三条海岸线：

第一条：东晋时期上海的海岸线（317—420）

最早见于南朝梁简文帝的《吴郡石像碑记》（550—551），记说："吴郡娄县界，松江之下，号曰沪渎"，相传有石佛浮于沪渎海滨，就是中国佛教史上著名的"石佛浮海"的故事，延展了人们许多神话想象。北宋时代，《吴郡图经续记》说："松江东泻海曰沪渎，亦曰沪海。"《元丰九域志》秀州华亭县条下记载："华亭……有金山、松陵江，华亭海"。松陵江即松江，也就是吴淞江，华亭海显然是指那一片尚未成陆的内海。

"沪渎"两字何解？几千年前，上海先民在吴淞江东段近海处的江、海之间"插竹于海中以绳编之……潮上即没，潮落即出，鱼随潮不得去……"这种捕鱼工具叫"滬"，"沪"也不是上海所独有，台湾澎湖岛有个景点叫做"石沪"，也是利用海水涨、落捕鱼，所不同的是它那里不是插竹于海而是用海石垒成。"渎"的本意是不受任何阻碍直奔入海的江河，

静安寺，初名沪渎重元寺，1008年更名静安寺，南宋嘉定九年（1216）年迁到现址

为了避免海水的浸灌，人们在入海口用石头垒成一个边际，当然也具有海疆旁修筑军事防御工程的意义。这就是"沪渎垒"。

据元代静安寺主持寿宁辑录《静安八景》，其中就有"沪渎垒""芦子渡"等；后来演变为"沪城八景"，其中有"黄浦秋涛""凤楼远眺"等景色。元末平江路（即苏州府）总管贡师泰作《吊袁山松》诗："避难吴淞江，出游沪渎垒。"我以为，沪渎垒既然具有军事工程的意义，战场不可能距离民众的居住区很近，而应该在吴淞江的入海口附近，它是东晋南朝时期上海的海岸线，反观历年所发现东晋南朝以前各代的墓葬、遗址等都在沪渎垒一线以西；距岸线最近的一处南朝墓葬则在老上海县的莘庄，说明莘庄以东这一带，到东晋南朝时还只是滨海斥卤之地，并没有得到实际的开发。

第二条：唐代上海的海岸线（618—907）

1975年11月，浦东川沙县严桥公社浦建路一带在兴修水利时，新开南张家浜河道，发现了一处唐至宋代的村落遗址，出土了一些时代特征强烈的考古遗存，其中有生活用品、砖砌井及吃肉后丢弃的动物骨头，这一发现有什么意义呢？这些器物中有器口内外施茶绿色釉的瓷碗，其中一种是敛口、坦腹、平底的瓷碗，与浙江瑞安齐梁墓中所出土的相近，也与唐高宗时期（650—683）江苏如皋木船中所发现的一致，属于唐代早期的形制。另一种是敞口、坦腹、腹壁斜直、平底，在上海市松江区也出土了唐大中十三年（859）石经幢附近的唐代地层中类似的瓷碗，它与广州唐大中十一年（857）姚潭墓出土的瓷碗，器形也很相似。根据这些考古发现和地质上的调查资料，考古学家认为，上海地区唐初或比唐初更早些时候的海岸线已经延伸到今航头、下沙、周浦、北蔡、江湾、月浦以抵盛桥一线。

在北起今宝山县盛桥，南经月浦、江湾、北蔡、周浦、下沙以抵航头一线，断续存在一条地下沙带。这条沙带西距冈身约二十公里许，也与冈身相平行。沙带迤西如今虹口区广中路菜场、中山北路、共和新路、市南中学、浦东白莲泾都曾出土过一批唐代和南朝的日用陶瓷器，表明这一带地区包括今市区的绝大部分，除杨浦区东端以外，早于唐代已经成陆。华东师范大学地理学前辈褚绍唐教授曾经说过："在今虹口区广中路（虹口公园以西）曾出土南朝时期的青釉磁碗，在今浦东严桥、白莲泾出土唐代青釉瓷碗，这说明在南朝时期今广中路一带已早有人居住。因而推断公元五六世纪时吴松江出口当已到达今虹口公园附近。"（见褚绍唐《吴淞江的历史变迁》，《华东师范大学学报（自然科学版）》1980年第2期）

根据地层叠压情况和出土遗物所判明的年代，可以认为，在唐代初期或更早一些，那里已经成为可垦之地，逐渐有了民众定居的村落。唐代开元初年筑起捍海塘堤以后，海岸向东伸展更快，应考虑是晚唐时所达到的海岸线。

第三条：宋代的海岸线（960—1127）

考察宋代上海的海岸线，可以从两个角度展开：

一个角度是嘉庆《松江府志》说："南跄浦顾或旧志在上海东北三十六里。其支流为东沟浦、西沟浦"。又说："椿树浦在南跄浦东，江苎浦在椿树浦东。""南跄浦"是吴淞江南岸支流"十八大浦"最接近海口的

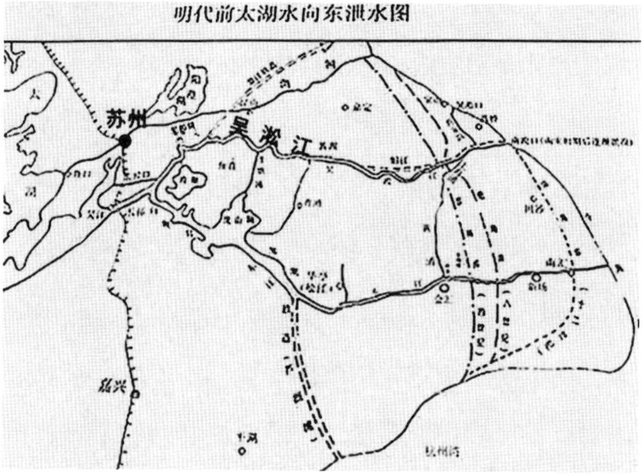

宋至明代太湖水向东泄水
与海岸线示意图

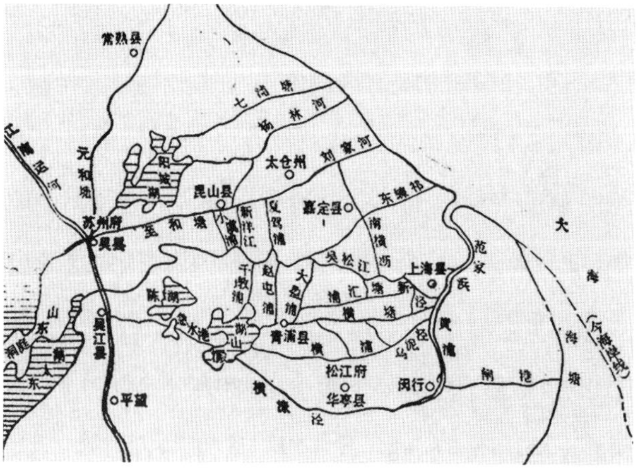

宋至明代太湖下游水系示
意图（据《吴中水利书》
诸州县图绘）

一个浦，按照郏亶水利书，其外侧还有江芦浦和烂泥浦，说明11世纪70年代，海岸线应早已达到今高桥、高行和横沔一线以东。

另一个角度可以考察浦东的海塘建设，浦东最早的一条海塘是古捍海塘。公元8世纪前后，海岸线推进到北蔡、周浦、下沙、航头一线，沿海人口逐渐增加。至唐开元元年（713），才有完整的海塘在民圩土堤的基础上重筑，后人称之为古捍海塘。据《南汇县志》《南汇水利志》记载，南宋乾道八年（1172），为保护当时华亭县沿海下沙、浦东等盐场免遭海水侵害，筑成了内捍海塘，又称里护塘。南宋乾道八年（1172）华亭知县邱崇筑里护塘，今浦东新区惠南地区成陆，明人曹印儒《海塘考》说这条塘身到明"成化中颓废，巡抚毕亨益增其旧及里护塘。"说明宋代海塘在明代又经过了原地加固，而同时修缮的里护塘则至今遗迹可见，为当地人所熟悉。即北起今高桥以东，南经川沙、南汇、奉城以迄柘林的一线。近几年来，在里护塘内侧如大团镇等地曾发现散布着的北宋至元代的瓷片，三灶等地也发现北宋和南宋早期的陶片。有理由推断，这一带成陆不迟于北宋初年，南宋乾道（1165—1173）时就成了海塘的岸线，岸线前沿地带和现在相差不远。

三条海岸线参差不齐地向东延展，揭示了上海海陆变迁的过程，说明至少在宋代，上海的陆地全区，就已经大致形成今天的格局，而不是有的人说的"上海那时还泡在水里"。

一把稻谷展现的远古文明

上海这块土地亿万斯年逐渐成陆的过程中，存在着悠长的史前文明。

上海考古工作者发掘
崧泽遗址现场的情景

崧泽古文化遗址位于青浦县城向东五公里处的崧泽村，经过考古工作者调查和发掘，发现了一个原始村落，距今约有五六千年，并保存了大量的文物和史迹。它是上海地区迄今为止最早的古文化遗址。发现可人工培植的籼稻和粳稻的谷粒，证明了这块土地的先民在距今六千年左右已掌握了水稻种植技术，更证明了中国是世界上最早栽培水稻的国家。

六千年前，属于马家浜文化的人群来到这块土地，成为最早的先民，"崧泽"则是他们最初的家园。"崧泽"的意思是指"吴淞江流域湿地中的一块高地"。1961年，考古专家第一次发掘崧泽遗址时，就发现过马家浜文化时期的炭化稻谷，并且经农业专家鉴定为籼、粳两个不同品种，是人工培植的稻谷，被称为"上海第一稻"，上海出土的人工栽培水稻，也是国内发现的首个稻谷遗存，为研究水稻起源、开展农业考古提供了珍贵的实物资料。那个时代的先民主要是依靠渔猎的方式来获取肉食来源，打猎的对象有麋鹿、野猪等，但也不排除植物性食物，这把稻谷证明中国的稻作栽培至少已有七千年以上的历史，是世界栽培稻起源地之一。

农业和狩猎虽然都以自然界的动植物为劳动对象，但农业是通过人类的劳动增殖天然产品，只有农业发生发展了，才能改变渔猎经济时期"饥则求食，饱则弃余"的状态，使长久的定居和稳定的剩余产品的出现成为可能，从而为文化的积累、社会的分工以及文明时代的诞生奠定基础。

"马家浜文化"是长江下游地区新石器时代文化的佐证，因浙江省嘉兴市马家浜遗址而得名。1977年，考古学大家夏鼐先生建议定名为马家浜文化。主要分布在太湖流域，马家浜文化及其后续的崧泽文化、良渚文化的发现与确立，表明太湖流域的新石器文化源远流长、自成系统，并具有鲜明的地域特色。根据上海考古工作者多年的研究成果，已经编织成一个完整的史前年代序列：从有人类活动开始的马家浜文化，先后历经崧泽文化、良渚文化、钱山漾文化、马桥文化、广富林文化，直至明代。

六千年前的那一把稻谷，诉说着上海远古文明的源头，我想借用这几个形容词来通俗浅白地说明上海远古文明的序列特点："文明曙光"（马家浜文化）、"云蒸霞蔚"（崧泽文化）、"艳阳高照"（良渚文化）、"峰回路转"（广富林文化与马桥文化）。

上海发现的马家浜文化最具代表性的遗址共有三处，分别是青浦崧泽遗址、福泉山遗址和金山区的查山遗址。与六千年前的这一把稻谷出土的同时，还发现了一口水井，经考古学鉴定，远古时期的上海，已经普遍种植籼、粳两种稻。农用工具也有穿孔斧、骨耜、木铲、陶杵等，人们还饲养狗、猪、水牛等家畜。渔猎经济占有重要地位，常发现骨镞、石镞、骨鱼镖、陶网坠等渔猎工具，以及陆生、水生动物的遗骸。当时的人们已有榫卯结构的木柱，在木柱间编扎芦苇后涂泥为墙；用芦苇、竹席和草束铺盖屋顶；居住面经过夯实，内拌有砂石和螺壳；有的房屋室外还挖有排水沟。多红色陶器，腰檐陶釜和长方形横条陶烧火架（或称炉箅）等独特的炊具。死者埋入公共墓地，各墓随葬品不甚丰富也不很悬殊。

崧泽遗址是一处新石器时代至战国早期的遗址，崧泽文化遗址是个很有趣的文化堆垒图，按地层可分为上、中、下三大层：下层是马家浜文化时期的古代居住遗址；上层应属于青铜时代文化遗存，年代大约为中国历史上的西周晚期至战国早期；中层则以假山墩上的墓地为代表，是一处新石器时代公共墓地。崧泽遗址中层墓葬所代表的这类遗存，既不同于马家浜文化，也与良渚文化有较大差别，文化面貌独特，自身特点鲜明，由于类似文化遗址广泛地分布于长江三角洲地区，因而崧泽遗址的发现具有典型性。

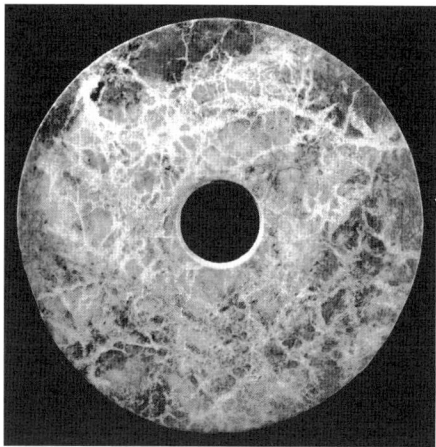

1984年，青浦福泉山遗址福泉山墓地40号墓出土的玉璧

1979年11月2日—12月1日，上海市文管会在福泉山四周农田中试掘，开深沟15条，面积130平方米，出土文物多属商、周时期至良渚、崧泽、马家浜文化时期的文物。此后经1982年、1983年和1986年三次发

掘，清理崧泽文化墓葬、良渚文化墓葬以及战国以来的墓葬数十座，出土了大量玉、石、陶、骨、铜、铁器，并发现了良渚文化人殉墓葬。考古学家对福泉山遗址的重要发现，为日后许多的发现提供了经验和线索——长江三角洲地区以"山"命名的土墩很可能就是良渚贵族墓地所在地。在这种发散性思路的启发下，1980年代后期，浙江杭州的良渚遗址群内也陆续发现了一批著名遗址。这些遗址的发掘，使得良渚文化成为探讨中国文明起源的一大热点。六千年之前，农业生产逐渐成为决定性的生产部门，男子在农业和制陶等手工业中也都在逐步占据优势。渔猎经济逐渐缩小，农业生产有了剩余，使人们生活变得略见丰富和多彩。

关于崧泽文化、良渚文化、钱山漾文化、马桥文化和广富林文化，我在拙著《上海六千年》第一卷《远古文明》有过阐释，在此恕不赘言。

马桥"鸭形壶"意味深长

马桥遗址位于上海市闵行区马桥镇东俞塘村，坐落在冈身之上。1959年12月起发掘，共分四个文化层，依次为唐宋时期遗存、春秋战国时期遗存、商周时期遗存和新石器时代遗存，出土了一批青铜器、纹印陶器、石器等珍贵文物，为上海古代历史的研究，提供了一批珍贵的考古实物，是目前长三角地区发现最早的青铜时代文化器物之一。马桥遗址下层、金山区亭林遗址下层及松江区广富林遗址下层，有共通之处，都属于良渚文化范畴。说明从崧泽文化至良渚文化过渡时期，此地就有先民在此繁衍生息。马桥文化是不是环太湖地区最大的遗址，似可商榷，但在夏商时期，马桥文化遗址应该是环太湖地区面积较大、且具有较为典型的社会生活面

马桥古文化遗址

貌的村落，则是没有疑问的。

马桥文化遗物以石器、陶器为主，多为生产生活用具。遗物中最有特色和代表性，并且广泛流行的是一种形似鸭禽的器物，学者们称为"鸭形壶"。鸭形壶主要使用泥质灰陶，敞口、粗颈、鼓腹、凹圜底，肩部附半环形扁錾，尖圆尾，腹部多饰条纹，亦有素面者。别小看了这把马桥文化鸭形壶，它透露出的信息是意味深长的。

其一，河南省洛阳市偃师二里头遗址也发现有一件类似的鸭形器，考古学者在对比这两件鸭形器的过程中发现，出土于二里头的鸭形器，基本与马桥文化发现的鸭形壶时间上相一致。虽然马桥文化中的鸭形壶主要是圈底和圈足两大类，并没有发现三足鸭形壶，但是器物的整体造型却很相近，说明马桥文化与中原夏商文化之间存在某种交往与互动。专家推测二里头遗址的鸭形尊可能是中原地区接受南方文化影响的一个表现。当然，也有学者认为马桥文化的鸭形壶应是来源于良渚文化的皮囊式壶和鸟形提梁壶，虽然马桥文化与良渚文化的分布区域重叠——都是以太湖地区为分布中心，而且不排除马桥文化中带有部分良渚文化的因素。但是，从良渚文化澄湖古井群已发表的皮

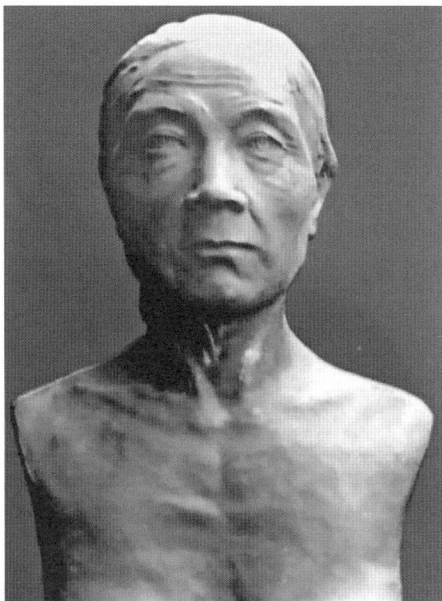

新石器时期马桥人头骨复原像

囊式壶和鸟形提梁壶来看，与前述马桥文化的鸭形壶有不小特征上的差异。鸭形壶似鸭禽，形象生动，壶腹较扁似鸭腹，并有尾部略上翘者更为逼真。对比良渚文化的皮囊式壶和鸟形提梁壶，两者的最大腹径与高的比例都近似方形，鸟形提梁壶尾端虽有上翘但已近内卷，这与野鸭形态有较大差异。

其二，马桥文化鸭形壶是由马桥文化自身发展创造出来的新器类，并且作为马桥文化的典型代表因素而向外传播。马桥地区地处冈身之上，濒临太湖流域，气候温润潮湿，湖沼密布，自然环境适合水鸟生存，长江下游地区的鸟禽崇拜意识由来已久，且在民间有着深厚的基础。结合鸭形壶的水鸟造型，马桥文化中的鸭形壶也应是当地人们的鸟禽崇拜意识在物质创造中的体现。

1994年马桥遗址出土云雷纹鸭形陶壶

其三，这把鸭形壶以泥质灰陶为主。而同类壶中，也有部分施有黑色涂层，间或有泥质红褐陶。这种红褐陶系在太湖地区找不到可资继承的传统，却与太湖以南的几何印纹陶文化有着紧密联系。马桥文化中有少部分器物表面施有黑色涂层，考古学中称为"黑衣陶"，这种黑衣陶在浙南闽北地区有着较多的发现，是"葫芦山文化"的重要特征之一。如此看来，在陶质陶色上，马桥文化在继承本地固有文化因素的同时，也接受了来自太湖以南地区文化的影响。再从纹饰上来看，马桥文化鸭形壶装饰席文、叶脉纹等，应当是马桥文化印文陶整体的特点，纹饰以腹部饰条纹，扁錾上贴小圆丁为主，其次为腹部饰席纹、叶脉纹和云雷纹。据此可以认为，早在新石器晚期，南方的早期印纹陶文化因素就对太湖地区产生了一定的影响。

这把鸭形壶，综合反映出马桥文化出土文物诸多信息，可见是当地先民在鸟禽崇拜意识支配下，自身发展创造出来的新器类型，它说明马桥文化是一个包含多元因素的文化综合体，罕见的青铜器，可能是受到来自中原地区的夏商文化影响；而陶簋、蘑菇形捏手器盖等陶器风格，又与山东半岛的岳石文化有着密切联系，它们与来自南方印纹陶传统的文化因素结合，显示出夏商时期这个地区多元文化的特色。处于新石器时代行将结束和青铜时代开启的夏商时代，北方和南方势力在此不断地发生碰撞与融合，展现出马桥文化在良渚文化之后，兼收并蓄、兼容并包的时代特色。

　　尽管马桥文化有一种奇特的返祖现象，良渚文化晚期出现的许多耗工费时的稀世珍品，包括玉器、带细刻图案的陶器、象牙器等精品，在马桥古文化遗址中均未发现，遗存只是些粗陋的陶器杂件，原始文字的形器结构和表意方式，比上距千年的良渚文字更为简单，考古学家认为除社会发展因素外，很大程度是受生态环境的影响，即新石器晚期气候变暖、海平面上升，致使发生一次次大规模的海浸。当然，这只是一种假说，假说是否成立，也需要未来实践和史料的检验。

滋养万物的"东方水都"

　　如果把长江比喻为箭，弧形的海岸线就是弓，其交集处就是上海。上海市地处长江三角洲前缘，陆域水系属太湖流域，吴淞江与后起的黄浦江都承泄太湖来水。上海的地理位置是背靠太湖，面向东海，北挟长江口，南濒杭州湾，内有苏州河、黄浦江奔流不息地穿城而过。数不清的河湖港汊，形成历朝历代难以尽述的古河道，这些古河道就像脉动的血管，滋养着这块土地上的民众与生灵。

　　也正是由于上海地处中纬度沿海，在全球气候带分布中属北亚热带南缘，是南北冷暖气团交汇地带，受冷暖空气交替影响和海洋湿润空气调节，气候温润潮湿，四季分明，冬冷夏热，雨热同季，降水充沛。《管子·水地篇》中说"水者，地之血气，如筋脉之流通者也……"说的是水充满生机和活力；而《老子》说："上善若水，水善利万物而不争，处众人之所恶，故几于道。"老子说的是水的人格魅力。水文化就是人的文化，这也是人与自然和谐发展的基本依据。

1937年，航拍上海苏州河

苏州河与黄浦江都是上海城市的母亲河。苏州河是吴淞江流经上海市区一段的称谓，这个称谓不过一百来年，但吴淞江却是一条远古至今存活的河流，牵动着几千上万年的历史，它发端于太湖，日日夜夜流淌在苏州与上海之间。这条古河道，对于吴地，对于江南，特别是对于上海着不同寻常的意义。她经年累月地流淌，随着江河的潮涨潮落，无声地见证着江南吴地逐渐成为一个人文烂漫的绚丽之地。数千年来，在中国文明史上，吴淞江点缀着五彩的音符，呼应着华夏文化的成长，吴淞江为上海孕育了诞生的环境，目睹了上海的成长壮大，见证了上海成为一颗东方明珠，闪耀在东海之滨。

唐宋以后，长江三角洲下沉，泥沙在河口地带大量堆积，因海潮的倒灌，东江和娄江相继淤塞，吴淞江也日趋束狭，堵塞了太湖水的入海去路。于是发生泛滥，使太湖中部平原洼地沼泽化，太湖水患肆虐，对吴淞江的治理益发急迫，明代，户部尚书夏原吉接受幕僚叶宗行的建议，把吴淞江的支流大黄浦与范家浜打通，并挖深拓宽，上接泖湖、太湖之水，彻底解决水患问题。永乐元年（1403），疏浚范家浜工程开始，一年之后，黄浦形成"阔二里余"的河道。明成化八年（1472），在杭州湾筑成海塘，使流入杭州湾的河道堵塞，本来流往杭州湾的河流也逐渐汇入黄浦。

经过多年长期的疏浚治理，黄浦终于成为一条浩浩淼淼的大江，并逐渐取代吴淞江成为上海的水上大动脉。黄浦江是历史上最早人工开凿疏浚的河流之一，由人工开挖改造加天然河道的组合，是人与自然完美结合的伟大工程，堪与世界文化遗产——四川都江堰媲美。

清康熙开海通商后，黄浦江的江海通津功能得以发挥，上海的港口地位不断提高。乾隆年间，上海港的船舶多达三千四五百艘。港口兴旺带来了城市繁荣,街巷扩至六十多条,百货荟萃,商贾云集,钱庄四起,会所纷现。六百多年来,黄浦江汇聚着上海的灵气,两岸荟萃了上海城市景观的精华。黄浦江畔的变迁史,记录着上海历史的荣耀和辉煌,它成就了上海得天独厚的城市形象,塑造了上海独特的城市品格,扩大了上海的外延,也丰富了上海的文化内涵。

六个世纪以来,黄浦江反哺了上海城,她给予上海港新的生命与活力,缔造了上海的历史,上海依靠黄浦江生存、长大,走向繁华。黄浦江对当今上海人民建设国际化大都市与世界之城必将产生深远的影响。

湖泊是一个城市必不可少的资源,上海青浦淀山湖不仅是黄浦江的源头湖泊,也是具有灌溉、航运、水产、供水和旅游等多种功能于一体的湖泊资源,周边有朱家角和锦溪等古镇,还有上海大观园等知名景区,被人誉为"东方日内瓦湖"之美称。北魏郦道元《水经注》云:"一江东南行七十里入小湖,为次溪,自湖东南出,谓之谷水"。广阔的湖面,其后日渐缩小,到大约1780年左右的清代中叶,淀山湖周围从二百里缩为七十里,淀山已距湖四、五里。淀山湖湖水清澈,沿湖烟雾迷蒙,一片江南水乡风光。除淀山湖之外,上海境内较大的湖荡还有鼋荡、大莲湖、火石荡、汪洋荡、急水港、雪落漾及吴天贞荡等主要湖泊7个,与淀山湖组成淀泖湖群,规模甚是宏大。1964年夏,陈毅元帅游淀山湖时诗兴大发:"又到水天空阔处,西望无涯通太湖"。

作为"东方水都"的上海,水是上海的命脉,充沛的水系如同血管一样构成了上海横塘纵浦、河湖港汊的优美风光。正因为上海与水的亲缘关系,有关水的名称在上海门类齐全,常听到的有江、河、浦、泾、沟、塘、港、浜、湖、淀、泽、荡、湾、汇……宋代文献记载吴淞江有"十八大浦"：小来浦、盘龙浦、朱市浦、松子浦、野奴浦、张整浦、许浦、鱼浦、上澳浦、丁湾浦、芦子浦、沪渎浦、钉钩浦、上海浦、下海浦、南及浦、江芒浦、烂泥浦。其他见之于方志和史书的浦，不计其数，其中有一些地名一直沿用至今，如上海、三林、周浦、月浦、吴泾、江湾等，足见太湖流域东方水都之水文化的强大魅力。

历史上，上海市区的水系，也和郊区一样丰富，只不过随着城市化的进程与推进，许多古河道逐渐填埋变成马路，市区的河流日益减少。坊间耳熟能详的洋泾浜原为通往黄浦江的港河，也是上海县设立后城北的一条普通河流，租界时期曾充当英、法租界的界河，1915年租界当局填河拆桥筑路，洋泾浜从此消失，留下了横贯市区东西向的延安路，如今这条路上架起了延中高架。再如，市区原有一条肇家浜，肇嘉浜原东接黄浦江、西连蒲汇塘，是上海城厢正中的干流，也是上海进入松江府的运粮内河，全长10公里。上海开埠前，沿浜是商业、交通中心，为县城外的繁

上海淀山湖风景区

1880年代上海洋泾浜

华地带。1958年填浜筑路，是为今日之肇家浜路。位于徐家汇西南，有个漕河泾，与古代运送漕粮有关。元代初年，漕粮要运往元大都，常取海道，吴淞江是名副其实的"漕河"，当时一条叫"漕溪"的小河，过蒲汇塘，北连李漎泾，而后变成了"漕河泾"这个名称，一直沿用至今。全长1.9公里的日晖港也早已填埋成为日晖港地区，此外，还有数不清的河浜都相继填成了马路，许多古河道，也只有将河名留在后世的路名上了。

河湖港汊最终填没成马路，古河道的逐渐消失，也是城市发展必须付出的代价。旧时上海有"沪城八景"之说：海天旭日、黄浦秋涛、龙华晚钟、吴淞烟雨、石梁秋月、野渡苍葭、凤楼远眺、江皋雪霁。这些风景多与河道水景有关，"黄浦秋涛"指农历八月十五陆家嘴附近海潮涌动

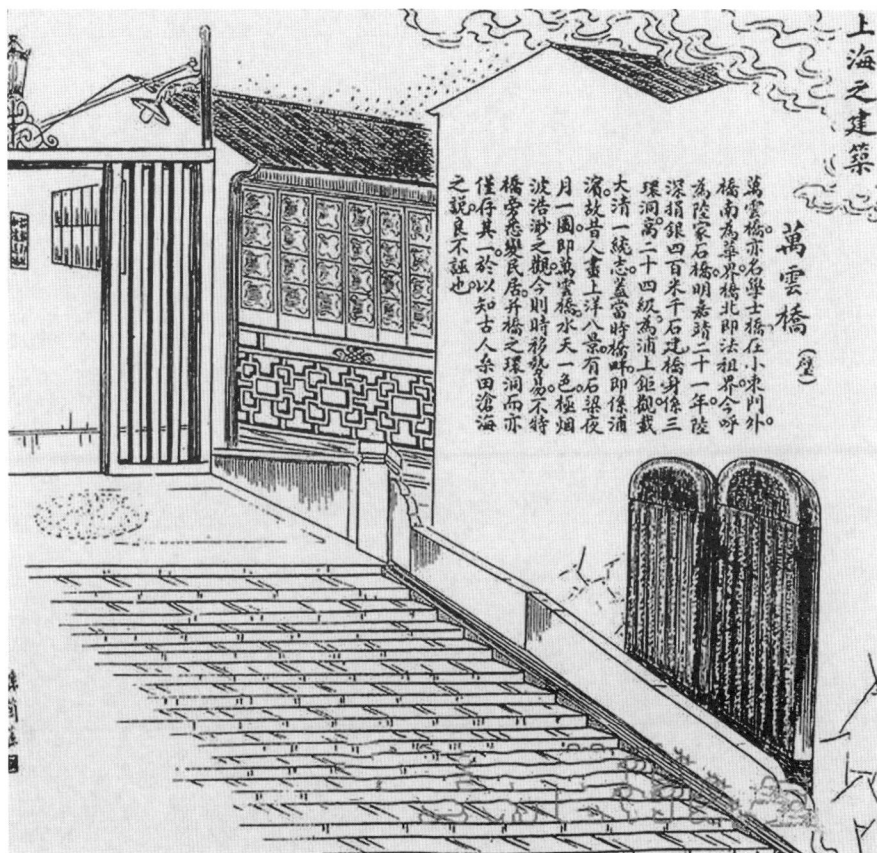

《图画日报》上所绘万云桥，又称为陆家石桥，学士桥，为老上海古八景之一

的盛况，据说当时是"三江入海接潮还，申浦秋涛涌若山"；"石梁秋月"则是在中秋节月圆之夜，老上海人都喜欢到小东门外方浜（今东门路北侧）的万云桥，俗称"陆家石桥"，又名"学士桥"；"吴淞烟雨"特指吴淞地区烟雨蒙蒙之境……今天的人们对此恐怕已经很陌生了。

第二章
稻作农耕与渔盐业

水乡稻文化渊源

　　稻作文化是江南水乡文化的源头，1961年考古学者首次发掘崧泽遗址时，就发现过马家浜文化时期的炭化稻谷。距今六七千年前稻作遗存的发现，表明这里也是中国农耕文明的发祥地，说明长江流域同黄河流域一样，都是中华文明的重要摇篮。

　　《汉书·地理志下》记载："江南地广，或火耕水耨（读音：nòu），民食鱼稻，以渔猎山伐为业。果蓏蠃蛤（读音：guǒ luǒ luǒ gé），食物长足，故呰窳（读音：yǔ yú）生，而亡积聚。饮食还给，不忧冻饿，亦亡千金

民国初年上海郊区稻田里插秧的农妇

之家。信巫鬼，重淫祀。"这就是说，居于亚热带地区的古越人有着温暖的气候，充沛的雨水，上天的恩赐既丰厚又稳定，他们的注意力更多地集中在生长出所需的一切的大地上，"民食鱼稻，以渔猎山伐"，"果蓏蠃蛤"都由大地提供，稻作文明的特点非常显著。

中华文明一个显著特点就是稻作文明，它之所以能存在万年以上，一是发明了人工取火；二是发明了种植业。水稻种植的发明，是一个跨时代的大事件，稻作文明让中华民族率先进入到产食经济时代，产食让中华先民们初步具有了摆脱自然束缚的能力。有了产食经济为支撑，远古先民不再像以前一样把主要精力都放在渔猎和采集上，成天为填饱肚子而劳碌；由于食物有了初步的保障，他们有了精力和时间来观察天地和思考

1930年代上海郊区百姓在水田里耕作的情景

人类自身。所谓人类文明，就在思考和规范中点亮了未来。

"一分耕耘一分收获"，吴越之地的先民依靠自己耕种的土地，体现了农耕民族对土地的珍惜，对大自然的尊重，对天地的敬畏。同时注定了农耕文明尚和平节制而不尚侵略掠夺，并延伸出敬天爱人、尊道贵德的和平、和谐价值观等，这和游牧文明、西洋工商文明表现的贪婪掠夺、征服杀戮有着显著的区别。

太湖流域的江南水乡，水利资源丰富，种植水稻历史悠久。从崧泽遗址、福泉山遗址和查山遗址来看，人们主要聚集在地势比较高爽的区域。早期的稻作栽培，"火耕水耨"，人们可以控制水流，却不至于形成大规模的水旱交替。《齐民要术》引《周礼·地官·稻人》条下的井田系统，说稻田之"作田"，就是所谓"塘浦圩田"，有了水利系统与圩田系统，才有火耕水耨等植稻技术。

石器时代的生产工具，也不能排除木器工具。"耒（lěi）耜（sì）"，传说为神农氏所发明。它以"斫（zhuò）木为耜，揉木为耒"，就是用一根长柄（耒）安在一个尖形铲（耜）上。耜初为木质。后来有了铁，改为铁质，耕作效率大大提高，这就是最原始犁的雏形。用它可以翻地、播种、中耕。唐陆龟蒙著有《耒耜经》，记载犁的演变。后来把"耒"部分改为弓形，更符合力学原理，与现代用的木犁大体相同了。用牛拉犁进行耕作，在我国已有两千多年的历史。《国语·晋语》记载有"宗庙之牺，为畎（quǎn）亩之勤"，反映了牛耕已经作为一种先进的事物受到重视。

耒耜的发明开创了中国农耕文化，有明确文献记载的播种用农具则有西汉的耧犁，耧犁由牲畜牵引，后面有人扶着，可以同时完成开沟和下种两项工作，耕地整地，耕翻土地，破碎土垡，平整田地等。从耒耜到畜

农民拔秧用的坐具，也称还有秧船或秧凳

力犁，开启了稻作农业的发展过程，经过先秦，到汉代的畜力犁已然最重要的耕作农具。魏晋时期，江南一带已经形成犁、耙、耖（chào）的水田耕作体系，这套耕作体系在宋代已臻于成熟，北宋时期还出现了秧马——一种拔稻秧时乘坐的专用工具。

尽管学术界对稻作技术的时间节点尚存在争论，但可以成为定论的是，当时太湖流域确实活跃着一支擅长稻作农业的原始先民，他们在这块土地上顽强地生存，勇敢地开拓。日复一日，年复一年，代代相传。农耕民族最主要的特点就是重农轻商、安土重迁和性格平和。《管子·轻重篇》中记载："一农之事，必有一耜一铫（gáo）一镰一椎（chuí）一铚（zhì），然后成为农。"先民们对于稻作工具的奉献，不断丰富着水乡农耕文化。在六千年的历史长河中，在太湖流域，特别是吴淞江沿岸的原野和泾浦及水塘间，留下了他们雄浑有力而经久不衰的生命之歌、农耕之歌。有个古老的神话传说，当年伏羲、神农曾在太湖边传播百谷。太湖畔流传着一首颇耐寻味的歌谣，世世代代传唱在吴地农民的口中："伏羲神农驾金龙，九龙山下五谷种，传下五谷救万民，万民万代谢羲神。"正因为有了稻米，中华民族进入了一个新的文明时代并创造了灿烂的文化。

"火耕水耨"与农具革新

几千年来，这里的先民传承着古老的农耕作业传统，这里地处平原和水乡，气候温润，四季分明，可以适应多种作物的生长。种植的作物按大类分，主要是水稻，当然也有小麦、油菜等不同名目的蔬菜，元代以后也以植棉作为大宗。

司马迁《史记·货殖列传》说:"楚越之地,地广人希,饭稻羹鱼,或火耕而水耨,……是故江淮以南,无冻饿之人,亦无千金之家",从考古遗址的情况看,人们最初只是利用小块的天然积水坑或积水洼地作为水田,开挖大大小小的田来扩大种植面积,包括开挖蓄水坑、排水沟及用罐和盆打水等进行农田灌溉,采集野生稻来种植,经过对稻种漫长的选择与培养,逐渐形成粒型大、变异小的栽培稻。

那么,司马迁所说"火耕水耨"的作业方式,具体是怎样的情形呢,

清雍正皇帝耕织图,现藏于北京故宫博物院

据应劭对《史记·平淮书》注中的解释是："烧草下水种稻，草与稻并生，高七八寸，因悉艾去，复下水灌之，草死，独稻长，所谓火耕水耨"。古代农人有一种独特的生产方式，叫"藜"（liú），这个字与"畬"的意思差不多，都是指焚烧田地里的草木，并用草木灰作肥料的耕作方法，是古代早期"火耕"的耕作制度，也是一种比较原始的土地利用方式。

许慎《说文解字》说："藜，烧种也。音流。案，通沟溉田亦为藜。"说明到东汉时代，"藜"不仅是"烧去草木之后下种"，又进一步引申出"开沟引水灌溉"的活动。《越绝书》记载："吴北野禺栎东所舍大藜者。吴王田也"；《宋书·豫章王子尚传》也说："时东土大旱，鄞县多藜田，世祖使子尚上表至鄞县劝农。"说的"藜"字，都是指江南地区农耕的方式，尽管后来农耕作业方式得到长足的进步，农人已经不采用"火耕"的生产方式了，但是人们还是记住了这个"藜"字，好古的文人学士也很喜欢这个古字，元末客居上海的学者杨维桢，在为秦辅之编撰的地方志书《练川志》作序时写道："吴郡（苏州），东南大都，为其属邑有嘉定，岸海为州，与昆山邻，即古之藜城也。"藜城又简称藜，并因使用者身份而有不同，如称藜邑、藜邦、吴藜、

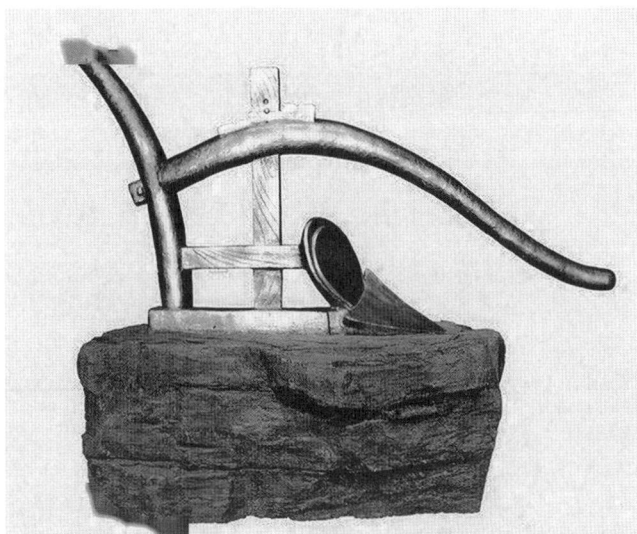

传统农具曲辕犁 雕塑图

吾疁等。上海嘉定的民众，有不少人至今还以自称"疁城"为光荣，不少招牌也都使用"疁"字，这是上海嘉定人对土地记忆和历史文化传统的尊重。

为了适应水网密集地区水田耕作的要求，早在崧泽文化晚期，江南地区就已发明使用三角形石器，到良渚文化时期，铁器出现之前的"耒耜"，出现了石犁、石刀和石镰；春秋战国以后进入铁器时代，出现大量铁器农具，如"铲""锛""斧""镰""耨""铫""镢""锄""耙""镐""铧""锹""锨"……稻作农具的品类日渐丰富，中唐以后迅速发展，出现了以曲辕犁为代表的一系列新式农具。随后，以江东犁、龙骨车为代表的水田农具体系开始逐步形成，到宋元时期，江南水田农具体系定型、成熟，农具的成熟发展也使得当地的稻作农业生产技术和生产水平达到传统农业时期的巅峰。

远古时候，先民要浇灌土地，用的是瓮缶瓶罐之类的陶制容器。到了天旱季节，人们只好抱着这类容器到河里去汲水，然后再浇到自己的土地上。艰难程度，可想而知。后来，人们在长期的生产实践中，逐渐使用一种新的汲水方法，称为"桔槔"，就是用一条横木支在木架上，一端挂着汲水的木桶，一端挂着重物，像杠杆似的，可以大大提高生产效率。从抱瓮灌地到桔槔汲水，堪称是水车发明的滥觞。

但是，桔槔只适用于浅井、低岸，对于深井、高岸的汲水，就只能望"水"兴叹了。于是人们又发明了辘轳。辘轳汲水有两种方式：一种是单向汲水，即用一根绳子系一只桶，从一个方向转动，提一次水；另一种是双向汲水，即用两根绳子系两只吊桶，以相反方向缠在轴上，向一个方向转动时，提一次水，向另一个方向转动时，又提一次水，实桶上，

1910年代上海农民使用的龙骨水车

虚桶下，交互运转。辘轳特别适用于深井汲水，它的身世大约已有一千多年了。

　　由辘轳再前进，那就是我国古代最著名的农业灌溉机械之一的水车的出现。水车，古书上又称翻车，俗称龙骨车、水龙、踏车等。它以木板为槽，前有轴，带动叶片链条，借用人力、畜力或风力使轴翻转，引水上行。贾思勰《齐民要术》是南北朝时期的著作，他提及的灌溉工具，仍然是瓦罐、桔槔、辘轳之类，可见及至南北朝时期还没有大规模地推广和使用水车。只是到了唐代，水车才广泛使用于灌溉，它使耕地地形所受的制约大为减轻，实现丘陵地和山坡地的开发，不仅用之于旱时汲水，低处积水时也可用之以排水。

马桥先民"稻粱谋"

由原始的渔猎采摘转为以畜牧和农业为主的生产方式的时代，是人类生产力极其低下的年代，"活下去"，成为那个年代民生发展最主要的动力。

今天，先民们早已化为尘埃，后人捧着六千年前崧泽文化遗址出土的稻谷和稻叶来看，禁不住热泪盈眶。打渔猎兽，发展生产，经营生活，当他们的生活初步安定下来之后，很快又以主人翁的身份，率先发明了开凿水井的先进技术，1987年考古工作者在崧泽遗址清理到了马家浜文化直筒形水井，从此彻底改变了人类离不开河、湖等自然裸露水源的被动生活，为推动中华文明的进程作出了一项十分重大的贡献。

据崧泽文化头骨复原像的6000年前的先民像

从马桥遗址的情况看，最初先民"稻粱谋"的水平大为提高，生产工具更为丰富。石镰、耘田器、斜柄石刀、石凿等等大都打磨精细，工艺考究。这些工具已经可以配套用于稻作农业的各个环节，比如，翻土时用石犁，收割时则用石镰，甚至还发现了如芡实、葫芦、稻谷、菱角、核桃以及益母草等等食物。福泉山遗址最具代表性的礼器玉琮则更是端宁古雅，线条也如机器雕刻般挺拔精确。玉琮上的人面纹、兽面纹、鸟纹则吐露着良渚文化先民内心独特的精神世界。

　　远古先民在这片处女地上莳稻、养畜、打渔猎兽，经营生活，民生图景初现。说明当时这一地区的人口出现了较大的增幅。玉器除了美化用的玉璜、玉环，首次出现了"七窍玉"的祖形——放在死者口中的玉。这说明距今四五千年时，这里的古文化面貌已经发生了很大变化，太湖地区周边已具备一种趋向相对发达中心的态势。

马桥文化灰陶折腹罐

　　然而，到了距今3200—3900年的马桥文化时期，良渚文化似乎突然消失了，马桥文化遗址未发现铸铜工具，许多耗工费时的稀世珍品，包括玉器，带细刻图案的陶器、象牙器，在马桥古文化遗址中均未发现，遗存只是些粗陋的陶器杂件特别是陶器群。

　　从现象上看，马桥文化好像一下子中断了良渚文化的诗意与优美，仿佛从一个文明的高度跌落下来，文明的演进似乎戛然而止。实际上，如前所述，马桥文化是一个包含多元因素的文化综合体，来源于浙西南山地的原始文化，同时它还包含了山东地区的岳石文化、中原地区的二里头文化因素，反映了夏商时期马桥周边多元包容的文化特色。

"民多以渔为业"

源远流长的渔业文化，也是维持和促进古代先民经济发展的物质力量。大自然赐予的充沛水系，不仅有濒江临海的区位优势，太湖支流吴淞江周边湖、荡星罗棋布，近海、长江、内陆湖河均具有不同的渔业资源。这些得天独厚的渔业资源，使得渔村遍布，很多农民同时也是渔民，"以其生长江湖，尽得水族之性"，在漫长的岁月里，不间断地维持着异常发达的渔业生产，以捕鱼作为重要的生活手段之一，从出土的大量渔业用具中，也可以得到有力地佐证。

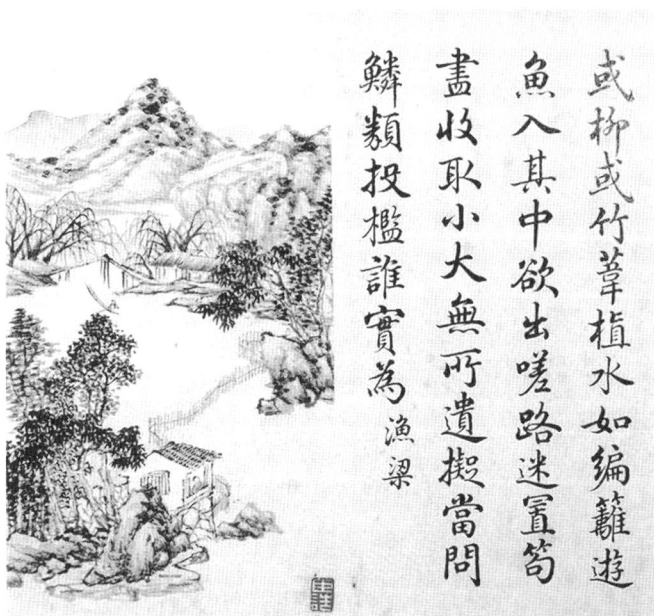

清人董诰《御制渔具诗》

　　渔业生产先是木石击鱼，徒手捕捉、简单地棒打石击就唾手可得，到作栅拦截、围堰竭泽，发展为钩钓矢射、叉刺网捞、镖投笼卡和舟桨驱取，只有到这个时候，渔业成为人类最早的经济形态之一。随着人类对鱼类习性和捕捞技术的了解，从简单到逐渐复杂的生产中，渔文化的积累和发展也相应随之而来。

　　南朝时的梁陈大学者顾野王（519—581），原名顾体伦，字希冯，吴郡吴县光福人。长期居于亭林（今上海金山区亭林镇），因仰慕西汉冯野王，更名为顾野王，希望自己像冯野王一样在文学方面取得成就。这位鼎鼎大名的文字训诂学家和历史学家在其著作《舆地志》里说："插竹列于海中，以绳编之，向岸张两翼，潮上即没，潮落即出，鱼随潮碍竹不得去，名之曰扈。"唐代陆龟蒙考证"沪"字曰"列竹于海澨，曰扈。吴之

吴淞江有很多的"滬"，而"滬"这一古老渔具的名称，演变为上海的简称

沪渎是也",又自注"吴人今谓之簖"。所谓"扈""簖",就是上海早期渔民发明的一种竹编的捕鱼工具。就凭今日上海简称"沪",上海人就应该记住顾野王。

自古以来,上海渔民使用渔网的方法有很多种,"泖澱江浦之间,民多以渔为业,取鱼之术亦备。其结网持网者,总谓之网。有注网、丝网、塘网之流。曰罛、曰罾、曰罩、曰罟……"(《嘉庆松江府志》)。有些起源很早的渔具、渔法,如罧、簖等。罧(读音:shēn),"柴水中以聚鱼也,从网林声。"(许慎:《说文解字注》)实际上就是在认为有鱼地方的水域中,积柴薪为荫以引诱鱼类游集于其下,然后捕捞,所以《说文通训定声》云"'罧'者扣舟,鱼闻舟声藏柴下,雍而取之。"罛(读音:gu),"鱼罟也,从网瓜声。罟,网也。"这种捕鱼方法是利用鱼类的习性进行捕捞,捕捞成鱼,漏掉幼鱼,是一种有利于保护渔业资源的科学方法。还有如敲惊、簖箔、扳罾、虾笼、以鱼鹰或鸬鹚捕捞、撮鳊窠等捕鱼方法,起源较早,直到近代上海的渔民还在继续使用。"邑境渔民多贫苦,小民乏巨大渔船及设备完全之渔具。大都持一叶扁舟操作生息于其中,至简陋也。"(《民国宝山县再续志》)。

上海地区河网密布,内河和海洋捕捞均为渔民的传统产业。松郡三泖(历史上松江、青浦、金山至浙江平湖间相连的大湖,有大泖、中泖、下泖之分,今只存下泖,亦称圆泖),唐陆龟蒙有诗句"三泖凉(鲸)波鱼动"。明沈明臣称"深秋泖上一经过,蟹舍鱼罾处处多"。《嘉庆松江府志》记载:"松江出好鲈,鱼味异他处"。四鳃鲈鱼,为上海特产,《后汉书·左慈传》载:曹操设宴,左慈在座,操曰"今日盛会,珍馐略备,所少松江鲈鱼耳",可见"松江鲈鱼"之珍贵。隋大业《拾遗记》载,吴人献松江鲈鱼脍供炀帝品尝，帝赞赏曰："金齑玉脍，东南佳味也。"每年的春秋两个季节，鲈鱼产量最多，至冬季则隐而不见。春季菜花黄盛时节上市的鲈鱼，谓菜花鲈，秋季七八月上市的谓之桂花鲈。据宋人范成大《吴郡志》记载："鲈鱼，生松江，尤宜鲙。洁白松软，又不腥，在诸鱼之上。"后世松江鲈鱼被誉为中国四大名鱼之首。

1920年代上海县踩着木板撒网捕鱼的渔民

渔民的生产是流动的，这种流动的海上作业，常常带有不可预测、不稳定和危险的性质，渔民的冒险精神和粗犷豪爽性格的生成与他们在海上的这种特殊生存状态有着不可分割的关系，这个特质又给后世上海城市的"英雄情结"作出了最好的背书。

"吴盐如花皎雪白"

盐，自古以来，就和人们的生活息息相关。盐业生产，作为一种古老的行业，千百年来，不断呈现出自己独特的文化内涵，并闪耀着异彩纷呈、经久不衰的光亮和魅力。明代有个叫何孟春的上海文人，在他《余冬序录》的书中曾这样写道："今日之盐，煮海者偏东南，煮井、煮卤、种颗者出西北。"这句话道出了海盐与井盐的产地之别，也是较早提出海盐偏于东南沿海的记录。可以说，盐场，是浩瀚的大海赐予滨海之民活路的一项重要营生，也是古代上海的支柱性产业之一。

历史上筑堤围垦的土地，由于原来长期受海水侵蚀，土质砂性重，土壤板结颗粒粗，含盐量高，因此，大部分属于砂黏质脱盐草甸盐土。干旱年份，一经太阳暴晒，地面盐花一片白茫茫，茅草不长，更不能种植农作物。于是，借助傍海引潮的特定地理条件，开始利用海水引潮煮盐为业，汉代已有引潮煮盐的历史记载。据《史记·吴王濞列传》记载：早在秦汉时代，在今上海奉贤区柘林镇一带即"海滨广斥，盐田相望"。西汉时吴王"（刘）濞则招致天下亡命者益铸钱，煮海水为盐"。东晋时代吴郡南境，即今金山南部，奉贤西南地区，呈现出盐业兴盛，人丁辐辏之势。据史书记载，海盐县沿海的海盐生产早在汉朝就已经比较发达了，因此汉朝在置郡国盐官时，会稽郡的盐官即设在海盐县，依此推断，浦东沿海的海盐生产应不迟于汉代。

唐代上海属吴郡管辖的吴地，"白沙乡设徐浦场贮放食盐"，盐场所产的盐，一般称为"吴盐"，大诗人李白在《梁园吟》中曾经这样吟道："玉盘杨梅为君设，吴盐如花皎白雪"，意思是侍女为你端上盛满杨梅的玉盘，再为你端上花皎如雪的吴盐。蘸白盐饮美酒，我拿着皇上的金子买酒喝，别学周朝的伯夷叔齐那样，不食周粟，人生不得意也要尽欢。那是一种多么洒脱的人生态度啊。《梁园吟》的诗句从一个侧面也反映了吴地白盐的精贵。

宋元时期，上海盐业生产盛极一时，在现今上海辖区境内当时共有江湾、大场、南跄、黄姚、清浦、青村、袁部、下沙（按："下沙"有的典籍写成"下砂"，因为民众多患水灾，曾将"沙"改称为"砂"。以下提到"下砂"处都统一写成"下沙"）、浦东等九处盐场，年产盐量达三千万斤之巨。浦东南汇的下沙盐场，在南宋建炎年间（1127—1130）设盐监，管理食盐的手制、运销、课税等盐政，盐场所辖包括下沙捍海塘以东的全部地区。后又设两浙盐运使司松江分司于下沙，辖管吴淞江以北的江湾、大门、南跄、黄姚、清浦等盐场，吴淞江以南的青村、下沙、袁浦、浦东等场。而下沙盐场成为单独建制。据史书记载是在南宋孝宗乾道、淳熙年间（1165—1189）。元代大文士杨维桢《盐商行》写道："人生不愿万户侯，但愿盐利淮西头。人生不愿万金

刊载于《图画日报》（1909—1910）"营业写真"刊载的"卖盐婆"

宅，但愿盐商千料舶……盐商本是贱家子，独与王家埒富豪。"杨维桢曾做过元代的盐官。他的这首乐府诗，通过对元代盐商贩运活动的描述，再现了当时盐商勾结官僚盘剥致富的情景，讽喻了唯利是图的盐商，揭露出元代盐政的黑暗。明代以降，由于海岸线的东移及长江主泓道的南摆，致使沿海的海水盐分浓度不断降低，成盐海岸线日益缩短，江湾、大场两个盐场由于水淡不产盐而罢废，黄姚、清浦盐场则相继坍没江中，但明代上

海地区还是设有浦东、袁浦（宋代称"袁部"）、下沙头场、下沙二场、下沙三场和青村及崇明的天赐场（明代成化十八年置天赐场，隆庆年间裁天赐场）等七大盐场。

瀕临杭州湾畔的奉贤境内的盐政管理机构，有史料可考的是唐代已经开设徐浦下场，隶属于嘉兴盐场。五代乾祐年间（948—950）始设袁部场。南宋绍熙年间，袁部场改名为袁浦场。元代初年，下沙盐场总部为了接近当时的制盐作业区，向东搬了约十里。原为下沙盐场头场的"石笋里"便成了新的盐场所在地，现今浦东新区的新场镇，原本就是下沙盐场衙门、松江府盐课司、两浙路盐运使司（有时为浙西路盐运使司）驻地，因此得名"新场"，这个难得的带"场"字的地名，是上海古代盐场留存在地名上的见证。

历史上，盐业一直是封建王朝统治控制经济命脉的重要行业。盐在尧舜时代，盐民自产自销。到夏商时代，实行盐贡。周朝，设立专门负责管盐政之官，名曰"盐人"。春秋战国时期，管仲出任齐相，实行专卖之制。到汉武帝时期，禁止私营，执行政府垄断食盐产销的政策，北宋中后期，由于盐税是朝廷的主要税收，加强了对灶户的集中管理，在盐场以下，以二十余家为一"灶"，集中煮盐，这样"灶"便成了宋朝时期盐业生产的基层单位，到了元代，又打破了宋朝时期的生产方式，并灶聚团，将二灶、三灶为基础合并为一团，于是团便成了元朝时期盐业的基本生产单位。盐民的生活是很痛苦的，清代吴嘉纪绝意仕途后，长期居住海滨，平日与盐民交往，多是以煮盐为生的穷灶户，他们受尽官吏与盐商的重重剥削，过着极端穷困潦倒的生活，他留下的《绝句》:"白头灶户低草房，六月煎盐烈火旁。走出门前炎日里，偷闲一刻是乘凉"，就是一首震撼人心

的诗作。明清已降，那些原为
生产单位的"场""团""灶"
便逐渐演化成地名。今浦东新
区"大团""三灶""六灶"等
地名盖源于此。

　　说起所有关于盐的文献著
作，当数《熬波图咏》，作者
是下沙盐场大使陈椿，他具有
丰富的盐场管理经验，在下沙
盐场为官的生涯中，关心灶丁
盐户生活之疾苦，更注意制盐
生产程序的改进，致使下沙盐
场出品的盐，不仅产量最高，
而且质量最好。陈椿把多年从
事盐政管理的经验，让绘工按
制盐流程分成47步，绘制了

《熬波图》之"日收散盐"图

47幅图。他在每张图旁加注文字说明，并作成韵文诗咏各47篇。是书问
世后，引起广泛关注，并被《中国盐法志》称为"我国第一部关于海盐生
产专著"，后被收入《四库全书》。民国二十四年（1935）被黄炎培、柳
亚子收入《上海掌故丛书》。全书共52幅图，52首诗，详细介绍了制盐
过程中每一道工序的操作方法。清代上海地区海盐的制法主要有"煎熬
法""板晒法"和"摊晒法"三种，光绪之前，上海地区诸盐场大抵都采
用这三种制盐方法，构成当今重要的非物质文化遗产。

第三章
夹在吴越之间

公元前222年，秦将王翦"定荆江南地，降越君，置会稽郡"。此为会稽郡首见于史籍。吴地属会稽郡，吴（今苏州）一直是吴国及勾践灭吴后越国的都城，会稽郡的郡治就在吴国故都（即今苏州城址），并以郡治所在地设吴县，为所辖二十六县之首邑，吴县之得名自此始。东汉永建四年（129）始置吴郡，就是将原先会稽郡进行拆分，原会稽郡的浙江（钱塘江）以西部分设吴郡，治所在原会稽郡的治所吴县（今苏州姑苏区），而会稽郡仅保留浙江以东部分，并且将会稽郡的治所迁徙到山阴（今绍兴越城区）。上海这块土地，秦时属于会稽郡的治下，汉代又隶属于吴郡。

"吴根越角" 探析

从先秦到唐宋，古代上海在中国的地位，一直处于边缘化的状态，宋元之后，逐渐从"边缘"走向"中心"，清代以降，终于发展成繁盛之区。这主要指上海的经济实力，然文化的发展也大体与此同步。

大约从公元前770年到公元前221年，是我国历史上一个大分裂、大分化、大动荡时期，史称"春秋战国时期"。

上海故地是濒临东海、且不断生长的土地，春秋战国时期，大抵属于吴国的范畴。吴国地处东海之滨，远离中原，早期经济文化落后，长期

1900年代上海城郊的农舍，选自《上海历史明信片》

作为楚国附庸。到吴王寿梦时代，逐渐加强与中原诸国的交往，整军经武，实力增长，开始挑战楚国在江淮地区的霸权。吴王阖闾以伍子胥为心腹，铲除政敌，迁都姑苏，巩固统治。又延聘兵圣孙武治军，很快训练出了一支水陆两栖的精兵。吴楚从边境冲突遂逐步走向全面战争。吴王阖闾派伍子胥和孙武领兵，从楚国东北部山区快速穿插至汉水东岸，直接威胁楚国郢都。只是由于秦国军队援楚，越国欲乘虚侵吴，吴军被迫从楚国撤退。

越国（前2032—110），是夏商周时期由华夏族在东南方建立的诸侯国。始祖为夏朝君主少康的庶子无余，大禹的直系后裔。越即是天下九州之一的扬州，由于吴楚两国的阻隔，越国极少与中原联系，经济文化更为落后。吴国崛起后，多次攻打越国，扩张土地掠取人口。公元前496年，越王允常去世，子勾践继位，吴王阖闾亲率三万人马伐越，却被五千越军击败，阖闾伤重而死。吴国与越国结下了很深的冤仇。吴王夫差励精图治，很快让吴国强大起来，发兵攻打越国，几乎要灭掉越国了。越王勾践为了避免亡国的命运，向夫差投降。勾践受尽了夫差的羞辱，最后卧薪尝胆二十年，暗中积蓄力量，最终灭掉了吴国。周元王四年（前473），姑苏城被围城数年，吴军势穷力竭，"吴师自溃""士卒分散，城门不守"。同年十一月，吴都城破，吴王夫差逃到姑苏山一带自杀，吴亡。

越灭吴后，势力范围一度北达齐鲁，东濒东海，西达今皖淮、赣鄱，雄踞东南。公元前306年，越王无疆北上伐齐，为田姓说客所误，率领大军调头攻楚，不料途中遭遇埋伏，兵败身亡。在此基础上，楚国灭了越国，这样，上海这块土地就属于楚国的治下了。

松江泗泾古镇老街鸟瞰图

　　这里，必须说一下，当代人理解历史地理的概念，最怕做古今简单直接的类比，好像一提起"松江"就是指现在的"松江区"，殊不知古时候说的松江，是吴淞江沿岸乃至整个上海地区；一提起"吴""越""楚"这些概念，马上就想起了今天的江苏省的苏州、浙江省的绍兴和湖北省的荆州，不错，这些地方与吴、越、楚文化当然有渊源关系，但不是简单的对应与类比。历史行政地理的划过来、划过去，是常有的事情，造成了历史地理十分复杂的情形。

　　历史上并驾齐驱的龙争虎斗中，上海这块土地介乎吴、越、楚之间。这里我想顺便说一下坊间耳熟能详的"吴根越角"这个词，如今的沪青平公路上，太浦河畔，矗立着"上海·江苏"界碑，界碑旁有一个粉墙黛瓦、檐角飞翘的地标，上书"吴根越角"几个大字，我认为，"吴根越角"其实是一个文学语言，要细究吴越两国的边界，因为，几千年的历史风尘，要找出当年吴越两国与上海这块土地的具体交界点，确实是非常困难的。

　　最早将"吴根""越角"并提的是唐代大诗人杜牧（803—约852），杜牧在唐代大中二年（848）春，作《昔事文皇帝三十二韵》中有"溪山侵越角，封壤尽吴根"，其并称的"吴根""越角"，杜牧诗所指是睦州，大抵是指今杭州淳安附近地区。"吴根越角"一词连称的出现要晚得多，元末陈樵（1278—1365）在《北山别业三十八咏》之八《越观（在岩顶）》有"吴根越角两茫茫"，此"吴根越角"所指与李孝光（1285—1350）《鉴湖雨》"越角鉴湖三百曲"中独称"越角"所指一样，都指的是绍兴府。直到晚明时期，陈邦瞻（1557—1628）《郑使君招饮严之西湖仍移席思范亭二首》之一中有"越角枕吴根"，此"吴根越角"指的则是杭州。清初，很多学者的诗作中，并提"吴根""越角"皆为杭州；清初，不少人认为"吴根越角"在扬州，但嘉兴人视当地为"吴根"，收录清初嘉兴词人词作的《浙西六家词》都用"吴根"代指嘉兴，最为显著者的是李符《钓船笛·效朱希真渔父词》起句"生长在吴根"。清代乾隆年间，李稻塍作《檇李怀古》一诗有"俯仰吴根几时换"，檇李在嘉兴。清雍正《续修嘉善县志》说"嘉善处吴根越角间"，清乾隆《乌青镇志》称"乌青地当越角吴根"，嘉兴府属下的嘉善、青镇以及湖州府属下的乌镇都表示它们与"吴根越角"关系紧密。直到民国后的1923年，柳亚子将分湖（今汾湖，古称分湖，湖水半嘉兴半吴江）纪游之稿结成《吴根越角集》。如今，嘉兴、吴江和上海的青浦环淀山湖地区以及金山的枫泾，都以"吴根越角"自居。

历史上，浙江嘉兴、苏州吴江、上海青浦环淀山湖地区等地，在秦汉时期，共属于会稽郡，唐代则都属于江南西道的苏州，宋代吴江隶于苏州，而嘉善与青浦同属于秀州（嘉兴），那时的秀州还辖有今天上海市的不少地区，到元代，三地行政隶属已经分开，吴江属于平江路（苏州）、青浦属于松江路、嘉善属于嘉兴路，但它们都隶于同一个高层行政区江浙行省的北部。行政地理的划来划去，都割不断这些地区语言、风俗等社会文化的一体性，官员们可能对行政区域边界比较敏感，但地域上的民众，其实并没有那么明显的行政区隔感，尽管他们对边界的概念要比许多政府官员和一般文人们要清晰得多，口耳相传，世代民众都记得哪些地方属于哪个辖区，哪些人属于哪个辖区，以及风俗习惯等方面的种种差异。

江南的粮食交易、棉布生产、农业工具的制作与流通等，市场化是一个无形的大手，它充分调节着这些地区的人口流动与产业发展。在前工业化时代，这里的城乡之间、乡村之间、村镇之间的互动与互补性较强，

处于"吴根越角"交界线上的金山枫泾古镇民居（李新根供图）

产业态势上有较大的一体性。在21世纪的今天，长三角一体化已经是国家战略，除了交通的对接，产业的合作，科技创新走廊建设（如G60），长三角还专门将传统所说的青浦吴江嘉善的"吴根越角"地区，统合为一体化管理的区域，也不啻是国家发展的一个好兆头。

关于"言子"事迹

2017年3月5日下午，习近平总书记来到上海代表团参加审议。总书记特地问起了"奉贤"的含义，当时有人大代表告诉总书记，"奉贤"其名是"敬奉贤人"的意思，这则新闻留下一段佳话。不过，奉贤得名除了

言子像。名偃（前506—443），字子游，相传是孔子弟子

"奉子游之贤"说之外，还有一种说法叫"以泾得名"说，即奉贤"因原有水道奉贤泾得名"。这种说法始于清黄之隽《浚青村城濠记》："吾郡诸水，以泾、港、塘、汇名者百数，奉贤者泾之一也，华亭既分，遂以名"，载于清《重修奉贤县志》卷二"建置志"。两种说法，各抒己见。然最终《上海地名志》的编者没有采信"奉子游之贤"说。理由是："据谭其骧《上海大陆部分海陆变迁示意图》及1987年《（奉贤）县志》所附'奉贤县堤线变迁图'知公元前四世纪时，海岸犹去冈身不远。当公元前5—6世纪时，奉贤今境大部犹为冈身外的浅海，且南桥、奉城两镇根本并不存在，言子虽'贤'，何得在海上讲学？其属于附会是十分自然的，故虽称'佳话'，但终非事实。"我在情感上很愿意相信"奉子游之贤"之说，地方志学者是靠史志典籍记载，但民间传说的价值也不容否定，上海著名学者胡道静为新编《奉贤县志》作序时写道："奉贤命名，有其历古传说，谓孔门高徒言偃尝过此地……逮至建县，援为嘉名……传说之成佳话，又何伤其为传说也。"是的，在没有史料可证的情况下，传说被传成一段美好的佳话，成为当地民众的一份美好感情的诉求与表达，也是一桩美事。

奉贤得名于"敬奉贤人"之说，经有关方面的助推，影响很大，传播广泛。在此很有必要说一说"言子"事迹。言偃（前506—443），字子

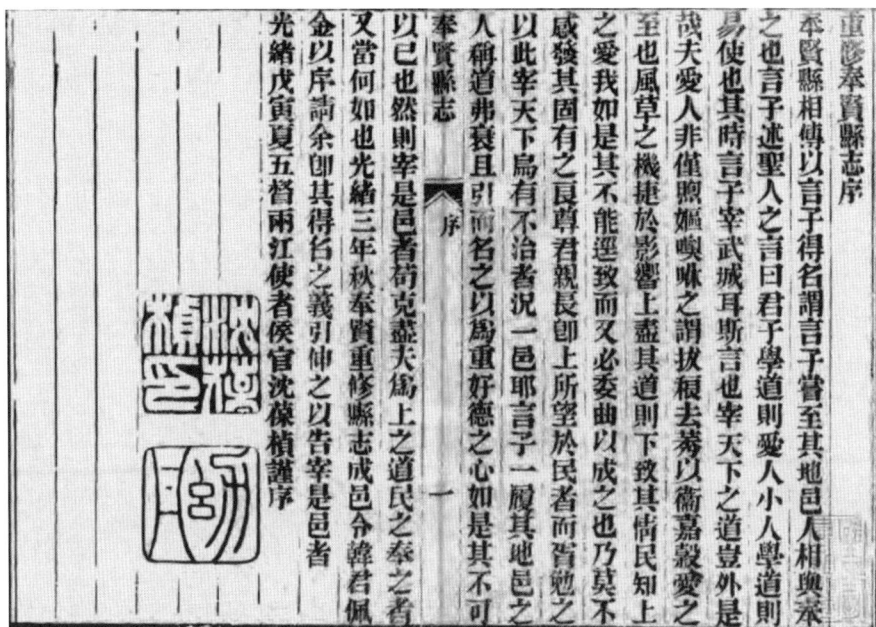

清朝光绪四年版《奉贤县志》，沈葆桢作序。此时奉城是县治所在

游，又称叔氏。汉族，春秋时吴地常熟人。言偃出生于吴地，成年后到鲁国就学于孔子，从言偃比孔子年轻45岁来看，他当是孔子晚年的学生。孔子有弟子三千，贤人七十二，言偃即为七十二贤人之一。而且特殊的是，他是这七十二贤人当中唯一一个江南人，所以孔子说过："吾门有偃，吾道其南。"意思是，我的学生中有言偃，我的学说可以向南方传播了。

有学者经研究认为《礼记·礼运》篇是"子游氏之儒的主要经典"，是言偃或是他的弟子假托与孔子对话发挥关于"大同""小康"之说。一次，言偃陪同孔子参加腊祭，祭祀仪式之后，言子看见老师孔子在宗庙外长吁短叹，好生奇怪，便问："老师为什么叹气？"孔子说："我没赶上大道实行的时代和夏、商、周三代，可心总是向往啊！"接着，孔子滔滔不绝地向言子描绘了大同社会的美景，认为"天下为公"的社会已经成为历史往事，而在"天下为家"的情况下，提倡以礼来约束，便可达到"小康"的理想境界。

言子是吴地人，彼时江南，尚处于草莽未辟的蛮荒之地，吴地民风彪悍，吴人性格豪放、为人直爽。言子的性格也是直来直去，性格直率。南宋朱熹曾经这样评论言子："持身以灭明为法，则无苟贱之羞；取人以子游为法，则无邪媚之惑。"

孔子去世以后，言子回到故乡常熟收徒讲学，其后学在战国时期形成了颇有影响的学派，相传，周贞定王二十五年（前444）言子来到东海之滨开设学馆，以儒学礼仪教人育德，被海隅百姓尊为"贤人"，直到清雍正三年（1725）奉贤建县，咸丰五年（1855）奉贤知县陈星焕撰《重修文庙碑记》中说："奉贤者，奉子游之贤也……旧志以为子游尝至此，故以名。""子游至此与否，不可知。而里人之谈轶事，追芳躅慕圣人学道之训，遂觉弦歌雅化，如在青村远近间。"

"言子"事迹，历时久远，但其生命价值并未烟消云散，还是留在上海人的心中。

"楚狂接舆"琐话

战国初期，周元王三年（前473）越灭吴，周显王三十五年（前334）楚灭越以后，从那时起，今上海地区就属于楚国的范畴，意味着楚文化对于上海地区的影响，为上海文化增添了特别的养分。楚文化对上海地区有影响，但影响有限。

　　楚地是一个历史的地域概念。当北方已经出现了夏、商等国家后，南方楚地仍停留在原始的父系氏族社会阶段，散居的各氏族部落屡遭中原势力的压迫和征伐。就在这种持续千年的蛮荒背景下，逐渐孕育发展出楚族以及其后的楚国家，并成为当时中国南方各部族融合的中心。周朝初年，转投周王的荆楚族得到了中原王朝的支持，从而建立起自己的国家。从春秋开始，楚国迅速强盛起来，尤其是到了楚庄王时，陆续吞并了周边的许多小国，成为一方大国。最能代表楚文化风格的自然是楚国的青铜器和漆器，是老庄哲学和楚辞，是楚国极富浪漫色彩的祀神歌舞，是出自楚人之口的"三年不蜚（飞），蜚将冲天"的气势和"楚虽三户，亡秦必楚"的不屈精神。

　　对于上海地区而言，当时的"楚文化东来"，其触发点是《史记·卷七十八·春申君列传第十八》记载："考烈王元年（前262），以黄歇为相，

清人所绘"楚狂接舆"图

清人所绘的陆氏始祖陆通画像

封为春申君，赐淮北地十二县。后十五岁，黄歇言之楚王曰：'淮北地边齐，其事急，请以为郡便。'因并献淮北十二县，请封于江东。考烈王许之。春申君因城故吴墟，以自为都邑。"上海与春申君算是正式结缘。上海至今还留下"申"的简称，算是对这位楚人最好的纪念。关于春申君其人，另文再说。

倒是云间的陆氏家族，是松江见于史籍最早的名门望族。陆氏家族可上溯春秋时"楚狂接舆"，与楚文化发生千丝万缕的联系。什么是"楚狂接舆"？史书记载，陆氏家族的始祖叫陆通，字接舆，是春秋时楚国的隐士。"躬耕以食"，因为对当时社会现实不满，剪去头发，佯狂不仕，因此被人们称为"楚狂接舆"。

陆接舆，亦即陆通，陆氏家族将其列为第一世，松江地方志中最早见的陆氏家族的人叫陆绩，据说已是陆通的第十七世孙了。陆绩之子陆康，为东汉时期庐江太守，陆康之子有陆绩，孙权时任郁林太守、偏将军。历史上的"陆绩怀橘"的典故，说的就是此人。陆绩少小去军阀袁术家做客，临别之际怀中掉落主人家几枚柑橘，主人笑，陆绩自我解嘲说，橘子很甜，想拿回家孝母。袁术见其如此年幼且有孝母之心，大加赞赏。陆家的后人也多有建树，《云间志》中有记载。上海陆氏家族这个姓比较庞杂，并非一支。不过，大名鼎鼎的陆逊东汉末率族自庐江迁华亭谷，很可能就是陆通的后人。此为后话。

春申君与上海

说起楚文化对上海地区的影响，不能不说到春申君黄歇。春申君与上海有关系吗？当然有。黄歇生年不详，卒于公元前238年。《史记·春申君列传》记载楚考烈王准黄歇"请封于江东"，春申君封吴，为开发与治理苏州吴地这一带地区做出了巨大贡献，其时上海与苏州一体，当然从中受益。

春申君"献淮北十二县"请封江东作为自己的都邑封地，这里有必要说一下"江东"这个概念。大家知道，长江整体自西向东注入东海，但

战国时代黄歇与马车的雕像

自九江至南京这一段却近乎南北走向，古代便以此段长江为标准来确定江的东西和左右。顾炎武《日知录》"江西广东广西"条下说："盖大江自历阳斜北下井（京）口，故有东西之名"。历阳即今天的安徽和县（2011年和县析划并到马鞍山市和芜湖市），京口即今天的江苏镇江，从安徽和县到江苏镇江一段的长江先是西南——东北流向，接着是向东流，这一段长江以东以南为江东，以西以北为江西。所以史书上最初提到的"江东"和"江西"是一个自然地理概念，并不是行政区划的概念。一般认为今天的苏州到上海一带的吴地就属于"江东"的范围。

春申君黄歇在江东，尤其是苏南浙北这一代影响力确实很大。大约从唐代起，苏州信奉春申君的习俗就影响了当时苏州属地的上海，至今苏州和上海都祭祀春申君。苏州城甚至将春申君奉为城隍神，并至今祭祀春申君的香火不绝。

黄歇封地从淮北迁至江南，以吴郡（姑苏，即苏州）为首邑，上海一带在其领地之内。于是上海便有"申"的别称，春申君就此也与上海古代历史结缘，后人以"申"或"春申"作为上海的代称，可能源始于此。清代许多文人墨客撰写的诗文，如李行南的《申江竹枝词》，及后来的《申江十景》（1828）、《申江十美》（1858年载《松隐漫录》）和《申报》（1872）等广为流传，已历200余年，遂为上海的别称。

至于黄歇与黄浦江的开凿，却只能是民间传说，讲故事的成分太多，年代上落差也悬殊，黄浦江的大规模开凿是在明代永乐年间，而非战国时代。也许，黄歇在其封地有过治水业绩，疏浚与整治过吴淞江一些支流，充其量只是小河小浜，与明代开凿黄浦江的盛举是不可同日而语的。

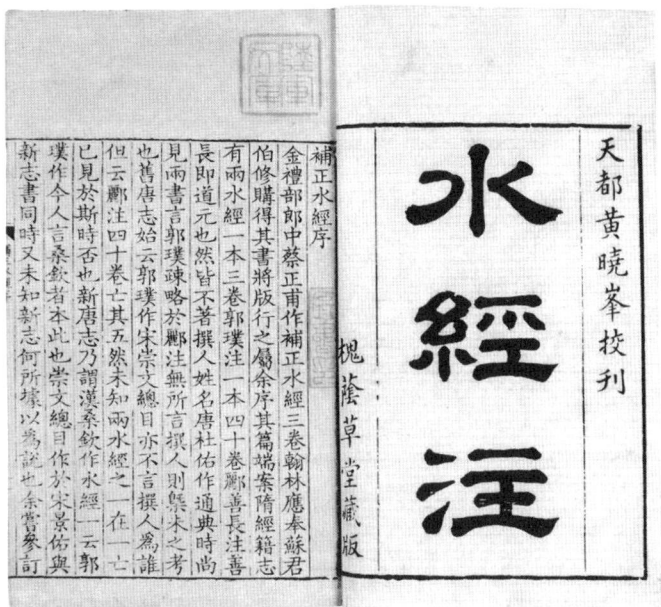

北魏晚期的郦道元撰《水经注》，凡40卷，为古代中国地理名著

　　这种传说最初是从宋代水利家单锷《吴中水利书》的一段记载开始的，有关"春申浦"的记载（今闵行区有"春申塘"，又名莘村塘），西起蟠龙塘，经莘庄入黄浦江。但越"传"越走样，说黄歇开凿黄浦江，即使春申君有"春申浦"治水的业绩，那至多不过是一条连接吴淞江支流的古河道，以此冠以黄歇命名"春申江"，后简称"申江"，再传下去就更离谱，转而成为春申君开凿"黄浦江"了，有点开玩笑了。

　　南北朝《水经注》、唐代《元和郡县志》、宋代《太平寰宇记》等重要典籍均无"黄浦"记载，假如战国末期的春申君黄歇曾开凿过黄歇浦（或春申塘），为什么一些历史水利文献却丝毫不见踪影，甚至连传闻或轶事都不见记载。《云间志》中也未见记载。最先把黄浦江同春申君黄歇挂上号的，是明《弘治上海志》中引用了御史冯允中的一首诗："黄歇江头晓问津，东风初转浪花新。数声寒雁余霜后，半日荒城到海滨。"后人将"黄歇江"与"黄浦江"划上了等号，这首诗开黄歇与黄浦传说之先河。

吴地文化圈："由拳"与"海盐"

秦统一六国（前221）后，实行郡县制，"分天下作三十六郡"。

公元前222年，秦国大将王翦"定荆江南地，降越君，置会稽郡"。此为会稽郡首见于史籍。吴地属会稽郡，姑苏山下的姑苏城一直是吴国及勾践灭吴后越国的都城，会稽郡的郡治就在吴国故都（即今苏州城址），并以郡治所在地设吴县，为会稽郡所辖二十六县之首邑，吴县之得名自此始。

秦王朝是个短命的朝代，秦二世元年（公元前209），项梁、项羽在吴县起兵反秦。秦亡后，楚汉相争中项羽自立为西楚霸王，领梁、楚等九郡，会稽郡也一直属于西楚霸王治下。

会稽郡初置时，实际上领有原吴、越两国之地，大致相当于今江苏长江以南、安徽东南、上海西部以及浙江北部。汉顺帝永建四年（129），分会稽郡为二，会稽郡仅辖浙江以东，徙治山阴（今绍兴）；浙江以西另设吴郡，而治所在吴县不改。自此，由拳县（包括今嘉兴、青浦、松江）、娄县（包括嘉定、宝山及上海、青浦、松江区北境）、海盐县（包括今属金山、奉贤、松江、南汇今浦东）三县境，属于吴郡治下。

"由拳"县前身是秦代的长水县，秦朝在该地设置由拳县，正是看重其沟通杭州湾南北乃至越吴两地的枢纽功用。置县以后，由拳在行政上隶

西汉时期由拳与海盐县地理位置图

属以吴县为中心的郡级行政区，顺理成章地受到吴地文化的辐射，成为吴地文化圈的一部分。

　　"海盐"是秦代和西汉时期会稽郡所属的县级行政单位之一，最初见于班固《汉书·地理志》："海盐，故武原乡，有盐官，（王）莽曰展武。"说的是海盐之名，因"海滨广斥，盐田相望"而得名，这里产盐自古著名。用特产海盐置为县名，体现了吴地在早期经济发展中的一个重要特征。与由拳县一样，行政上，海盐县在秦汉时期先属会稽，后属吴郡。《汉书·地理志》在叙述吴地中心——吴县的地理形势时，说："吴东有海盐章山之铜，三江五湖之利，亦江东之一都会也。"海盐在当时被视作是吴县周边的资源重镇，不言而喻，在两地的频繁资源交换及运输往来中，势必产生了密切的联系。

海盐之名，因"海滨广斥，盐田相望"而得名

海盐县初置时，其治所并不在今嘉兴境内，经谭其骧先生考证，秦海盐县故治在今上海市金山区张堰镇南，辖境约相当于今海盐、平湖、金山三县，及奉贤县一部分。"后（海盐）县沦为柘湖，又徙至武原乡"，这就是说，古海盐县治原本在今金山县的境域内，后陷入柘湖。

据上海地方志专家朱炎初的考证，到南北朝时期的梁朝，海盐县曾经先后析东北地置前京、胥浦二县，但不久胥浦并入前京。南宋王象之编《舆地纪胜》卷三"嘉兴府古迹"载："前京城在华亭县东南，旧经云，以近京浦，因以为名。其城梁天监七年筑。"又据宋许尚《华亭百咏》，其《前京城诗》解题称："前京城在府南八十五里，《舆地志》云本海盐县，以地近京浦，故以为名。"《舆地志》为梁陈间顾野王所撰。1935年金祖同《金山访古记》说，金山卫城南有金山城。亦称周康王城，南宋绍兴年间陷入海中，至今当地人称之为京城。京城是前京城的简称。《舆地记》所谓京浦，即金山城旁的小官浦。

根据专家们的意见，胥浦县大致即今金山区胥浦乡。相传于周敬王二十五年（前495），伍子胥凿河，自长柳至界泾，而东尽纳惠高、彭巷、处士、沥渎诸水，有功于桑梓，后人立祠浦上，因名胥浦，胥浦县得名盖源于此。胥浦设县于梁太清三年（549），系海盐县东北境析置，但至迟在陈永定二年（558）割吴郡三县置海宁郡时，已废并入前京县，前后不足十年，由于建县仓促，当然也不会留下太多的遗迹。京、胥浦两县的县城当时均建在今金山县境域之内，可见，金山在古代上海地区就是一个历史悠久、经济文化繁荣的地区。

千年之前的故城，没有过多的人工雕琢，却有岁月沧桑的厚重。

娄县与"嫠县"

说过了由拳和海盐，现在我们该来说说上海这块土地上另一个古县——娄县。它也是古代上海地区的古县之一。

娄县也是会稽郡下属二十四县之一。到汉代吴郡设立，领十三县，娄县也是隶属于吴郡的属县之一。古娄县管辖的范围很大。今天上海的大部分地区，都曾被娄县所管辖，其地域范围包括今天的昆山、太仓、嘉定、上海等地。今与上海紧邻的太仓，位于娄县的东面，所以太仓就有"娄东"之称。平时常常听到明清学术史上有"娄东学派"，绘画艺术有"娄东画派"，说的就是太仓包括上海嘉定一带的学派和画派。

苏州古城有一座娄门，也与"娄"有关，大约在春秋时期，最初的名字叫"娄邑"，吴王阖闾命大臣伍子胥修筑吴国新的都城，伍子胥"相土尝水，象天法地"，设陆城门八座，"以象（天之）八风"，苏州城的东北门在星象上对应天上的"娄宿"，故命名为"娄门"，而直对娄门的东面就相应被称为"娄地""娄县"。太湖有一条支流，经过娄门，流向今昆山、太仓，并最终汇入长江、东海的那条河，也由此被称为"娄江"，是太湖出海的"三江"之一。南北朝梁大同二年（536），娄县改名为昆山县，改属信义郡，范围大致与秦娄县相同。

从春秋时代的"娄邑"到南朝梁大同二年（536）始置昆山县，历时七个多世纪，县治也大致在古娄城。照理"娄县"的名称应该寿终正寝了。但在时隔一千多年后，松江府复置娄县，清顺治十三年（1656），上海地区又出现了娄县的名称。为了区分，姑且称之为新"娄县"吧。

　　从华亭析出的新"娄县"，在历史上存在了256年，与古娄县相比，辖区地域是无法相提并论的。尽管县治所在地不同，新"娄县"管辖的区域也小得多。古娄县管辖着今天上海的大部分地区，南宋嘉定十年（1217），平江军知府赵彦櫹《请分嘉定县疏》说，"自昆山县东至练祁（嘉定）七十里，自练祁至江湾又七十里，合计百四十里"。昆山知县张汉之上言："乞于江湾浦口置场，量收过税"。嘉定县则是割去了昆山境内的安亭、春申等五个乡建立的，以年号为县名。

　　两个"娄县"，给后世的研究者带来诸多麻烦，也造成许多混淆。例如今闵行区七宝古镇，明太祖洪武时，松江府管辖华亭、上海两县，明嘉靖二十一年（1542），又割华亭、上海分置青浦县，此时，七宝镇又属青浦县。到明万历元年（1573），以蒲汇塘和横沥河为界，七宝镇分属上海、

今嘉定娄塘古镇"追色"摄影，载太平洋摄影博客

青浦、娄县三县分治，具体分设为南为娄县，北为青浦，过横沥河为上海县。难怪附近的一个"璜上村"，素来有"璜上三邑"之称，这时的"娄县"就是清代设立的新娄县。

这期间新"娄县"与华亭县同城而治，隶属于松江府。辖区相当于今天上海市松江区西南部以及金山区全部。清雍正二年（1724），由于江南大县财赋繁重，难以治理，所以又析出娄县、华亭县的一部分设置金山县。析出县东南的云间、白沙二乡的一半设置奉贤县，娄县辖区就显得更小了。直到民国元年（1912），才撤销娄县，并入华亭县。

不少研究上海历史沿革的专家，也同时研究古娄县和昆山县的沿革。但是，某些地方志将畊城和娄城混为一谈，认为"秦始置畊县，秦有畊城乡，疑即县治"，"畊城乡即古娄县治，今属嘉定县，地名娄塘"，云云。其实，如前所述，"畊"是指火耕水源的生产方式，历史上只有"娄县"，"畊县"是否真实存在过，要打上一个大大的问号。

最早提出"畊县"的是唐代陆广微《吴地记》："长洲县东二百里有秦时古畊县"。宋朱长文《吴郡图经续记》："松江东北入海为娄江，娄县名盖因其所道也。秦谓之畊，汉为娄。"《嘉靖昆山县志》："秦始置畊县，秦有一城乡，疑即县治……地名娄塘。"《乾隆华亭县志》：吴国在"其（华亭）东北筑畊城以备越，

归有光（1507—1571）苏州府昆山县（今江苏昆山）人

秦……改疁城为娄县……逮唐分故娄地为嘉定县，而移昆山县治于马鞍山，华亭乃自为县。"宋叶子强《昆山县令题名记》："昆山，秦疁邑也。"明清后《松江府志》《上海县志》也有误采"秦建疁县"之说，例多不备举。

明归有光《娄曲新居记》："娄县，王莽曰娄治，吴有娄侯，而或谓之疁城，江入海口为刘家港，疁与娄，声近讹。"我认为，昆山、嘉定一带"娄"和"疁"的方言发声是相同的，由于娄和疁读音相近，从五代起，人们就以讹传讹。

第四章
文化流播　薪火相传

顾野王与亭林

今上海市金山区东北有个古镇——亭林镇，东面与奉贤区的龙泉港、俞泾塘隔河相望。这个古镇，至少在六千年前已形成陆地，并逐渐有先民生活在这里。相传在四千多年前，出现"十二家堰"的地名。"堰"的本义为"土坝""镇"，江南地区水网纵横，江河水边设堰，用以住人。就像后世上海市区杨浦区有"八堰头"地名，用的也是这个字义。古代亭林，除了"十二家堰"别称之外，还有"顾亭""顾亭林""顾亭林湖"等名，全是与上海一个大学者有关，这个人就是顾野王。

金山亭林今年新立的顾野王塑像（陈爽　摄）

上海地区保存至今最完整的方志，是由明代侍郎顾清纂修的《正德松江府志》，这部志书将"亭林"列入了与大盈务、南桥务、北桥务、青龙务、蟠龙务、上海务并列的"七大务"之一，《至元嘉禾志》也持这个说法。也就是说，"亭林务"与"上海务"一样，都是当时官府榷税重地之一，说明唐宋以前的亭林，绝不是个小地方，而是个非常繁华的市场，"烟雨三家市，黄门卜此居。"语出宋代诗人鲁晦之《次唐彦猷顾亭林韵》的诗，说的就是那个年代亭林镇以江南顾、陆等大姓所形成的"市"。

亭林的出名，当然与我们前面曾经提到过的顾野王有关，他是南朝梁陈之际著名的学问大家，一位博学多才的才子。顾清主编《松江府志》记载："松江华亭县亭林乡乃梁顾野王（华亭人）所居之地，今宝云寺是也。"又明郎瑛《志失顾野王》文云："淞江华亭县亭林乡，乃梁顾野王所居之地，今宝林寺是也……"宝林寺是宝云寺的异名，《云间志·卷上·古迹》中说："顾亭林，旧经：顾亭林湖在东南三十五里。湖南有顾亭林，陈顾野王居此，因以为名焉。今为宝云寺。寺有《伽蓝神记》，云：寺南高基，顾野王曾于此修《舆地志》。牟巘撰、赵孟頫书写的《松江宝云寺记》称：顾亭林湖在华亭东南三十五里，湖南有顾亭林，因顾野王尝居于此而得名。世传以为顾野王读书墩。""顾野王读书墩"今已成为"顾野王读书堆"的公园，是上海市有史记载的最早私家园林。

顾野王是一位"行能高妙，内足与图身，外足以虑化""忠信质直，知谋有余"的杰出人物。顾氏家谱说顾野王是吴国名相顾雍十四代孙。这个南北朝时期生活在上海的苏州人，任南朝梁太学博士时，奉命编撰字书，编撰成《玉篇》30卷，其时年仅25岁。《玉篇》为继东汉许慎《说文解字》后又一部重要字典，也是我国现存最早的楷书字典。所以孙星衍曾评论说，顾野王的"功绩不在大禹之下"，并不言过其实。《玉篇》二字，据说来自顾野王父亲指着一个玉器说，"字如玉一样珍贵"。顾野王则在《玉篇》的序言中，指出文字可以突破时空阻碍："文遗百代，则礼乐可知；驿宣万里，则心言可进。"至今在日本及韩国，提起"玉篇"二字，还是汉文字典的代名词。

金山亭林是顾野王平生重要游寓、创作之地。他在此著书立说，留有全国性地理总志《舆地志》。宋代诗人唐询写《华亭十咏》，开篇第一首就是《顾亭林》。前四句为："平林标大道，曾是野王居。旧里风烟变，荒原草树疏。"著名文学家王安石《次韵唐彦猷华亭十咏其一顾林亭》唱和道："寥寥湖上亭，不见野王居。平林岂旧物，岁晚空扶疏。自古圣贤人，邑国皆丘墟。不朽在名德，千秋想其余。"诗中提到的"野王居"，就是今位于金山亭林的故居。《玉篇》原本只存残卷，有抄本藏于今日本京都博物馆。顾野王堪称1500年前中国百科全书式的学者，有"江东孔子"之称。

纪念顾野王之地，目前有好几个地方，集中起来，一是吴郡华亭，顾野王长期居住云间乡亭林镇，就是今上海金山的亭林镇，证之于明代以来的《松江府志》和现代的《上海通志》等；二是苏州吴县，顾野王籍贯确是吴郡吴县光福人，今天的苏州吴县光福镇，今苏州市职业大学石湖校区校园内有顾野王墓地，《苏州志》《吴县志》均有记载；三是浙江《嘉兴市志》《平湖县志》所记顾野王在吴郡海盐新埭泖口村生活过；四是顾野王幼年时跟随在福建做官的父亲顾烜，在建安，即今福建建瓯市生活过，那里的地方志书也有记载。我想，就如同今天的上海人大抵有籍贯与出生地的不同一样，顾野王是苏州人，长期在亭林生活与著书，他生平又游历过许多地方，从行政地理来看，古代上海也曾属于吴郡，苏州、浙江

今天的顾野王"读书堆"遗迹所在（蒋志明提供）

海盐与上海亭林，本来就是一个地方，再说一个人一生到过许多地方，特别是名人，各地都会留下记载。现在大家都来纪念这位文化大师，是一件令人高兴与欣慰的事情。

"云间二陆"与《平复帖》

陆逊的次子叫陆抗，东吴位将军。《晋书》《世说新语》等史籍记载，陆抗的儿子陆晏、陆景等，在抗击晋军时身亡。陆抗的另外两个儿子，哥哥叫陆机，字士衡；弟弟为陆云，字士龙，在东吴灭亡（280）时才二十岁上下。两人只得退居华亭，闭门苦读，历时十年之久。兄弟俩文名倾天下，成为中国文学史上著名的"西晋二陆"。

据说，晋太康末年，陆机、陆云兄弟离开华亭，来到京城洛阳。陆机、陆云兄弟深得西晋大臣、文学家兼博物学家张华的赏识。张华盛赞"二陆"年轻才俊，人才难得，很重视他们的门阀与才能，将他们推荐到朝廷任职。京师的名宦与文士争相邀见，二陆酬答繁忙。有一次，陆云与京师名士荀隐在张华府中相见，张华对陆云与荀隐说："你们都是名士，不必说一般客套话了。"陆云遂抗手自报字号："云间陆士龙。"荀隐回答："日下荀鸣鹤。"鸣鹤乃荀隐字，日下指首都，荀隐为颍川郡人，与洛阳相近，故作此语。两位名士的自我介绍，一时名扬天下，时人称为"名对"。

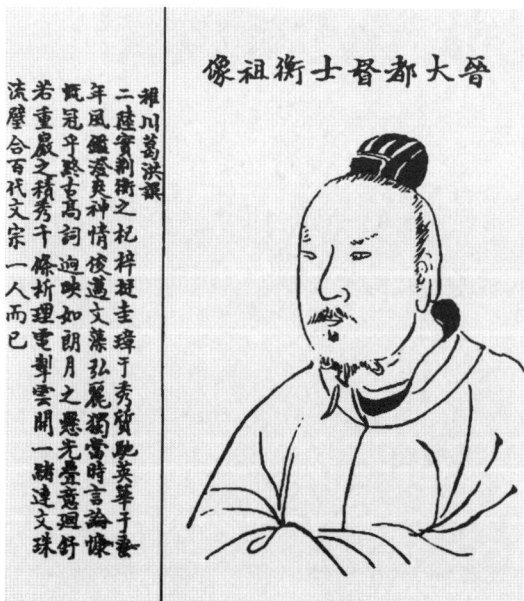

《乱世文豪》书中的陆机画像

从此，云间成为华亭的雅称。后人常以云间代指华亭，如南宋绍熙四年（1193），杨潜修、朱端常等纂的《云间志》，就是记载华亭县人事的县志。

陆机（261—303），字士衡。"少有奇才，文章冠世"（《晋书·陆机传》），以文学见名于时，他与其弟陆云并称"二陆"。说起陆机，就不能不说他的书法《平复帖》。陆机用秃笔写于麻纸之上的这个帖子，墨色微绿，笔意婉转，风格质朴平淡，其字体是草隶书。作品的幅面也不大，但它写于西晋时期，是传世年代中最早的名家法帖，也是历史上第一件流传有序的名人墨宝，有"法帖之祖""中华第一帖"之美誉。据专家考证，《平复帖》比《兰亭序》的书写时间早79年，而且该帖是真迹，若与留传下来的《兰亭序》唐朝摹本相比，则早360年以上。

《平复帖》诞生的两晋时期，正是中国文化史上一个冲突与融合交织的时代，自西汉以来的独尊儒术地位已经开始动摇，文化呈现出多元发展的态势，边疆民族带来的草原游牧文化也融于中原文化。时天下大乱，士族文人多不以道义为重，儒学中衰。旷达之士，目击衰乱，不甘隐避，则托为放逸，遂开清谈之风。晋室之兴，世乱未已，向秀之徒，益尚玄风。玄学与印度东传之佛教交汇，中国文化逐渐转变为儒释道融合之状况。边疆文化，中原文化，江南文化，在动荡的局势中并未影响它的交流与创新，使之脱离儒教的束缚而得长足的发展。在书法方面，书体由隶书走向多元化，各种书体相互借鉴。《平复帖》是草书演变过程中的典型书作，表现出浓厚的隶草风意，但又没有隶书那样波磔分明，字体介与章草与今草之间。细观此帖，书风古拙，刚劲质朴，字间虽不连属，却洋洋洒洒，令人赏心悦目，堪称过渡时期的典范之作。

也许书法界之外的人不甚关注中国书法章草的演变，它的源头却必须首推到西晋陆机的《平复帖》。迄今为止被推为"流传最早的存世墨迹"，决定了《平复帖》在中国书法史中独一无二、至高无上的地位。

陆机是幸运的，他用秃笔书写的《平复帖》，苍劲郁勃，共九行八十四字。这个帖子历史上向来无人能够诵读和解析全文，据说现代书法大家、北京师范大学教授启功先生能够识得全文。

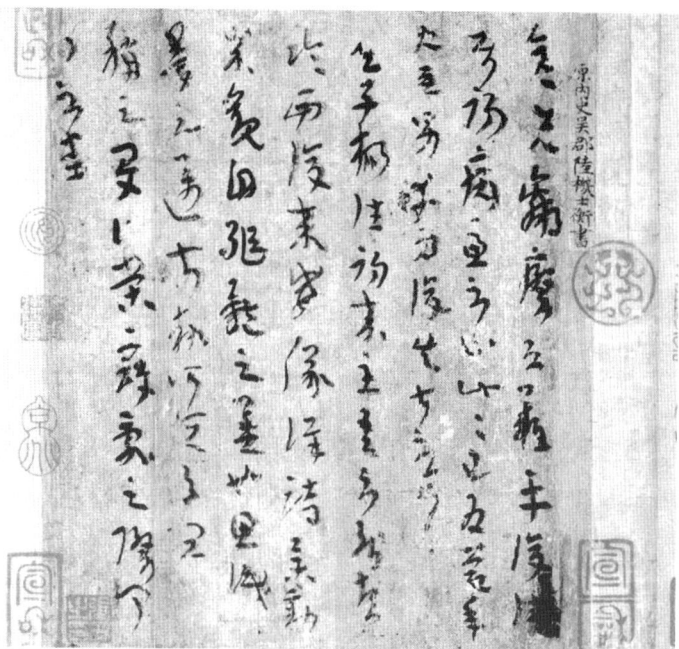

晋陆机《平复帖》

《平复帖》所书，是陆机问候好友顾贺循（字彦先）病情的一份信札，陆机与顾贺循情志相投，交往深契，平时常有诗文唱和。而至晋惠帝太安二年（303），更大的战乱又起，在平叛大战即将打响之际，领军受命的陆机想到了他既是文朋又是战友的顾贺循，挥毫写下了此封问候邀请信札。尽管此战以失败告终，陆机还为此走上了刑场，而这一仗却促成了"天下第一祖帖"——《平复帖》的问世。

人们常说，历史喜欢作弄人，历史，包含了无数的可能。有些看似可遇不可求或在并不经意间完成的事，却会产生巨大的嬗变和永恒的影响，《平复帖》就是如此。原先不过是问讯好友的一封信札，但一经出现，却进入了历史，成为一种文化现象，历代记载评述不断，文献考据纷繁复杂，形成了它漫长而又复杂的文化传播力量。

陆机《平复帖》初由宋徽宗收藏，此后数次易手，历经坎坷，得以完好保存，就是一件幸事，这篇墨迹有幸流传至今，也有许多爱国之士的不惜抗争。1930年代，正是日寇侵华、中华民族多灾多难之秋，文物收藏家张伯驹时任盐业银行上海分行经理，他将自己大部分收藏精品藏于租界内的外国银行。1938年除夕，张伯驹不顾时局艰难而以四万元巨款买下了《平复帖》，并将自家的斋名亦起为"平复堂"。日本人早就窥视着这"天下第一帖"，遂请古董商出面商谈，愿出30万大洋购此《平复帖》。张伯驹则掷地有声地正告：吾此中华国宝，岂能流出国门！后一奸商勾结"七十六号"汪伪特务，在1941年春绑架了张伯驹，开出的赎金是200根大金条。如此天价，意在逼张家出卖镇斋之宝《平复帖》。张伯驹宁死不从，并绝食抗议，其铁骨铮铮，在被绑八个月后，才在友人的帮助下，最终其妻子潘素先生以20根金条的赎金将张伯驹赎出，张氏珍藏的《平复帖》终于躲过了一次大劫，也为中华民族保卫了一大瑰宝。

康僧会与龙华寺

著名历史学家、教育家何兹全（1911—2011）编有《中国历代名僧》一书（河南人民出版社1995年版），其中专门有"最早到江南传教的康僧会"的论断，这个康僧会就是上海龙华寺的创始人。

康僧会（？—280），其先是西域康居国人，世世代代住在天竺（今印度）。他的父亲经商移居交趾（今越南北部）。在康僧会十几岁时，父母均先后辞世，遂出家为僧。辗转来到建业（今江苏南京），受到东吴国主孙权的青睐，奉敕建造龙华塔。《龙华寺舍利记》中有这样一段记载：
"……康僧会道德高重，路过龙华荡，神龙让宅，结茅修行。王（孙权）
诏僧见……敕建塔十三，龙华其一也。"因塔建寺，康僧会是龙华寺的建
造者和创始人。另据记载，静安寺也是由康僧会一手筹建的，静安寺是一
座古老的佛教寺庙，相传建于赤乌十年（247），原名沪渎重玄寺，因犯圣
祖讳，改为重元寺，它的创建者是西域康居国人，人称康僧会。静安寺原
址在吴淞江边上，因江流冲刷，几近坍塌，故于南宋嘉定九年移建于法华
镇的芦浦沸井浜边，也就是现在的静安寺所在地。

　　如今，分析当年康僧会到达上海地区的路径，是从交趾（今越南北
部）到南京，当时康僧会选择最佳的路线应该是水路，这位僧人在长江的

清末上海龙华寺春节情景及建筑明信片

龙华寺塔（德国建筑师
恩斯特·柏石曼摄影）

入海口登陆，最先在上海境内的龙华地区发现了建造佛塔的风水宝地，而后沿长江口溯流而上，到达南京，陛见吴主孙权。所以，现在的许多研究者都把康僧会视为上海地区境内佛教的开山鼻祖，或许是说得通的。

龙华寺位于上海市南郊龙华镇，是中国著名的佛教古刹之一。1983年，被国务院确定为汉族地区佛教全国重点寺院。关于龙华寺的始建年代，现在有不同的说法。始建年代有说三国东吴赤乌五年，有说赤乌十年，还有说建于唐垂拱三年，确切年代已不可考，还有不少人确认龙华寺建于公元三世纪至七世纪间。唐乾符（874—879）毁于战火，宋太平兴国二年（977），吴越王钱弘俶重建，宋治平元年（1064）改称"空相寺"。空相寺于宋、元交替之际毁于兵燹，明永乐年间重建后，改称"龙华寺"。其后又多次毁于战火，经历代重修，今寺为清光绪年间重建，最上层中悬有清光绪廿年（1894）铸造的青龙铜钟，高约二米，直径达1.3米，重5吨余，"龙华晚钟"也是昔日的"沪上八景"之一。

据沪上佛学研究学者陈涛（笔名"善无畏"）先生所考，他坚持龙华寺为康僧会创设的观点，认为龙华寺创始于三国东吴赤乌年间（238—251），唐垂拱三年（687）正式建立殿堂，并形成一定的寺院规模。龙华寺创始人是康僧会。在吴王孙权的支持下，康僧会在江南一带广传佛教，三国吴赤乌五年（242），康僧会路经上海龙华荡，在此建立茅蓬，设像行道，始有龙华寺。寺旁的龙华塔则成于吴赤乌十年（247）。（善无畏《上海百家佛寺觅影》，新华出版社2013年版）据说，康僧会还做过一件至今对上海乃至周边地区影响深远的事，那就是他曾在龙华寺附近设立"沪生堂"，传授自印度流传过来的制糖之法，造福当地百姓。

"鹤"与上海古文化

古诗云："云间有数鹤，高翔众鸟稀。"历史上的上海地区是仙鹤的主要栖息地，上海这片滩涂之地，古代曾经是鹤的栖息之地是没有疑问的。据地方志书记载，大约六千年以前，今日上海地区的西半部已经成陆，随着海岸线的渐渐东移，这里变成了辽阔的海涂。温暖的气候和充沛的雨量，使滩涂上长满水生植物。因而为野鹤等鸟类的生存和繁衍创造了条件，留下了不少有关鹤的佳话。今上海地区旧称"华亭"，于是，鹤也被叫做"华亭鹤"。今闵行北桥有"放鹤路"，浦江镇有"鹤坡路"地名，嘉定南翔也是以仙鹤故事而得名，青浦区现在甚至还有一个"白鹤乡"，上海崇明东滩，更是千鹤万鹤自在舞……这如许的有关鹤的故事，反映了"鹤"与上海古文化的联系。

今青浦白鹤镇就是唐代青龙古镇的故地，也是明代青浦建县之地，又称"老青浦"。相传此地原为一片芦苇荡，荡上白鹤成群，以鹤名镇。如"白鹤闻声远，青龙流泽长"，诉说着白鹤镇沧海桑田的变化。

上海嘉定南翔白鹤亭，位于古典园林古猗园内

剪纸作品：鹤鹿同春（作者佚名）

从地理变迁的角度看，嘉定南翔古镇位于古海岸"冈身"附近，在古代曾是一片泥沙淤积、水草丰茂的沙洲。鹤在中国大多为一种候鸟，气候转暖时便向北迁徙；气候转冷时便一路向南飞翔，到长江三角洲或者更南的地方驻留。"南翔"古镇的名字正好是鹤鸟迁徙的真实见证。

鹤是深受我国人民所喜爱的鸟类。古人多用翩翩然有君子之风的白鹤，比喻具有高尚品德的贤能之士，把修身洁行而有时誉的人称为"鹤鸣之士"。鹤在中国文化中是长寿的象征，常与象征坚定长寿的松联在一起。绘画和图案常以松鹤为题材，并以"松鹤延年"题词。早年民间传说，仙人以鹤为伴，也含有长寿的说法。所以，人们又叫它"仙鹤"。古往今来，人们都把鹤作为美好、长寿和吉祥的象征。现北京故宫内"金銮殿"皇帝宝座前，还存留一对青铜丹顶鹤。

考古学者发现战国时代的石阙汉家砖刻，多见猿与鹤的相互依存状，许多人不解其意，其实，晋人葛洪《抱朴子》里就写道："周穆王南征，一军尽化。君子为猿为鹤，小人为虫为沙。""古之君子，为猿为鹤"，唐代文学家柳宗元《憎王孙》有"猨之仁兮，受逐不校；退优游兮，唯德是效。"说的都是古人以君子自况，君子自处，不群不党，不曜不动；以猿鹤自居，取其高蹈独往，守静不移，深栖远处。君子不怕孤独，桀骜不群，仙鹤就有这种秉性。清代嘉庆户部员外郎，闵行人李林松，隐居上海，也曾写过一首咏鹤诗以表心迹："仙骨珊珊万里翔，一声长唳入青苍。生平自叹云中雾，不向鸡群索稻粱。"

"华亭鹤唳"一词最早见于《世说新语·尤悔》，该篇记载：陆平原河桥败，为卢志所谗，被诛。临刑叹曰："欲闻华亭鹤唳，可复得乎?"《八王故事》曰："华亭，吴由拳县郊外别墅也。有清泉茂林。吴平后，陆机兄弟共游此十余年。"《语林》曰："机为河北大都督，闻警角之声，为孙丞曰：'闻此不如华亭鹤唳'。"故临刑而有此叹。（徐震堮《世说新语校笺》，中华书局2001年版）

今闵行北桥还有这样的民间传说，有位叫荀隐的文人喜欢养鹤，他邀请好友华亭人陆机来此饮酒赋诗。陆机携带一只丹顶鹤乘着酒兴，在荀氏宅边的一座木桥上放飞，那鹤一出樊笼，长唳三声，直冲云霄。陆机养鹤多年，从未听到如此动听美妙的鹤鸣声。他一高兴，就出资将这座木桥改建成五马骈行的环龙石桥，题名"鹤鸣桥"。后来，陆机卷入"八王之乱"而兵败被杀，临刑时，他还念念不忘地问胞弟陆云："华亭鹤唳，尚可闻乎?"陆机殁年只有43岁。这句千年一叹，让他悲剧的人生结局，蒙上一层诗意，于是凄惨就转化成了凄美。这大概也只有像陆机这样名士才能做到，后世"华亭鹤唳"成为遇害者死前感慨之词。

后人为了纪念陆机，把今闵行区北桥的鹤鸣桥改名为"放鹤桥"。据说，放鹤桥在1952年疏浚河道时被毁，路以桥为名，才有放鹤路的名称。

上海以鹤命名的马路就更多了，什么"鹤望路""鹤旋路""鹤友路"……闵行区有一条"鹤坡路"，故事也与华亭人陆机、陆云兄弟有关。"二陆"兄弟在华亭小昆山故居旧宅读书养鹤，养鹤就要放鹤，他们放鹤常常从小昆山一直向东放，直到现在闵行浦江镇召稼楼一带，有时还要走得更远些，直至大海边的滩涂方止，那种自由和旷达的鹤影，正是他们兄弟俩生命的写照。群鹤翱翔，鹤唳声声，恍若仙境。今天浦江镇的"鹤坡路"正是留住了那个年代的土地记忆，留下了"云间二陆"在上海县的一些影踪。

至于浦江镇的"召稼楼"，集中了古今诸多前贤的足迹和印痕，也有纪念陆机陆云兄弟的"机云亭"，就不多说了。当代著名传记文学家、文学史家朱东润教授曾在《陆机年表》中写道：故国既亡，山河犹在，华亭鹤唳，正不易得。在他们二人，尽可以从此终老，更何必兴"京洛多风尘，素衣化为缁"之叹。

是啊，如果陆机陆云兄弟的故事，在华亭的声声鹤唳中戛然而止，倒也不失为一个圆满的结局，自然也就没有"华亭鹤唳，岂可复闻乎！"的千古名句，也许陆机陆云兄弟的命运是另一种书写了。历史不能假设，"机云亭"、鹤坡路等与鹤相关的路名，记载了"云间二陆"在闵行（原上海县）的一些影踪，值得去深入挖掘，索隐钩沉，找出更多动人心魄的故事来。

"华亭侯"与陆氏家族

北方中原士人避难南下，江南人口有所增加，生产力也有所提高，原本那些江南士族中的豪门地主掌握了大量土地和人口，"势利倾于邦君，储积富乎公室"（《抱朴子·吴失》），其势力盘根错节。《三国志·吴志·陆逊传》记载了二十四年（219），东吴孙权麾下大将陆逊，因巧计胜关羽，致关羽大意失荆州，东吴取得胜利。为褒奖陆逊，封右都督陆逊为华亭侯。可以说，江东陆氏家族延续到陆逊一代，达于鼎盛。

其时，他们陆氏家族居住长谷，也叫华亭谷，即今日松江、闵行的三泖一带。此地号称冬暖夏凉，形势佳胜。吴黄武元年（222），继陆逊以军功拜将封侯之后，又以其攻蜀有功，拜右护军镇西将军，进封娄侯。从这些封号看，上海地区正式成为陆氏食邑，后来，陆逊又代姑父顾雍出任吴丞相，真是气焰如日中天。孙吴末代国君孙皓曾经问陆逊族子、时任丞相的陆凯："卿一宗在朝有人几？"陆凯回答："二相、五侯、将军十余人。"孙皓赞叹"盛哉"，陆凯回答说："君贤臣忠，国之盛也。父慈子孝，家之盛也。今政荒民弊，复亡是惧，臣何敢言盛！"（《世说新语·规箴》）陆氏家族当年盛况真是令人惊叹。

东汉三国时，"顾陆朱张"四姓已是望族。东晋时，陆氏家族势力依然强盛而豪横，成为朝廷所不能轻视的强宗大族。《世说新语·方正》记

清同治年间的陆氏世谱

载过一个故事：东晋当朝丞相，王导"欲结援吴人，请婚陆太尉"，陆太尉即陆玩，他是陆逊的族孙，丞相王导与他商议国事，也会被陆玩一口回绝："培塿无松柏，薰莸不同器。（陆）玩虽不才，义不为乱伦之始。"政务上的事情形成成议或者定论，到陆玩那里，就像玩似的，想非议就非议，想推翻就推翻。王导曾经问陆玩为什么要这样，陆玩回答说："公长民短，临时不知所言，既而觉其不可耳。"（《世说新语·政事》）当时谚称："王与马，共天下"。"王"是王导，"马"是司马家族，说明王氏也是权倾天下的，但从陆玩的两番话语来看，面对北方来的王导，他貌似自谦地位卑下，实则并不买南来中原士族的账，陆氏背靠江南士族，声势显得豪横与傲慢。

陆逊（183—245），跟随孙权四十余年，被赞为"社稷之臣"

历经东汉、吴、西晋、东晋四个朝代的更迭，陆氏家族显赫时间长达数百年，为上海地区有文献可考最早的著名世家大族。在华亭这些世家大族中，能望陆氏项背的大族当然还有顾氏，《云间志·姓氏》称："虞、魏、朱、张，概为吴郡人，而顾、陆特为华亭著姓。"顾氏累世簪缨，人才辈出，文采风流，照耀吴越。顾氏的代表人物顾雍曾为吴国丞相，顾雍（168—243），在孙权称吴王后的第三年被任用为相，其任上政绩卓著，知人善任，吏民归服。顾雍为人十分严肃，平时不苟言笑，难以亲近，连孙权也有过"顾公在座使人不乐"之语。尽管如此，顾雍却一直为孙权所倚重，主持东吴国政长达19年，还被封醴陵侯，显贵异常。顾雍死后，孙权素服前往吊唁，命其子袭封侯爵。在其余荫之下，子孙显达，后世族人担任太守、尚书、尚书令、侍中等职务的，代代不绝。清代康熙帝南巡时也盛赞顾氏家族是"江南第一读书人家"。由这些望族所组成的士族集团，自汉晋直至隋唐间，一直在江东占据着显赫的社会地位。

实际上，江东世家大族也确实对江南文化的发展产生了积极作用。这种积极作用，概括说来，直接促成了东晋南朝文化重心的南移。江南文化与中原文化的融合，为文化重心的南移清除了障碍，也为后起的隋唐文化提供了坚实的基础。陈寅恪先生《隋唐制度渊源略论稿》中指出：隋唐制度的重要渊源之一来自江左（即江东地区）。诸如在律体诗、绘画、书法、经学等方面，都可以看出他们为隋唐文化所提供的养分，由此也带动了江东地区重视人文的风气。江南文化虽属区域性文化，但在宋金对峙、中原沦陷的危急关头，再次存续了中华文化的根基和主干，汇聚了中华文化的精华，由此成为中华传统文化后期的典范代表。明清时期，吴地、越地乃至整个江南人文之盛，在全国罕有其匹，不仅文化名人大量涌现，而且与文化相关的事业亦远较他省为繁荣。然而，如要追溯其"飔流所始"，则不能不承认是江东世家大族开其先风。后世江南名人辈出，几乎都是江东世家大族的后裔，这更直接证明了江南人文之风与他们的渊源关系。

第五章
人口迁徙与华亭立县

人口迁徙与江南圩田

东汉末年至魏晋之际，这是中国历史上一段黑暗时期。整个中原地区，兵连祸结，战乱频仍，接踵而起的各地割据势力的纷争，外族入侵，盗贼蜂起，人口密度最大的黄河中下游地区社会经济遭到严重破坏，出现了"中野何萧条，千里无人烟"的荒凉残破景象。造成人口大批南迁的另一个原因则是长城以北的游牧民族，匈奴、鲜卑、羯、氐、羌游牧政权，他们与华夏文明如影随形，可谓野火烧不尽，春风吹又生。这些少数民族势力，厉兵秣马欲直驱中原，由此造

古绘画：永嘉之乱时的南渡

成连年战乱、饥馑与瘟疫等，北方士人纷纷背井离乡，举家南迁，以躲避
天灾人祸。"天下新定，道路未通，避难江南者皆未还中土，会稽颇称多
士"（《后汉书·任延传》），这是周秦以来中国历史上第一次人口由北而南
大量迁徙的潮流。

而此时的吴郡，远离中原战场，社会秩序相对稳定，加之雨量充沛，
气温湿润，土地肥沃，具有发展农业的优越条件，还因濒临大海，自然资
源丰富。从汉末、魏晋之后，更多的北方士人迁徙而来，大量涌入的人口
给这个地区带来了劳动力，也带来了相对先进的生产技术和不同的民俗及
生活方式，大片荒地被开垦为良田，大量水利工程得到了兴修，促进了生
产力的提高，促使上海及周边的封建土地所有制得到较快发展。

向南迁徙的民众，向东南迁移的目的地，又主要流向东南地区吴郡所属的江东之地，也有从会稽郡渡海到岭南闽越边远之地定居的。中原一些名门望族举家南迁时，往往携带大量部曲、奴婢随行，如鲁肃南迁入吴时，即有"男女三百余人行"（《三国志·吴志·鲁肃传》）。《三国志·吴志》列传所载六十多位东吴名臣中，约有半数来自中原，其附带迁来的部曲及奴婢数量也相当可观。大量人才进入吴地，为此后江南文化的发展奠定了基础。

《水经注》上说，"汉高帝十二年，一吴也，后分为三，世号三吴，吴兴、吴郡、会稽其一焉"，从秦代一统江南的会稽郡（郡治在今苏州），到汉代初期已被一划为三，分别是"吴兴、吴郡、会稽"，号称"三吴"。其中吴兴为太湖以南钱塘江以北广大区域，大约相当于今浙江湖州及以北的区域。新的会稽郡则为钱塘江以南的浙东地区。而吴郡则包括长江下游平原剩下的部分，其郡治依然在苏州。而当时的上海大部分隶于吴郡的属县娄县，县治在今天江苏苏州昆山市东北；一小部分则隶属于吴郡的海盐县、由拳县，即今天浙江嘉兴市东北。

苏州作为前会稽郡的治所，又是后起吴郡的首府，它始终保持了太湖以东地区最大都会的地位。苏州府有一州七县，而作为吴郡最东部沿海的下辖县娄县和海盐县。娄县比较靠近苏州，属于吴郡近郊，其发展契机是不言而喻的；而海盐按照《史记·货殖列传》所记载"（吴郡）东有海盐之饶……亦江东一都会也"的说法，同样也是富饶之地。娄县与海盐、由拳相比较，自然是更接近吴郡的首府。

而太湖以东作为一片扇形低洼平原，其出水口至海岸线之间，自然形成了一片长期承受湖水泛滥之虞，由河道与湖泊组成的低地沼乡泽国。

宋范仲淹（989—
1052）画像

因此在很长时间里也就保持了娄县和海盐、由拳这南北高地之间的中间
地带。

北方大批劳动人口的南迁，大批荒地得到开发，这种新开垦的田地，
高度适应了太湖以东扇形低地，多湖泊、多河渠的环境特征，将灌溉耕
种、防洪疏导和水运交通结合在了一起。正如宋代范仲淹所总结的："江
南旧有圩田，每一圩方数十里，如大城，中有河渠，外有门闸，旱则开
闸，潦则闭闸，拒江水之害，旱涝不及，为农美利。"（《范文正公奏议》
（上），《答手诏条陈十事》）吴淞江流域在唐以后的五代十国时期就已经形
成了著名的塘浦圩田体系，其中的"浦"是与吴淞江相通的、南北向的
河道；而东西向的"塘"是与"浦"相通的河道，即所谓"横塘纵浦"，
这些河道往往是"五里一纵浦，七里一横塘"，塘和浦交叉围成的田就是
圩田。

这种"圩田"体系，就是利用地形、地势分为三个层次，高处是圩

图为"圩田"示意图

田四周的圩堤旱地，古代用于建村庄、植桑、植树种蔬菜；最低层是水域，用于建水池鱼塘；中间一层是水田，用于种稻麦油菜等。在中间层开挖沟渠，堆田埂，以田埂划分成水田的最小单位。或者把湖岸凿开，引入湖水，变成一块块可供种植的水中离岛，或者在低洼处引水漫灌，任高起的小丘四周为水环绕，变成人为的小岛。开垦者可以在水流汇合的下游设置水闸，控制水流涨落，使水位高涨时及时放水，不至淹没农田；也可令水位下降时防止过速，使水道不至干涸，让稼穑失水，舟船搁浅。晋初诗人左思《吴都赋》描述东吴地区的田野风光说"其田野畛域无数，膏腴兼倍……国税再熟之稻"，展现出一片丰稔景象，说法夸大吗？一点也不，在一定程度上反映了滨海地区农业经济发展的事实，南宋著名诗人范成大长期隐居石湖，时常在横塘边流连吟咏，写下了许多诗篇，其中一首《横塘》为题的诗："南浦春来绿一川，石桥朱塔两依然。年年送客横塘路，细雨垂杨系画船。"正是这种江南独特的"圩田"体系，保证了江南地区的农业生产和社会富庶，后世有"苏湖熟，天下足"的谚语，也绝非夸张之词。

汉晋时期的"华亭"

唐天宝十载（751），设置华亭县，此前虽有秦代海盐、由拳与汉代娄县的县治，但这些县治大抵都不在今天上海的版图之内，华亭县是第一个完整属于今上海的独立县治，元代设置的上海县，就是从华亭县析分而来，华亭县前后延续了一千多年，直到中华民国成立后的1914年，才改名松江县。所以有必要弄清楚唐代之前的"华亭"。华亭别称有云间、茸城、谷水等，是江南著名的鱼米之乡。

据明正德《松江府志》记载："松江古扬州之域。春秋为吴地，吴子寿梦，始筑华亭，盖停留宿会之所也……"寿梦于公元前585年就位吴王，这个"寿梦筑亭说"在坊间传播甚广，说吴子寿梦筑华亭，为行猎宿会之所，华亭之名始，阊间时有华亭乡，我觉得也可以作为民间故事来听，因为那很可能是后人的托古之词。

"华亭"二字最早出现在《三国志·吴志·陆逊传》："东汉末，建安二十四年，吴陆逊以从吕蒙，克蜀公安、南郡功，迳进，领宜都太守，封华亭侯。未几，又连破蜀兵，斩获万计，进封娄侯。"根据汉代法令，十里一亭、十亭一乡，万户以上或不满万户为县。凡封侯，当视功大小。初

松郡九峰鸟瞰图

亭侯，次乡县郡侯，以陆逊所封次第来看，则华亭为汉故亭留宿之所也。因此，华亭之名当始于汉时，而与春秋时吴王寿梦"盖停留宿会之所"，八竿子打不着。而且，汉代的华亭不过是一个籍籍无名的乡亭。

从"华亭"成为陆逊封地，再到唐天宝十载（751）设立华亭县，其间历经五百多年，汉、晋华亭的主要疆域和治所究竟在何处？很值得深究。从汉末到两晋时期，华亭的存在总是与陆氏家族联系在一起的，《吴地记》说："海盐县东北二百里，有长谷，昔陆逊、陆凯居此。谷水东二里有昆山，父祖葬焉。"又说"汉庐江太守陆康与袁术有隙，使侄（陆）逊与其子绩率宗族避难，居于是谷。"那么，"长谷"又在哪里？《云间志》引《通典》及《太平寰宇记》的记载："华亭县地有华亭谷，因以为名。华亭谷，也称长谷，流经谷中之河流曰谷水。"《云间志·卷中》引《大中祥符图经》："华亭谷水东，有昆山。"《云间志》："昆山，在县西北二十三里。"《元和郡县志》卷二十六也说："华亭谷，在县西三十五里，陆逊、陆抗宅在其侧。"《舆地纪胜》卷三说："谷东二十里有昆山。"华亭谷或可以称为"华亭河"，《舆地纪胜》卷三引《晏公类要》称其"在县西三十里，即陆逊旧居"。上述说法虽然互异，疑有讹误。但三句话不离"昆山"，这个"昆山"当然不是指今江苏省苏州的昆山市，而是指今上海市松江区境内的小昆山。小昆山，海拔不高，仅55米，地处九峰最南端，山形如覆盆，有"婉娈昆冈"之景，为著名西晋文学家陆机、陆云的故乡，山上有九峰禅寺和二陆草堂。传说古代产玉，有"玉出昆冈"的赞誉。

从华亭谷与小昆山的地理位置和间隔里程来判断，谷水的位置应在古东江一带，历史上三江之一的"东江"在明代黄浦江开凿后消失，是为今黄浦江上游泖河一带。

位于今松江区的小昆山

　　另《世说新语·尤悔》《八王故事》等都提及"华亭"："华亭，吴由
拳县郊外别墅也。有清泉茂林。吴平后，陆机兄弟共游此十余年。"此处
所提到的"华亭"在当时吴郡由拳县境内。清乾隆《重修海盐县图经》在
叙述秦汉时期海盐县的四至范围时说："以《汉志》旁县互考之：南钱塘，
北娄，西由拳"。更详细说明了华亭的地理位置，南面抵达"钱塘"，北面
是娄县，西面则是由拳县，海盐县的北面是娄县。《云间志·封域》有：
"昆山，即汉娄县，梁大同初，易今名。"原来，娄县与华亭相邻。陆逊
"进封娄侯"，就是在原来华亭封地的基础上，继续向北延伸，使之连成一
片，进一步扩大了陆氏家族的封地范围。

　　《祥符图经》《云间志》中还有一种说法："谷水在县南，长百五十

步""县之西湖，即谷水也。"其附近，也有一些养鱼池、陆氏宅基地等遗迹，且在"吴王猎场"近旁，也许就在距离小昆山等地不远处的土地。在唐代华亭县设立之前，"华亭"作为一个自然区域，它的范围是非常大的，到底有多大？史料上没有明确记载，但可从带有"华亭"的古地名中推知，仍以华亭县城为中心，南部的金山区有海盐县的县城（华亭乡）；东南部有盛产华亭鹤的南汇下沙；东北部有华亭海（《同治上海县志》卷一疆域：华亭县"其东北有华亭海，即今'上海'县治也"）；西部青浦区有华亭谷（《元和郡县图志》："华亭谷，在县西三十五里"），在嘉定区境东北部至今还有华亭镇，东与宝山县相邻；南与曹王、徐行接壤；西与唐行、北与江苏省太仓市浏河镇毗邻相望，可见华亭是一片非常广袤的地域。

华亭立县与青龙镇

青龙镇，也即人们常说的"老青浦县""旧青浦县"，它是上海地区第一个名镇和港口。青龙镇设立于哪一年？清嘉庆《松江府志》和光绪《青浦县志》都记载："青龙镇在青龙江上，唐天宝五年置。"唐天宝五载，是公元746年，这个年份是否确定建镇，值得商榷，然参照其他资料来佐证，这个地方即使没有立镇，应该是有条件开发的，《新唐书》卷四十一"地理志"载，开元初年（713），集数郡之力，兴修了"自杭州盐官县起，抵吴淞江，袤一百五十里"的捍海塘，抵御住海潮浸灌，使塘内土地稳固下来，有了捍海塘的强大阻挡，开发青龙镇就有了前提与可能。

唐代，太湖以东农田得到大规模开发，为太湖支流吴淞江流域的经济提供了充足的动力，农业生产迅速发展起来。安史之乱后，南方的经济发展日益超过动乱不宁的北方。此后，位于吴淞江边、沪渎海口的青龙镇，正是水路交通的枢纽之地，江南水乡最理想的贸易中心地点，遂早于周围其他乡镇，发展成当地最大的集镇之一。而我们知道唐天宝十载（751），吴郡太守赵居贞奏准设立华亭县，上海地区始有相对独立的行政区划，华亭县辖境约今上海地区吴淞江故道以南，川沙—惠南—大团一线以西地区。

随着太湖流域社会生产力的发展与经济繁荣，唐代朝廷特别需要寻找一个海上贸易的港口，青龙港遂成为吴郡地区最早的对外贸易港口，倚凭其连江通海的优越地理位置，得天独厚的地理优势，先有青龙港，再有青龙镇，青龙镇遂为南北商品交流、内外海上贸易商贩的聚集之地，远洋而来的"珍货远物"，大多通过青龙镇"毕集于吴之市"，这些客观条件造就了青龙镇的初步兴盛。

天宝二年（714）在青龙镇南建起了报德寺（宋改名为隆福寺，清为吉云禅寺），长庆元年（821）又于报德寺北建立了国清寺（宋改名为隆平寺，明为城隍庙）。报德寺有七级宝塔，也建于长庆年间。这也可看做青龙镇出现于中唐的佐证。后来，这个七级宝塔又历经宋庆历、元大德、明崇祯时的数度重修，一直保存至今。

中唐时期也是海上贸易十分活跃的时期。由于造船技术水平的提高，人们已经能够利用风力推动船舶前进，帆船航行海上。所以国内沿海城镇之间，商业交往日见频繁。青龙镇所处位置，正是中国南北海岸线的中点，是从海口进入大陆的咽喉。"吴郡东至于海，傍青龙、福山，皆海道也。"（《续吴郡图经记》"海道"）由此可以溯江直达郡城苏州，也可南下

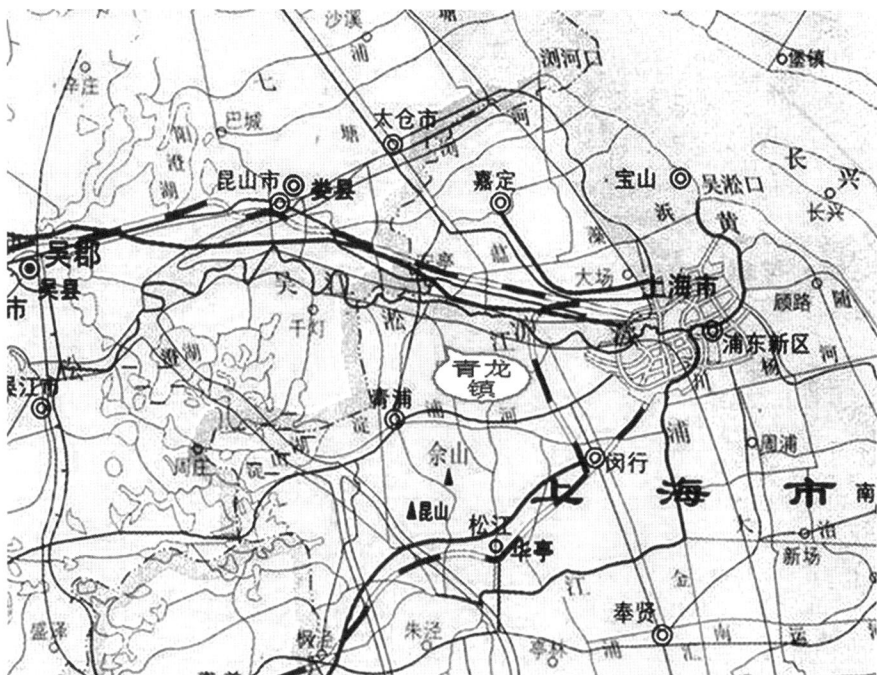

宋代青龙镇地理位置图

顾会浦而至华亭县城。晚唐的苏州，已是"珍货远物毕集于吴之市"，华亭也因有"鱼稻海盐之富"而商贾辐辏。《资治通鉴》开元四年条："有胡人上言，海南多珠翠奇宝，可往营致，因言市舶之利"。于是，交州、广州开港。此后海口逐渐向北移动。到了大中年间（847—859），已有日本、新罗的海舶来往青龙镇。据考证，开元二十年、天宝十二年、大历十三年三次日本遣唐使回国，都是从青龙港出发的。唐朝诗人皮日休《沪渎》诗云："全吴临巨溟，百里到沪渎。海物竞驵骊，水怪争渗漉"。青龙港遂发展成当时最早的沿海外贸港口。

明代上海人何良俊在《四友斋丛说》卷十四中有这样一段话："青

龙自唐宋以来，是东南重镇也。相传有亭桥六座。亦通海舶，由白鹤江导吴淞出海。宋时设水监于此，盖以治水利兼领海舶也。宋时卖官酒，酒务亦在此，江南所卖官酒，皆于此制造。入我朝来，水道湮塞，而此地遂为斥卤矣。"宋代范成大说："所谓东导于海而水反西流者是也……"当庆元元年（1195）华亭县市舶司撤销后，外商不至，青龙镇的海外贸易也就骤然衰落，镇市的繁荣顿时失色。元时镇市规模尚存，然已"无复海商之往来矣"，海上贸易的衰落，市镇繁荣不在。宋乾道二年（1166）六月，朝廷撤销了设在华亭县的两浙市舶司，到宋代庆元元年（1195）华亭县又撤销了两浙市舶司，继之而起的是上海港和上海镇的兴起。

尽管后来上海港超越或者说取代了青龙港，青龙港镇的历史价值仍然是不容低估的。近年来经考古发现，青龙镇"北寺"——隆平寺塔塔基的发掘，发现它不同于目前国内已经发掘的塔基形式，特别是隆平寺塔地宫发掘地宫中置套函，函外左右各有一座阿育王塔。套函共有4层。套函内发现了一个铜瓶，瓶内装有4颗圆珠，其中3颗为水晶质，它们应当就是佛教圣物舍利，这一发现也与文献中关于隆平寺塔"中藏舍利"的记载相符。2016年12月8日，上海文物局、上海博物馆在沪宣布，青龙镇遗址考古发掘获得重大成果——考古发现的瓷器与文献记载相印证，证明了青龙镇是海上丝绸之路重要港口之一，为海上丝绸之路研究增添了新证据。从青龙港出发，超出了上海港口变迁的历史，它也是上海作为一带一路海上丝绸之路的出发地，提供了历史证明。（见新华社2016年12月8日报道：《上海青龙镇遗址考古发掘获得重大成果》）

从古代丝绸之路历史地位的角度来看，在上海镇兴起以前，青龙镇

隆福寺塔，俗称'青龙寺塔'，是上海古老港口——青龙镇遗存的地面建筑物

支撑和主导了几百年的上海丝路贸易活动。青龙镇繁荣于唐宋时期，它是晚唐以来长江流域对外交往的重要港口和国际贸易集散中心，不仅镇上有外国侨商居住，还是海上丝绸之路始发港，有通往东北亚地区的国际直发航线。与此同时，青龙镇的发展曾经带动了周边华亭县的经济社会发展，加强了上海和江南地区对外交流，也加强了上海、江南和长江流域的经济交流。古代青龙镇与后起的上海镇，两个港口代表着两个时代，其实它们是古代上海交相辉映的"双璧"，青龙镇港衰落和上海镇港兴起，如同是运动场上的"接力赛"，以此为节点，划分了上海地区参与海上丝绸之路交流活动的前后两个阶段：青龙镇的特点是"镇港"，即市镇港口为中心的阶段；而上海港的兴起特点则是"港城"，总体上看，上海人的眼界更开阔了，贸易辐射范围也更广了。上海港代表着港口城市为中心的阶段，因而也代表着上海未来发展的新的方向。

"华亭吟唱"

宋元以降，上海地区呈现了民生经济百业兴旺的繁盛景象。这种景象可以在北宋年间一首《青龙江上偶书两绝呈无逸监镇》的诗歌里反映出来："潮满沟塍稻满田，暑天不雨自丰年。海商有货官无扰，游子争来就一廛。卷碇初来海客船，脱身鲸浪见吴天。千帆总约秋风至，应助关征额外钱。"这首诗的作者朱长文（1039—1098），字伯原，吴郡人。嘉祐二年（1057）未冠而中进士，因筑室乐圃坊，著书阅古，人称乐圃先生，名声震动京师。他的诗抒发了对吴地上海地区物产丰饶、贸易兴盛、海运繁忙、客商游子近悦远来的盛况。

"近者悦，远者来"的局面，就会汇聚各地的文人墨客。于是，北宋明道二年（1033）担任华亭知县的唐询，有感于"华亭本吴之故地，昔附于姑苏，佩带江湖，南濒大海，观望之美焉。历吴、晋间，名卿继出，风流文物，相传不泯"。而"经所记，土地、人物、神祠、坟垄，所言甚详。行部之余，辄至其地，因里人而咨焉，多得其真"。于是"采其尤著者，为十咏，皆因事纪实，按图可见，将以志昔人之不朽，诚旧俗之所传云尔"。这是景祐（1034—1037）初年的事。唐询记录华亭历史古迹和风景名胜的《华亭十咏》，因为与上海的历史文化太密切了，不妨录在这里：

顾亭林

平林标大道，曾是野王居。旧里风烟变，荒原草树疏。湖波空上下，里闬已丘墟。往事将谁语，凄凉六代馀。

寒 穴

绝顶干云峻，寒泉与穴平。还同帝台味，不学陇头声。夜雨遥源涨，
秋风颢气清。谁云蔗浆美，才可析朝醒。

吴王猎场

昔在全吴日，从禽耀甲戈。百车尝载羽，一目旧张罗。地变柔桑在，
原荒蔓草多，思人无复见，落日下山坡。

秦始皇驰道

秦德衰千祀，江演道不修。相傅大堤在，曾是翠华游。玉趾如将见，
金椎岂复留。怅然寻旧迹，蔓草蔽荒丘。

柘 湖

世历亡秦远，湖连大海濒。柘山標观望，玉女见威视。渺渺旁无地，
滔滔孰问津。何年化鱼瘰，仿佛历阳人。

陆瑁养渔池

代异人亡久，潝池即旧居。未移当日地，无复故时鱼。蒲藻依稀在，
风波浩荡馀。水滨如可问，一为访庭除。

华亭谷

深谷弥千里，松陵北合流。岸平迷书夜，人至竞方舟。照月方诸泣，
迎风弱荇浮。平波无限远，极目涨清湫。

陆机宅

旧谍傅遗趾，悠然历祀深。人无令威至，门异下邳篴。谷水当年溜，
昆山昔日阴。鲁堂那复见，丝竹若为寻。

昆 山

昔有人如玉，兹山得美名。岩扃锁积翠，谷水断馀声。乔木今无在，

高台久已倾。如何嵩岳什，独咏甫侯生。

三女岗

淑女云亡久，哀丘尚著名。九原谁可作，千载或如生。青骨何时化，荒榛此地平。空馀图牒，不复启佳城。

《华亭十咏》一出，引发了许多文人骚客，特别是到过华亭，与上海地区有千丝万缕联系的文人的兴趣。首先唱和的是著名诗人梅尧臣。据说，梅尧臣少即能诗，与苏舜钦齐名，时号"苏梅"，又与文学家欧阳修并称"欧梅"。唐询的诗，让同样关注着华亭这一片土地的梅尧臣深感兴趣，也写下了《华亭十咏》与唐询唱和。

宋绍熙《云间志》云："相传吴王葬女，为三女冈于此。"奉贤古华园修建三女祠，东侧为三女冈

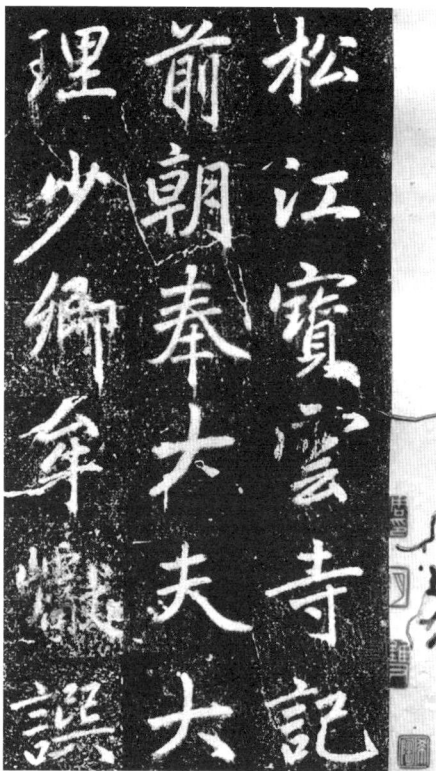

今上海市金山区亭林镇，有"宝云寺"屡修屡毁。元代重修，碑文《松江宝云寺记》由赵孟頫书，当地人均将此碑称"子昂碑"

梅尧臣的唱和一下子又引发了北宋另一位著名诗人王安石的唱和。王安石的和诗大约在唐询作《华亭十咏》的十年之后，过了十年，而且还做了和唱《华亭十咏》的十首诗，足见王安石对华亭这块土地是深有关注的。

唐询作《华亭十咏》，其一就写到"顾亭林"，王安石《次韵唐彦猷华亭十咏其一顾林亭》也和唱道："寥寥湖上亭，不见野王居。平林岂旧物，岁晚空扶疏。自古圣贤人，邑国皆丘墟。不朽在名德，千秋想其余。"这首诗的大意是说，亭林湖上的凉亭孤寂寥落，顾野王住的房子已经荡然无存。古有"亭林八景"，现仅存野王读书堆。《上海园林志》载，顾野王读书堆是上海市有史记载的最早私家园林。元代杨维祯手植铁崖松（罗汉松），树龄已有640多年，仍然屹立，列为市级保护文物，1985年还特地兴建了古松园，以保护这株珍贵的古松。元代文学家、书法家赵孟頫书有子昂碑《重修宝云寺记》，惜已被毁，今仅存碑帽与碑文残块及原碑拓片。

王安石对于和唐询《华亭十咏》的诗，实际上也是对华亭的吟唱，体现了他对顾野王的感怀，野王不在了，林木自顾生长，生命短暂，人生无常，诉说前贤，心中确有隐隐的无奈。诗的末尾，道出了王安石对顾野王的尊重。他以一个文人的胸襟，向这位学问大家投送了崇高的敬意。

第六章
宋代设立"上海镇"

太湖支流吴淞江

吴淞江，古称"松江""吴松江"，是太湖经上海流向大海的一条主通道，从古代起对太湖的排水和苏州的城市发展起着重要的作用。宋代以后，吴淞江对上海镇的兴起和发展也提供了重要条件，我们就先来说说吴淞江的前世今生。

以前的老上海人曾经将这条河流流经市区段的南北，分别叫作"浜南"和"浜北"，譬如去闸北、虹口与杨浦，大抵称为"浜北"，而黄浦、静安、卢湾、徐汇则是浜南，苏州河以南嘛！翻查上海明清时期的地方志

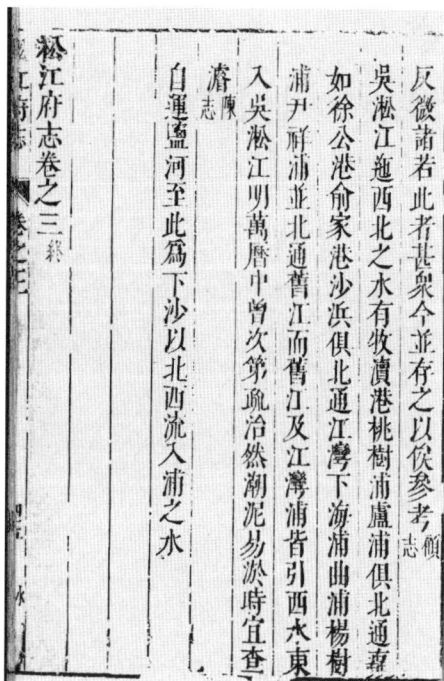

康熙《松江府志》卷三中有关上海县境内东北部水系的记述

书找不到"苏州河"这个名称。它是晚清上海开埠之后，租界上的英国侨民诧异于这条河道一直通到苏州，而它的发源地也在今苏州的吴县，于是，英人给了它一个称呼"Soochow Creeks"，翻译过来就是苏州河，于是，人们就这样叫开了，当吴淞江流入市区后，上海人叫其为"苏州河"。许多上海人对它的正名"吴淞江"，反而渐渐淡忘了。有人说黄浦江是上海的母亲河，其实，黄浦江如果是母亲河，那么苏州河就是奶奶河，或者祖母河。

自古以来吴淞江就是太湖的入海通道之一。《禹贡》记载："三江既入，震泽底定。"震泽是太湖的古名，三江是古太湖的三条主要泄水通道，分别指吴淞江、娄江和东江分泄入海，当然也承担着蓄水的功用，这句话的意思是，只要确保三江畅通无阻，那么太湖流域的安全就有了保障。民国初年南社创始人柳亚子先生有诗赞道："太湖湖水连天阔，中有灵区号震泽"。如今在太湖之畔，苏州吴江确有一个富庶的震泽古镇，是闻名的鱼米之乡、丝绸之府。

吴淞江古还有"松陵江""笠泽江"等称呼。松江之名始见于《后汉书·列传·方术列传下·左慈传》："左慈字元放，庐江人也。少有神道。尝在司空曹操坐，操从容顾众宾曰：'今日高会，珍羞略备，所少吴松江鲈鱼耳。'"这是"吴松江"之名始见。松陵江和笠泽江则见于陆广微《吴地记》："松江一名松陵，又名笠泽也。"到北宋时，在郏亶在《水利书》中仍称为"松江"，然亦并用吴淞江之名，此后的水利记载，遂多称吴淞江。至1916年以后始习称苏州河（参见武同举《江苏水利全书》卷三十一，第5页说：1916年"用机器船挖吴淞江尾间之苏州河……自是人皆称吴淞江为苏州河"），它原指上海市区内今丹巴路至外白渡桥一段，后乃沿用为全河之通称。吴淞江源出太湖瓜泾口，经吴江、吴县、昆山、青浦、嘉定等县入上海市区，于外白渡桥注入黄浦江，流经上海，全长125公里。

东晋庾仲初作《扬都赋》自注云："今太湖东注为松江，下七十里有水口分流，东北入海为娄江，东南入海者为东江，与松江而三也。"娄江后成为浏江的前身，东江向东南入海。东江故道上游为白蚬湖群，中游为淀泖湖群，下游分散为许多分支入杭州湾，淀泖湖群的"三泖"原为东江主流。可以说，三江之中，唯有吴淞江至今存活。

吴淞江源头吴江垂虹石桥旧影

对于吴淞江源头，学界一般的看法，认为在瓜泾口。《绍熙云间志》记载："松江，其源始于太湖口，而东注于海"，近来也有学者认为早期真正的吴淞江源头应该在松陵，即垂虹桥（旧时也称长桥）口，因后来这里开凿运河，建"吴江堤"，修"至正石塘"，才逐渐显现河道水流，阡陌纵横。不论怎么看，吴淞江的源头之水在太湖，它不仅为太湖泄洪承担着重任，而且起到了主导的地位和作用。明归有光《水利论》中说："太湖之广三万六千顷入海之道独有一路，所谓吴淞江者。"莫旦《吴江志》中说："太湖三万六千顷噎噎俱聚潴于湖，而由吴江长桥东入松江、青龙江以入海。"

唐宋以来，无数文人墨客尽情讴歌过这条吴淞江，唐代诗人皮日休《松江早春》诗云："松陵清净雪消初，见底新安恐未如。稳凭船舷无一事，分明数得烩残鱼。"大诗人白居易《松江亭携乐观渔》诗："震泽平芜岸，松江落叶波。在官常梦想，为客始经过。水面排罾网，船头簇绮罗。朝盘脍红鲤，夜烛舞青娥。雁断知风急，潮平见月多。繁丝与促管，不解和渔歌。"东晋南迁后，促进了江南经济的进步和人口增长，唐天宝十载（751）就建立了华亭县，系今上海地区出现的第一个完整的县级行政建置。元至元十四年（1277）升格为华亭府，次年改为松江府，作为行政区划地名，显然得名于境内的最大河流——松江。晚近以来的文人骚客，对吴淞江也有诸多赞美，如袁凯《江上看花》写道："吴松江上好春风，江上花枝处处同。得似鸳鸯与漓鹕，对对来往锦云中。"余槐青《上海竹枝词》中称："吴淞江上泊舟齐，潮去潮来浪拍堤。毕竟沟通文化地，一衣带水贯中西。"对吴淞江做了尽情地赞美。

"上海浦"与"下海浦"

历史上，上海河湖港汊，水网纵横，有名的和无名的河流不计其数，对这些河流仔细辨析的话，就会发现不同的名称表明了河流的不同属性，如历史上上海地区唯一能称之"江"的河流就是松江，即吴淞江，然而还有一个特别的现象，上海及苏南地区称"浦"的河流特别多，最著名者当属黄浦（江）了，如前所述，吴淞江流域在唐以后的五代十国时期就已经形成了著名的塘浦圩田体系，其中的"浦"是与吴淞江相通的、南北向的河道；而东西向的"塘"是与"浦"相通的河道。这些河道往往是"五里一纵浦，七里一横塘"，形成所谓"横塘纵浦"的格局。

上海河流中含"浦"河流别特多，其他见之于方志和史书的小浦，不计其数，有一些地名一直沿用至今，如上海、三林、周浦、月浦、吴泾、江湾……足见太湖流域古河道水资源的丰富和吴淞江沿岸"横塘纵浦"的强大魅力。

宋代郏亶《水利书》云："吴淞江南岸有大浦十八条，其中有上海浦、下海浦。"吴淞江上"十八大浦"的名称分别是：小来浦、盘龙浦、朱市浦、松子浦、野奴浦、张整浦、许浦、鱼浦、上澳浦、丁湾浦、芦子浦、沪渎浦、钉钩浦、上海浦、下海浦、南及浦、江苎浦、烂泥浦。

南宋范成大《吴郡志》引著名水利专家郏侨的话说："吴松古江，故道深广可敌千浦"，他撰《吴郡志·水利》大量摘录和引用他的奏疏及《吴门水利书》，为研究吴淞江的历史和文化保存了大量的历史资料，为了

《同治上海县志》卷首水系全图

分担吴淞江的排洪和蓄水能力，古人采取的办法，就是开凿支流，沿吴淞江每隔五里或七里，疏浚或开凿一条支流，这样的河流都称之为"浦"，据东汉许慎《说文解字》释："浦，濒也。从水，甫声。"顾野王《玉篇》释："浦，水源枝注江海边曰浦。"就是大河的支流口叫做"浦"，由此推断，吴淞江的大支流被叫做"浦"是从汉晋时期就开始了。

成书于南宋绍熙四年（1193）的《云间志》记载："上海浦，在县东北九十里"。吴淞江是太湖流域最大的河流，从太湖发源，浩浩荡荡一路

向东流入大海，吴淞江在入海口形成
一个喇叭形的三角洲，古人称之"沪
渎""沪海"，也因为吴淞江两岸处
在华亭县境内，所以又有"华亭海"
之称。

上海浦和下海浦，同为吴淞江近海
支流，因分别处于吴淞江下游的上下段
而得名。"上海浦"起自今十六铺以东，
北上抵今外白渡桥附近，朝东折向今浦
东陆家嘴，再往北在今嘉兴路桥处入注
吴淞江。清嘉庆《上海县志》水道图，
在今浦东陆家嘴标有上海浦残段，其口
正对黄浦江北面的虹口港，《上海水利

南宋撰《吴门水利书》的苏州"石湖居士"范成
大像

志》谓："虹口港前身系上海浦北段"；《虹口地名志》也称："虹口港河道实
际是原上海浦北段遗址"。

吴淞江穿越今上海市区出海，而黄浦（近代始称"江"）仅流到今
十六铺以东，上海浦恰好将两者贯通。及至明代永乐年间，吴淞江下游
壅塞，于是开浚旧河道引黄浦直接从吴淞口出海，并使吴淞江从今外白
渡桥处汇入黄浦，形成现在的江浦格局。由于水系的变化，上海浦受到
黄浦侵并，其名逐渐湮没。《云间志》指出"上海浦"的具体地理位置：
"上海浦，在县东北九十里"，意思是"上海浦"距离华亭县城（即今松
江城厢镇）的距离有九十里，这大致上就是今上海老城厢到今松江城厢
镇的距离。南岸有一个浦，称作上海浦。与上海浦相对着，北岸有个浦，

则叫下海浦。据《上海名街志》记载，地理意义上的十六铺始于北宋天圣元年（1023）。当时，吴淞江下游有一条支流名上海浦（即今十六铺处），岸边逐渐形成聚落，渔民、盐民、农民等常在此处交换商品，饮酒聚会。

下海浦显然没有上海浦周边繁华。中国人历来将中心地带为上，偏一点的地方为下，改革开放之前，许多郊区的人要来市区，都是上海人，但还是保留着"到上海去"的说法。这是中国人传统的方位观，此为另外的话题了。据有关学者考证，与上海浦相对的下海浦，大约在清乾隆年间被填没，据说故址在今虹口海门路一线，如今只剩下孤零零的下海庙，仿佛还在诉说着下海浦的悠悠沧桑。

吴淞江的上海浦和下海浦，以及几乎与它们同时出现的几条纵浦，如南及浦、江苎浦和烂泥浦等，随着陆地自西向东的延伸，开出了新的出海河道，洪水泛滥导致吴淞江逐渐改道，及至明代永乐年间，黄浦江的开凿，"黄浦夺淞"，黄浦江后来居上，终成上海第一大河的地位，终于十八大浦也逐渐湮没无闻了，于是不经意间，"上海"地名的由来也渐渐变得模糊了。

著名历史地理学家谭其骧教授1962年6月21日在《文汇报》发表《上海得名和建镇的年代问题》，他认为："从聚落的最初形成到发展到够资格设置酒务，又当有一段不太短的过程，因此，上海聚落的最初形成亦即上海之得名，估计至迟当在五代或宋初，即公元第十世纪。"这个聚落之所以得名上海，是因为它位于松江（吴淞江）下游一条支流上海浦的岸边。谭其骧教授的深刻洞见，实际上廓清了上海得名与建镇年代的诸多谜团，他的见解是很深刻的。

承先启后的"上海务"

最早以"上海"相称的聚落,出现于何时,具体位置在什么地方,历史文献中没有明确记载。到北宋熙宁十年(1077)前,在华亭县东北方的上海浦边上,官府在此设立酒务,名叫"上海务",管理附近地区的酒类买卖和酤酒榷税。这条史料,见之于《宋会要辑稿》。

上海浦边这个点,从有人类定居,到出现一定规模的聚落,再到有资格设立酒务,其间的历史跨度,应当是很漫长的。宋时,上海地区还是地广人稀。因此,据谭其骧教授考证,"上海"聚落出现的实际时间,起码在五代末或北宋初,也就是公元十世纪前叶,距今已有千年。

宋代的上海务,推测在今老城厢(即人民路、中华路环线内的东北侧),聚落的东侧有一条南北向的河流——上海浦,它北接吴淞江,由此顺流到达长江、大海,溯流到达苏州城;向南转西经其他河流到达华亭县城,成为上海连接华亭县城和其他聚落的主要水上通道。显而易见,上海聚落是因上海浦而得名的。上海务的出现,标志着上海从一个以农业和渔业为主的自然村落,向有商业活动和官方税务机构的集市转变,上海城市就此开始萌芽。

由于吴淞江的淤塞,一些较大的商舶难以进入华亭县最主要的港口青龙镇,北宋起渐渐转至上海务停靠。港口的兴起,促进了上海港的经济发展,上海已从一个乡村集市转变为具有一定规模的集镇。宋代前承汉唐之制而又有进一步的发展,宋代的酿酒业,在唐朝普及和发展的基础上,得到进一步的普及和发展,处于中国酿酒史上的提高期和成熟期,大量酿

中国历史地图中宋政和元年（1111）"上海务"位置地图

酒理论著述问世、蒸馏白酒的出现，酤酒商贾继承和发展唐代经营思路，标志着酒文化的成熟和发展。建立在上海浦周边的"上海务"也是顺势而为，粮食的丰足，酿酒业技术的成熟，酿酒作坊星罗棋布。

宋大中祥符元年（1008）前后，上海务附近酤酒盛市，酒坊、酒窖、酒库、酒肆星罗棋布，朝廷在此置"上海务"，本身就是对民间酤酒业的一种控制。值得注意的是，《宋史·食货志》还有一个记载可供细细品味："清务者，本州选刺供踏曲爨（cuan，烧火煮饭）蒸之役，阙则募人以充。""踏曲爨蒸"，这四个字给我们描绘了宋代上海先民做酒的工艺过程，也仿佛给我们描绘了一幅宋代上海人制酒的风俗画。

关于"上海务"成立的时间，史料无载，不过《宋史》上记载的"务"，为官署名，多为掌管贸易和税收的机构，综合《宋史》的零星记载，宋仁宗天圣元年（1023），朝廷设置在各地的税务机构，其中有"上海务"这样的酒务，同时还有"稻田务""交子务"等。关于"上海务"的记载，宋代庆历四年（1044）、元丰四年（1081）两次编撰的汇集，在《宋会要辑稿》中出现两种税额，熙宁十年额是新额，旧额则是庆历三年（1043）前的岁额。旧额据《宋会要辑稿·食货·酒曲杂录》记载，是天圣元年"以大中祥符元年至乾兴元年内取一年课高者为额"的。上海务名列在旧额中，它的出现年代应不迟于1023年，很可能就在宋真宗大中祥符元年（1008）。

因其紧靠上海浦，滨江临海，地理位置得天独厚，作为榷酒税务机构的"上海务"，人气很旺，交易繁忙，税收大增，在两浙路秀州十七个酒务中排名靠前。"上海务"又是承先启后的，它的设立为宋代上海镇的建立，是一个预演和先声。

宋熙宁年间（1068—1077），江南地区贸易中心逐渐转移到华亭东北地区，由聚落而村社，再慢慢向市镇的雏形过度，最终形成初具规模的小市镇。到了南宋咸淳年间（1265—1274），由于吴淞江的淤塞，一些较大的商舶难以进入华亭县最主要的港口青龙镇，转而至上海镇停靠，官府为此在设立主管商船税收的市舶分司。市舶分司的衙门设在后来的上海县衙署内，有方志学者认为，具体地点就在今老城厢外咸瓜街、老太平弄的西北处。一个衙门机构的具体地点，历经岁月风尘，屋舍毁了再建，是很难确定的，但这种考虑的思路，我是赞同的。

宋史专家王曾瑜在《宋代的上海》一文中说："总的看来，上海在北宋时，仅设酒务，直到南宋后期，大约增设了市舶分司、巡检司和商税务……元初很快在上海设市舶司，作为海运粮站，并且破格升县。上述行政地位的变迁，正是上海有优越的地理位置，加之人口繁衍、经济和贸易兴旺发达的结果。"这个看法还是公允的。上海镇在青龙镇的东南，吴淞江的下游，更加靠近入海口，同治《上海县志》卷一"疆域"记载，宋熙宁七年（1074），宋朝政府就在原"上海务"机构设上海镇，同时设立"市舶提举司"和"榷货场"。清嘉庆《上海县志》载，当时的"市舶提举司"设在龙华附近高昌乡以西。以此来分析，上海镇的地域就相当于今黄浦区小东门十六铺的岸边。

上海港的崛起

上海地区河网纵横，水运便捷，西晋以前，吴淞江入海口已有渔业生产和水上军事活动，或渔港，或军港。然就商港而言，萌动于晋代，兴起于隋唐，成型于北宋。北宋朝廷设立"上海务"榷酒税的机构，上海浦边逐渐趋向兴旺，港口位置也逐渐向海口迁移，间有海船停泊于上海浦，越百年，遂成人烟密集、海舶辐辏的港口市镇。宋代上海建镇并设置市舶提举分司，港与城同步形成，并名列全国七个水路口岸之一。"港市"的雏形已经出现了。

唐宋时太湖流域经济中心在苏州，但苏州东不临大海，北不濒大江，海外贸易主要靠吴淞江上的青龙港进行。宋人说华亭据江瞰海，富室大家、蕃商舶贾交错于水陆之道，为东南第一大县。华亭县的对外港口也是境内的青龙镇港。其实，那时的青龙镇不仅仅只是华亭县的贸易港，它也是整个太湖流域的海上贸易港口和海上贸易交易中心。明代弘治年间纂修的《上海志》记载，宋代青龙镇"据沪渎之口，岛夷、闽粤、交广之途所自出……海舶辐辏，风樯浪楫，朝夕上下，富商巨贾、豪宗右姓之所会也，人号'小杭州'"，发展之快，达于极盛。

　　然而，极盛不过是走向衰落的前奏。太湖流域整个地区是一个碟形洼地，其中心部位自地质时期以来不断下沉，遂形成了吴淞江下游河道的两大特点：一是河道多迂回曲折，有"五汇四十二湾"之称；水流不畅，夏秋季节经常发生水灾。二是海潮倒灌的问题，水流入江后，来时汹涌，去时势缓，海沙沉积于江口段，航道日趋淤浅。此外，北宋庆历二年（1042）在吴江县境的吴淞江上修建了一座长桥，横截江流，作为南北漕运通路，不料这座桥修成后，长桥卧波，固然美观，吴淞江排水却受到阻碍。元祐年间，水利专家单锷实地考察，发现长桥东侧的水面比西侧水面低1至2尺，长桥以下水流缓慢，无力将潮沙冲出江口，致使江口一带菱芦丛生，泥沙涨塞。官府虽然组织人力物力，在吴淞江做了许多疏浚的作业，然吴淞江及其支流青龙江的日趋淤浅已势所难免。此外，海岸线逐渐东移，青龙镇距离出海口日远，也失去了作为港口优越地理位置的条件。

　　绍熙《云间志》卷中"水"是这么说的："松江东注，委蛇曲折，自白鹤汇极于盘龙浦，环曲而为汇，不知其几，水行迂滞，不能迳达于海。今所开松江，自白鹤汇之北，直泻震泽之水，东注于海，略无迂滞处，是以吴中得免水患。"说的是吴淞江从白鹤汇至盘龙浦这一段，也即今青浦和嘉定相交处，河道都是委蛇曲折，如龙在盘旋一样，行水缓慢，不利于泄洪。白鹤汇在青龙镇西，盘龙汇在青龙镇东，这两段弯曲河道已日益淤浅，影响河水东下。北宋中期，通过两次开挖，使河道发生变化，放弃原

青龙镇不在，如今的青龙古寺还仿佛诉说着悠悠历史

来在黄渡以南的旧河道盘龙汇和白鹤汇河道，但还是于事无补。

当然，青龙镇衰落的原因，也不能仅仅将它归之于"江水淤塞"的自然地理原因，其实，也有社会经济发展上的原因，诸如商品运输管道不通畅，以至于青龙镇商品集散功能不断被削弱。这种物流运输不畅，对青龙镇商品集散的功能和地位影响是很大的。再加上南宋海上军事防守和官府对海商收税的前移，也许对青龙镇贸易港口地位的打击也是致命的。在这种层层盘扣和沉重的税赋之下，来到青龙镇的商船自然是日渐减少。南宋时期的税收政策、行政区划变化上的原因等，综合这些因素，只能导致青龙镇步步走向衰落。

青龙镇港的海外贸易，至南宋已明显衰落，与此同时，其下游的上海镇却悄悄发展，而且发展得很快。今上海地区的海岸在唐代以后向东伸展很快，平均每十年大约涨出一里，前述古上海的三条海岸线，其宋代海岸线就是以这种速度向外伸展。北宋郏亶谈到松江下游旱田区域一百余里

晚清的上海十六铺码头

清末民初的上海十六铺码头

的范围内，岸南有大浦十八条，岸北有大浦二十条。岸南的大浦中有上海浦、下海浦、南及浦、江苎浦、烂泥浦。上海浦在下海浦上游约五里，在上海县治东；南及浦在下海浦东十里左右，是吴淞江南岸最接近海岸的一条浦。

青龙镇因吴淞江、青龙港的海外贸易变得十分萧条，而太湖流域需要有一个新的贸易港取而代之。上海镇比青龙镇更接近大海，它是一个理想的海港。上海港的崛起就是不可阻挡的趋势。

顺便说一下"十六铺"，地名学上"十六铺"的首现，是清朝咸丰、同治年间。为了防御太平军进攻，地方官员将上海县城厢内外的商号建立了一种联保联防的"铺"。由铺负责铺内治安，公事由铺内各商号共同承担，计划是划分为27个铺，但因种种原因实际上只划分了16个铺（从头铺到十六铺）。1909年，上海县实行地方自治，各铺即被取消名称随之消失。由于十六铺地处上海港最热闹的黄浦江边，国内客、货运航线集中于此，码头林立，客流量极大，来往旅客和上海居民口耳相传将这里称作"十六铺"。这里曾经是当时南、北货轮的停泊之处，再加上长江航线、远洋航线、内河航线，各种船舶齐集于此。事实上，十六铺码头从来就不是"一个"码头，而是各个历史时期十六铺地区范围内很多码头不规范的总称。

上海究竟何时建镇？

在港口变迁的形势下，宋代上海镇便应运而生。

上海镇位于青龙镇的下游，即后来元明清上海县治所在。其前身是上海浦附近的一个小集市，北宋大中祥符元年（1008）左右就有"上海务"显露头角，后又有设立提举市舶分司的条件，上海立镇只是时间问题了。

关于上海建镇的问题，由于史料匮乏，历来众说纷纭，甚至有一种极端的说法，上海可能没有经过设镇就直接设县了，不过大多数学者根据史料确认历史上存在过"上海镇"，只不过对上海建镇的时间，由于对史料解读的角度有异，形成了以下几种说法：（1）宋时说。如顾祖禹《读史方舆纪要》卷二四上海县："宋时，舶辐辏，乃立市舶提举司及榷货物，为上海镇"；（2）宋末说。明《嘉靖上海县志》说"上海为松江县属……迨宋末……即其地立市舶提举司及榷货场，为上海镇"。《乾隆续修上海县志》等同此说；（3）熙宁七年说；（4）绍兴中说。清《嘉庆重修一统志》谓"宋绍兴中于此地置市舶提举司及榷货场，曰上海镇"；（5）南宋末期说，武育干《唐宋时代上海在中国对外贸易上之地位观》，认为上海设镇于南宋末期或咸淳年间。尽管众说纷纭，有一点是共同的认知，那就是宋代上海设立了上海镇。

清代《嘉庆上海县志》在"上海镇"建镇时间上曾经有过言之凿凿的证据，不仅明确"熙宁七年"设置上海镇，而且说"上海之名始此"。清代乾隆年间褚华撰《沪城备考》，也说"宋神宗熙宁七年立镇"。此外，晚清文人秦荣光（1841—1904）在《同治上海县志札记》中也明确说过："宋熙宁七年，於华亭海设市舶提举司及榷货场，为上海镇"。明代的《江南经略》《光绪青浦县志》等志书也持这个看法。虽然这些记载观点一致、言之凿凿，但它们都属于明清史料，属于后人的记载，或者说，缺乏宋代史料的支撑，就难以形成一个完整的"证据链条"因而没有被广泛接受。

1870年前后的上海吴淞江黄浦江口

上海究竟何时建镇，成了上海的"生日之谜"？

《上海县志》"大事记"未提上海建镇，"建置"则说"至南宋景定、咸淳年间，上海港船舶辐辏，番商云集，成'华亭东西一巨镇'，地处'海之上洋'，滨上海浦，遂称上海镇。"当下几部有关上海历史研究的著作，对于上海建镇究竟在何年也是语焉不详，令人读之莫衷一是，因为找不到史志界所公认的权威史料，无法定论，故成历史悬案。

近年浦东新区的文史学者周敏法先生，他在读浦东高行镇曹家老宅的一本《平阳曹氏族谱》时，新发现"熙宁七年置上海镇于华亭"的记载，提供了上海设镇新的史料，这本《平阳曹氏族谱》，卷首有《范溪旧序》，落款为"咸淳八年岁次壬申秋七月既望郡人谢国光拜手书。"咸淳八年即为1272年，属南宋末年；谢国光是有名的南宋进士。谢国光在这本书中写道："沪渎曹氏……因宋室多故，而迁居跸临安，族从而徙者，凡十有余人，遵而家于上海镇（熙宁七年置上海镇于华亭）者，则济阳之裔也。"

曹氏也是大姓，可追溯到汉代佐助刘邦建立汉王朝的曹参。《上海通志》第45卷专记《土著居民姓氏溯源》也说"曹姓……南宋初，多支南渡入沪，分居锦溪、青龙镇等，其中宋初名将曹彬后人分迁广富林（今松江辰山）、嘉定、上海范家浜西等。"南宋初，曹氏后裔随宋室南渡，礼部尚书曹辅宸及曹大明等十八支后裔移居上海，《平阳曹氏族谱》序文的这段宋代文字再证之于明清史料，可以说上海熙宁七年（1074）建镇也是可信的。

我是从逻辑关系上来思考的，先有上海务，再有上海镇。上海在北宋形成上海务的榷酒税机构，北宋"上海务"的设立，是有确凿史料可证明的。如果熙宁七年（1074）立镇，它与上海务是一个什么关系？是先有"上海镇"，再有"上海务"吗？查各种史料，没有办法说服我自己。

据董楷所撰《受福亭记》称："自念钝愚，于市民无毫发补益，及痛节浮费，市木于海舟，陶埴于江"。董楷字克正，天台人。南宋咸淳年间（1265—1274）任上海镇市舶分司提举，爱民养士，建桥梁、官舍多所。宋咸淳三年（1267）接替缪相之任上海市舶分司使。任内，为上海镇留下不少"津梁堂宇"，深得上海镇民的爱戴。所撰《受福亭记》的记录，可以看做是南宋末上海镇的粗线条面貌。根据《受福亭记》提供的信息，上海镇治就在今老城厢外咸瓜街、老太平弄北之西北，有拱辰坊，坊北有益庆桥，于桥南凿井筑亭，即受福亭；亭前广场铺砖石，是"一市之所"，即镇市中心；其东北有回澜桥，又北为上海酒库，建福会坊；迤西是文昌宫，原为土房，后改为砖瓦房，于其地建文昌坊；坊北又建致民坊，

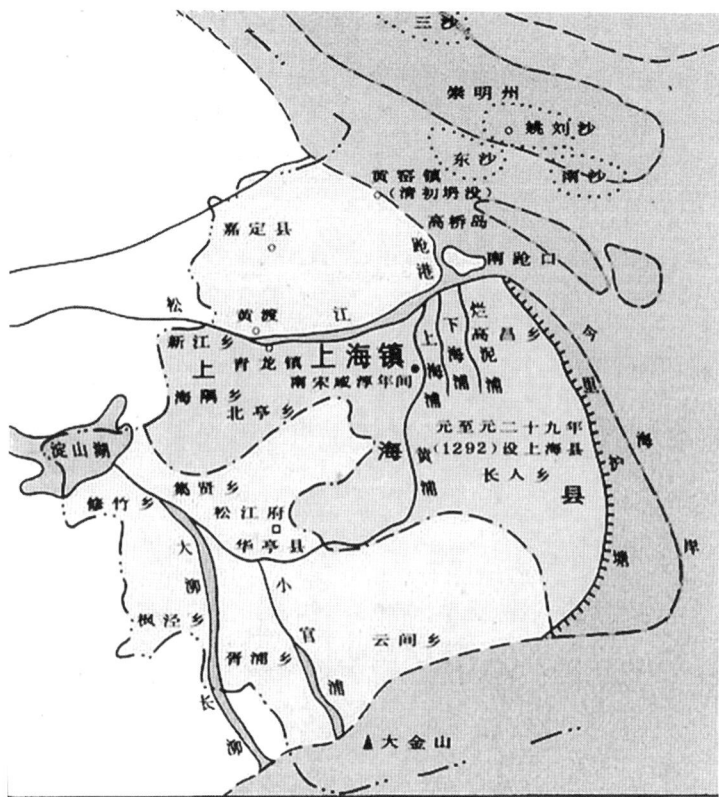

宋—元时期的上海县

宋元时期的上
海镇位置图

后改建为福谦桥；由福谦桥至齐昌寺之间，建泳飞桥。这个位置应该就是"上海务"的衙署。另据明弘治《上海志》记述，当时上海"有市舶、有酒库、有军隘、官署、儒塾、佛仙宫馆、贾肆，鳞次而栉比"，已具市镇规模，可兹佐证。

在北宋大中祥符年间设立上海务之后，上海务周边非农业的手工业者及其进行贸易的传统商人，数量达到相当规模，加上与之配套的饭店、旅馆等服务业，该地区已经形成了类似现在的成片居民区和商务区，故需要"上海镇"这样的机构来进行治理，以确保其有序运行。因此，北宋熙宁七年（1074）设立上海镇是可能的，但苦于旁证史料的单薄，仍然不能下这个结论。眼下我看还是维持顾祖禹《读史方舆纪要》卷二四说的："宋时，舶辐辏，乃立市舶提举司及榷货物，为上海镇"观点，留待日后有新的史料发现再来厘清这个"文化之谜"。

第七章
元代上海县的设立

1292年：上海县的设立

  宋代从沿海上海浦形成的"上海务"，再变成贸易中心的上海镇。镇治设在原来的上海务机构的衙署内，即今小东门外老太平弄的北面，外咸瓜街上，朝廷派镇将驻守。正是上海有优越的地理位置，加之人口繁衍、经济和贸易兴旺发达的结果。一个小镇，显然已经不能容纳上海港市本身所具有的巨大能量和活力了。

  现在有必要让我们回顾一下上海县治的过程：

  唐天宝十载（751）吴郡太守赵居贞奏请朝廷，割本郡昆山县南境、嘉兴县东境、海盐县北境之地，设立华亭县，县治设于今松江区老县城所在地。这是上海地区第一个有相对独立的行政建置的开始。

五代时期，华亭县属于吴越国。直到南宋嘉定十年（1217），又析昆山县东五乡置嘉定县，县治设于今嘉定镇。至此，上海地区实际上有华亭、嘉定两个县治，华亭县与嘉定县的辖境以当时的松江（即吴淞江）为界，松江以南为华亭，松江以北为嘉定。当时的版图应该是华亭县全境都在今上海市范围内，嘉定县一部分在今上海市范围内，另一部分则在今江苏苏州昆山市。华亭县在宋代辖有集贤、华亭、修竹、胥浦、风泾、新江、北亭、海隅、高昌、长人、白沙、仙山、云间等13个乡。

到元代，元至元十四年（1277），上海地方行政建置有较大变化，升华亭县为华亭府，领华亭县；同时置崇明州。县在唐代是府州以下的行政区划。唐代的县按照人口户数分八个等级，即赤、畿、望、紧、上、中、中下、下，华亭县在吴郡下属的七个县中，排在最末。其他几县等级是：吴县、长洲、嘉兴、昆山属望，常熟、海盐属紧。唐开元、天宝年间，云间地区已有华亭、青龙二镇及22乡。当时百户为里，五里为乡，云间户数已经超过10000户。唐制6000户为上县，所以华亭县定为上县。

唐代华亭县设县令一人，为一县最高长官，品级为六至七品，掌劝课农桑，征督赋税，编造户籍，审理狱讼，分派差役。佐官有县丞、主簿、县尉各1人。县丞是县令的副职；主簿掌检查文书簿籍的违制、失误，并加以纠正。县尉分判众曹，催征课税，追捕盗贼。县尉下置司户、司法两司，司户佐掌田、户、赋役，司法佐掌刑法。此外，设经学博士、助教各1人，掌教育。

五代时期，钱镠建立吴越国，华亭县成为吴越国的一部分。所以上

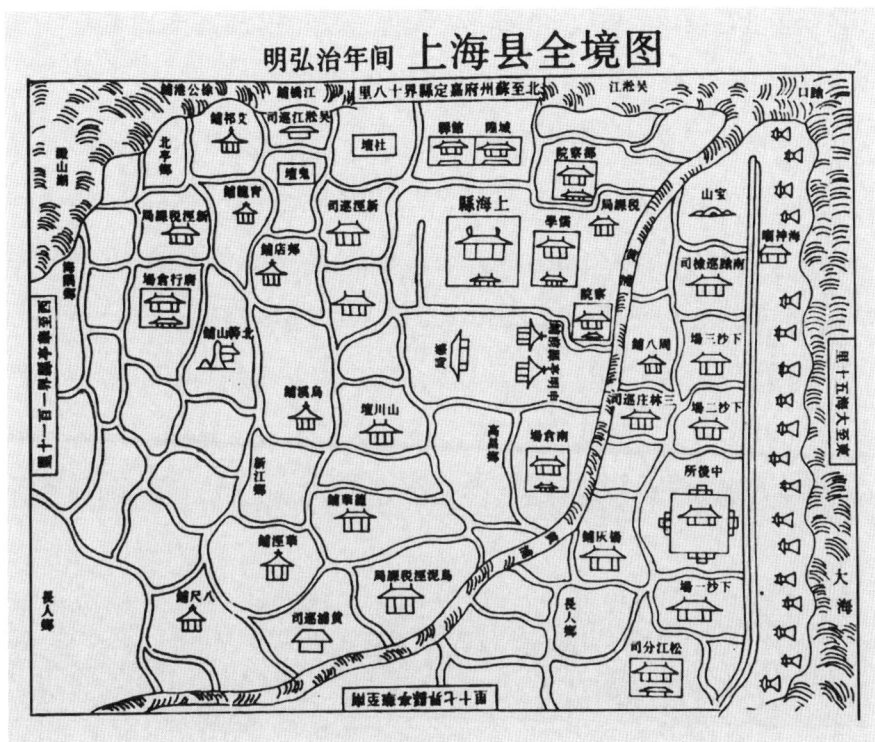

明弘治年间上海县全境图

海也留下了吴越国兴修水利的事迹。到宋太平兴国三年（978），吴越国王钱俶（钱镠孙）献出所占据两浙十三州之地归宋。宋代县的建置基本沿袭唐代和五代旧制，县衙门官吏的设置多沿旧例，只不过宋代将县分为七个等级，即赤、畿、望、紧、上、中、下，4000户以上称"望县"，华亭在北宋时已有9万多户，当然仍属望县无疑。

上海镇建立后的宋元之际，上海地区社会生产力的发展，出现了前所未有的新因素，首先是唐代开始的"坊市制"的动摇，骤然增多的商业网络与商业机构，以及塌房、垛场、会子务、簿记、珠算等业务的出现，反映出商业复杂化的趋势。因此，有人将此称为宋代的"城市革命"，为明清时期中国的城市市廛由古代向近代的转型奠定了基础。

上海务的设立，特别是上海市舶提举分司，在董楷在任期间，治所在市舶分司（即后来的上海县衙）周围，建拱辰坊、益庆桥、受福亭、回澜桥、文昌坊等，奠定了上海镇建设的基础。政和三年（1113），鉴于华亭县内外航运贸易活动频繁，专设市舶分司，掌管本县船舶贸易之事。

元至元十三年（1276），元军攻克临安，南宋灭亡。南宋最后一位提举上海市舶分司使、兼领上海镇监以上海镇归附元朝，元朝廷授予金牌千户衔，兼领镇守上海总管府总管。元至元十四年（1277），元朝廷下令升

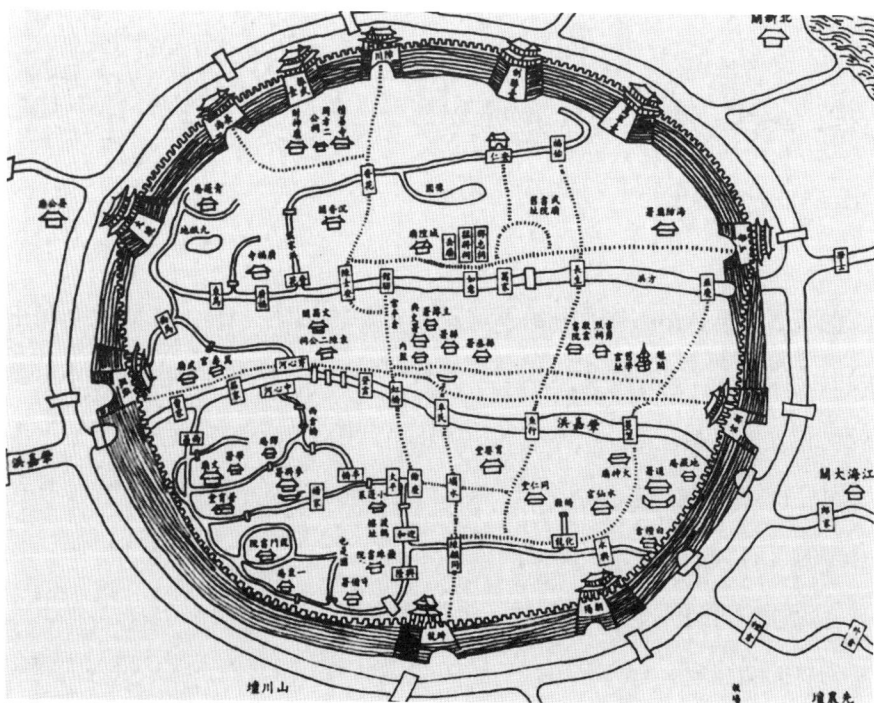

清同治年间上海县城图

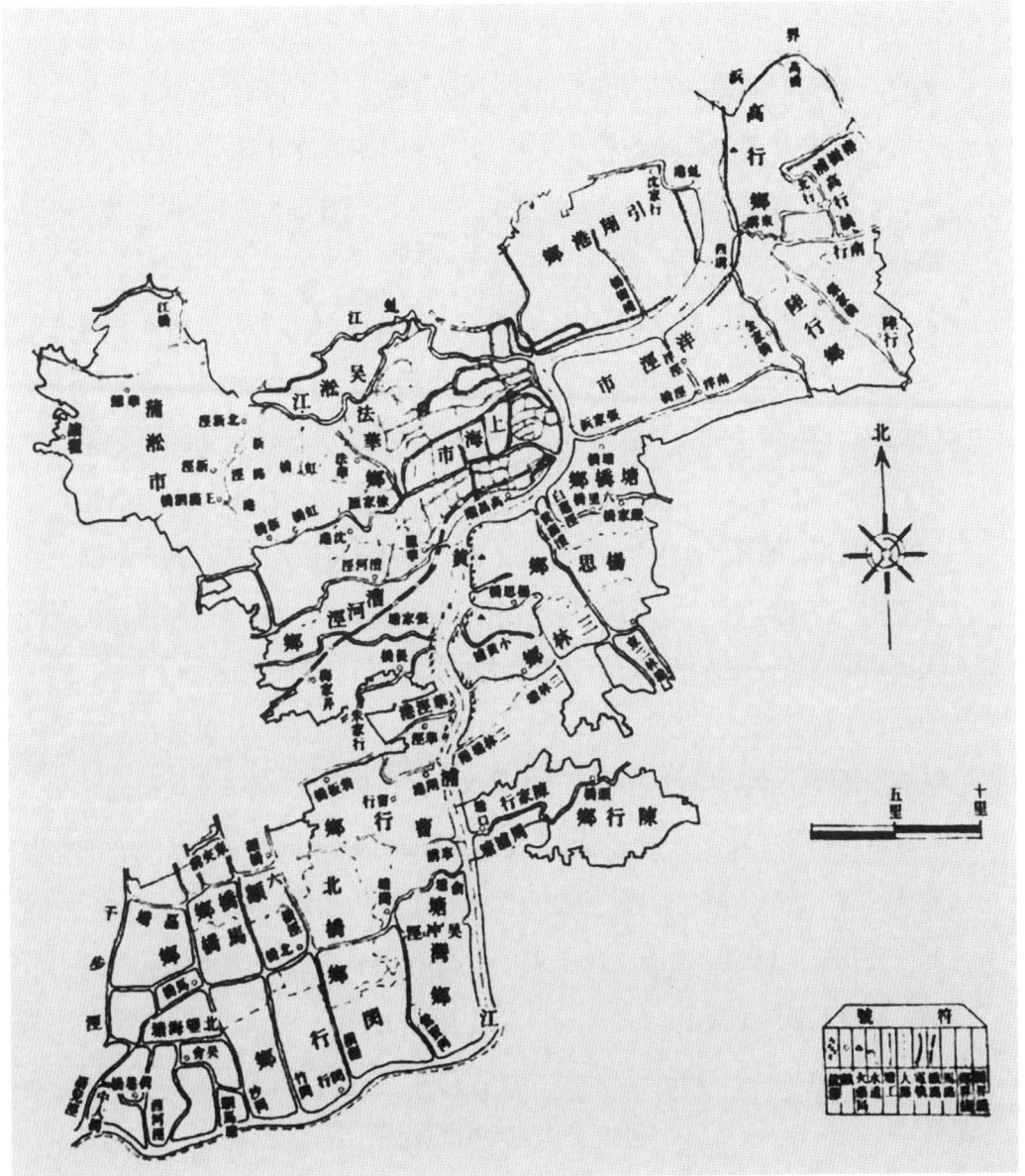

民国四年（1915）上海县全境图

华亭县为华亭府，次年改松江府，领华亭县。

至元二十七年（1290），统辖华亭县的松江知府仆散翰以"华亭地大民众难治"为由，奏请元中央政府分设上海县。翌年即至元二十八年（1291，具体日期为是年公历8月19日），元朝中央政府批准，划出华亭县东北，黄浦江两岸的长人、高昌、北亭、新江、海隅五乡二十六保设立上海县。

关于上海元代置县的具体日期，也是诸说纷纭。明弘治《上海志》记："至元壬辰（1292）春立县"。元赵孟《上海县修学记》记："至元二十八年（1291）始升县。"《元史·地理志》记："至元二十七年（1290），置上海县。"许多方志旧籍，对上海置县年份，都有不同的记载。实际的情形是至元二十九年（1292）上海县主簿郜将仕首先到任视事。至元三十一年（1294），上海县第一任县尹周汝楫到任。上海县署起初设在上海镇榷货场，地方稍嫌狭小，大德二年（1298）上海市舶司归于庆元，翌年，上海县署乃迁至市舶司旧舍。大德七年（1303），鉴于县署在上年被海潮冲毁，经县达鲁花赤雅哈雅忠显提议，县尹、县承等众官绅捐金重修，县署修葺一新。"达鲁花赤"，是蒙古语daruqachi的音译，意为镇守者，长官。新的上海县衙署，尽管县太爷，即县尹姗姗来迟，要认真地算起来还是应该以朝廷批准、有官员上任办事算起，至于县太爷什么时候到，反而不那么重要了。

起步于"五乡廿六保"

唐代华亭县下辖22乡，乡名不详。北宋前期，沿袭唐代制度，在县以下大多数乡村实行乡、里制，各乡设里正1员。乡里制度，是指中国古代县以下的各级基层行政区划的制度，具有宗法性与行政性的高度整合，是以对全体乡村居民进行什伍编制为起点，以"什伍相保""什伍连坐"为基本组织原则，大体是以中唐为界，中唐之前实行乡官制，中唐之后实行职役制。"职役制"显然不是吃皇粮，也就是富庶人家尽尽义务而已。它是封建专制主义国家政权结构中，对于原基层的行政单位，拥有按比户口、宣布教化、督催赋税、摊派力役、维持治安、兼理司法的职权，被称为"治民之基"（《周书·苏绰传》）。

宋太祖开宝七年（974）撤销乡的建置，改设"管"，每管设耆长和户长共3员。淳化五年（994）规定由人丁和物力轮差第一等户充当里正，第二等户充当户长。里正之下设乡书手。北宋王安石变法，熙宁三年（1070），司农寺制定《畿县保甲条制》颁行，至此把保甲制推到了政治军事管理高度，即："什伍其民"，"变募兵而行保甲"。到南宋时，乡村实行乡、都、保、甲制，每都下设若干保，每保下设若干甲，每甲5户。县城内实行厢、坊制，厢下分坊，各坊设坊正1员。各地农村住户，不论主户客户每十户（后改为五户）组成一保，五保为一大保，十大保为一都保。如北宋元丰年间（1078—1085）华亭县下辖13乡：华亭、集贤、修竹、胥浦、风泾、新江、北亭、海隅、高昌、长人、白砂、仙山、云间。嘉定县在南宋嘉定年间建县时，凡5乡27都，其中春申乡领6都，临江乡领8都，安亭乡领6都，平乐乡领4都，醋塘乡领3都。

元代上海县设立时，基本上沿袭了前朝的基层管理制度，但对保甲制度略有损益，实行"保甲制"加"千户制"的做法，根据元代的基层组织办法，农村为乡都制，城市为隅坊制。乡、都的负责者是里正和主首，乡设立里正，都设主首，主要负责催办差税，维持地方治安。里正、主首等行使的是基层政权的职能，但他们都不是官职，而是职役，多由殷实大户人家担任。元代上海县下辖的五乡是：长人、高昌、新江、北亭、海隅。五乡下又分廿六保六十六村，廿六保分布如下：长人乡，6保；高昌乡，9保；北亭乡，4保；新江乡，3保；海隅乡，4保。五乡下管14里，14里分布如下：长人乡设长人里、将军里、高阳里；高昌乡设高昌里、盘龙里、横塘里、三林里；北亭乡设崧子里、北亭里、封林里；新江乡设新江里、崧宅里；海隅乡设蕴土里、汉成里。上海县领属高昌、长人、北亭、海隅、新江5个乡。南宋时期，华亭县的长人乡和高昌乡（这两个乡的名称和范围，一直沿用到民国），覆盖了高桥镇以南、老护塘以西的整个浦东新区和上海老城厢。

顺便说一句，这种巩固封建主义基层统治的"保甲法"，直到在上海政权回到人民手中，几千年的封建旧制"保甲制度"才告寿终正寝。

清人郭廷弼修、周建鼎等纂《康熙松江府志·卷十七·城池》载：元大德癸卯年（1303）间唐诗措撰《建县治记》的话："上海县襟海带江，舟车辏集，故昔有市舶，有榷场，有酒库，有军隘，官署儒塾、佛宫仙馆，毗尘贾肆，鳞次而栉比，实华亭东北一巨镇也。至元壬辰春，以华亭地大，民众难理，命分高昌、长人、北亭、海隅、新江五乡，凡二十六保，立县上海，因以名，隶松江府，从参政冀公之请也。领户六万四千有畸，岁计粮十有二万余石，酒醋课程中统钞一千九百余定。"（《上海府县旧志丛书·松江府志》（四），上海古籍出版社2011年版，第365页）

上海县的设立，是古代上海城市发展过程中的第二个转折点，它标志着上海从许多普通江南市镇中脱颖而出，成为县级政治中心之一。上海

清代《申江胜景图》中描绘的上海学宫（文庙）

也从一个普通的滨海小镇，上升为一个县级规模的政区。明末清初，上海的行政区划又进行了沿革，逐步形成了接近今天上海的规模。

志丹苑与"赵浦闸"

元代上海建县后，作为太湖最重要的出海通道吴淞江两岸的民众，饱受水患之苦，因此对吴淞江的治理越来越重要，也越来越频繁，正可谓"时势造英雄"，上海乃至整个江南地区由此走出了一大批体恤民情疾苦、专于治水的官吏和专家。他们或著书立说，或上请朝廷，或身体力行、精心组织太湖水系的施工与整治，很受民众好评。这样的人物不是一两个，是一大批，可以开出长长的一串名单。例如根据太湖水域历史经验，精心撰写《吴门水利书》集中体现了治水方略的郏亶、郏侨父子；曾向朝廷献其所著《吴中水利书》的水利专家单锷，连担任杭州知州的苏轼也对《吴中水利书》很是赞赏，提出了以疏泄为主的治水思想，更有曾主持开浚吴淞江，撰有《浙西水利议答录》等专著的任仁发、《论三吴水利》的作者周文英、《水利议——开吴淞江》的作者归有光，明朝户部尚书夏元吉，提出疏浚开通黄浦江建议的叶宗行，甚至包括著名的清官海瑞等都主持或参与过太湖流域和吴淞江的治理，对疏浚吴淞江，功莫大焉，后世的人们一定不能忘记他们的治水之功。在封建社会此消彼长的朝代更替中，治水大业也随着朝代的兴衰而起伏。治水精神的传承在时隐时现的治水思想和治水实践的断续中，艰难而又坎坷地走过漫长的时代，这批代有传人、专于治水的官吏和专家，崇尚爱国忧民的精神境界而兢兢业业专注于治水的代表人物，千百年来一直得到民众的赞赏和嘉许。

元代水利专家任仁发像

值得一提的是任仁发（1254—1327），上海本地人，元代官员、水利家、画家。不仅主持修治吴淞江的工程，还赴京主持元大都（今北京）通惠河等治理工程，并有水利工程著作传世，为中国水利史上做出过杰出贡献。元大德七年（1303）起，历任都水监丞、都水少监、都水庸田司副使等职。任仁发在主持和参与疏导吴淞江的工程时，1304年，时任海道千夫长的任仁发上书朝廷，请命治理水患，他提出"浚河港必深阔，筑圩岸必高厚，置闸窦必多广"的治理主张，即挖深河道，加厚堤坝，多开闸口。朝廷接受了他的上书，并命他为平江都水营田使司都水少监，相当于吴地水利局副局长，主持治理吴淞江。任仁发用了两年时间，将今天青浦到嘉定段的吴淞江，加深了1.5丈，拓宽了25丈，并设置了许多闸窦，还浚疏了赵屯浦、大盈浦、白鹤江、盘龙江等支流，使水患变成了水利。由于任仁发恪尽职守和丰富的治水经验，得到元帝和许多蒙元高级官员的器重，官至浙东道宣慰副使，直到去世前一年才离职返乡，晚年回到家乡吴地，可以说他为治理水患做到了鞠躬尽瘁，死而后已。

　　元代朝廷把治理吴淞江作为江南地区水利的首要任务，根据水利专家任仁发的构想，在宽25丈的吴淞江上，建立每座宽2丈的水闸13座，涨潮时关闭闸门，以阻挡海潮带来的泥沙；退潮时，利用上源太湖清水

2012年志丹苑元代水闸遗址博物馆复原景象

及水流落差冲刷下游河道积沙，减缓吴淞江淤塞，使太湖之水有一个畅通的出水口。任仁发认为这是彻底解决太湖流域水患的办法。但因当时财力物力所限，任仁发分两批只建成9座水闸，其中一座即为"赵浦闸"，建于元泰定三年（1326）春夏之际，是经元帝御准，由江浙行省都水庸田使司组织施工。因该闸处于赵浦边上，明代方志称为"赵浦闸"。闸基所在的河流，应该是吴淞江主江道或旧江，也有可能是吴淞江的分水河。赵浦闸存在20年左右，到至正年间（1341—1368）被废弃而湮没。

2001年5月，上海建筑工人在普陀区志丹路、延长西路交界处施工打桩时，意外挖掘到一处遗址，经考古专家鉴定，这座水闸就是当年任仁发主持建造的元代吴淞江水闸之一的"赵浦闸"，当地政府在这座水闸处建立了一个博物馆——上海元代水闸遗址博物馆。这座水闸是在宋代水闸营造的基础上，在长江三角洲这一特殊地形地貌条件下建造的，在中国水利工程发展史上有着很重要的地位，从闸门到驳岸、外墙、固水的石面构造、用材，都堪称是长江口海岸水利工程的重要标志。

棉业之祖黄道婆

黄道婆是我国历史上一个杰出的纺织家，又名黄婆，黄母。典籍记载甚少，元末明初的学问家陶宗仪在他的笔记体著作《南村辍耕录》中记载了黄道婆的某些事迹的史实片段。从这些文字中，我们知道黄道婆是上海县乌泥泾镇（今徐汇区华泾镇）人，生活在公元13世纪末期（约公元1240—1300），也即中国历史上的元朝初年。她的生卒年月和详细身世，已无从确考。

黄道婆出生在什么样的家庭，从所搜集到的历史资料来看，她年少时孤苦伶仃，一生辛劳，死后也没有留下什么财产，后事也是靠着乡亲们帮助打理。这样看，她应该出身于贫苦农民的家庭。黄道婆生活的年代，元朝经济得到恢复和发展，当时棉花的种植很普遍，家庭棉纺织业逐步发展，替代了传统的丝、麻纺织手工业。

据传说，父母没法养活她，让黄道婆去做了童养媳。黄道婆无法忍受非人的生活，半夜里在茅草屋顶上挖了个洞，爬了出来，偷偷地上了吴淞江边的一艘船舱，随船漂流到了海南崖州（今三亚市）一带。元代，崖州一带的棉纺织技术已很发达，并创制出了一整套的生产工具和生产技术。黄道婆在崖州以道观为家，与黎族姐妹结下了深厚情谊，并虚心向她们学习棉纺织技术，很快就熟悉了当地比较先进的制棉工具，掌握了技术操作的工艺，并成为一个技艺精湛的纺织能手。几十年过去了，年近半百的黄道婆思念故乡乌泥泾。公元1295年到1296年黄道婆乘海船回到了阔别多年的故乡。

元明之际的诗人王逢，虽是江苏江阴人，晚年曾居住在乌泥泾，其所著《梧溪集》七卷，清代学者赵翼《檐曝杂记》称其"古体诗音节高古，时有汉唐遗韵"，给予了很高评价，王逢《梧溪集》中收录有《黄道婆祠》一诗，是今存最早歌咏黄道婆业绩的诗作，其中有一句"道婆异流辈，不肯崖州老"的诗句，黄道婆从崖州归来重返故乡的时候，约有五十岁，植棉业已经在太湖流域广为普及，但是纺织技术仍然落后。她回乡后，看见妇女仍然用红肿的手剥棉籽，男人依旧用小竹弓弹棉花，而且织出来的布还像从前一样粗糙，就下决心致力于改革家乡落后的棉纺织生产工具。

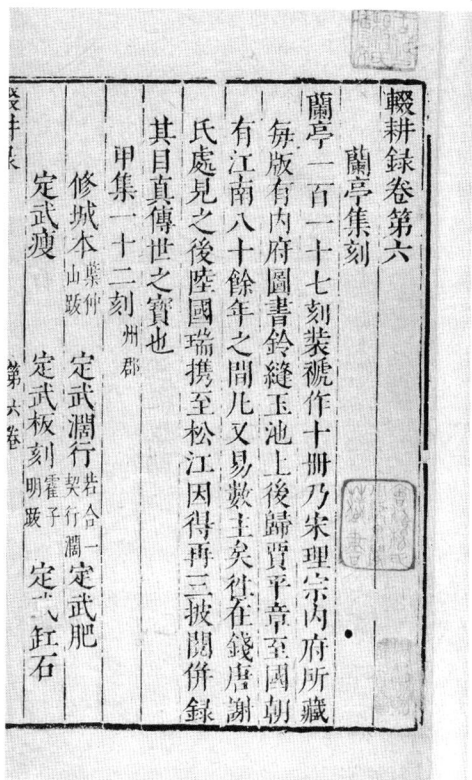

陶宗仪《南村辍耕录》书影

据陶宗仪《南村辍耕录》记载，"乌泥泾初无踏车椎弓之制，率用手剖去籽，线弦竹弧，置案间振掉成剂"，操作起来十分辛苦，生产效率又极低。黄道婆先改革了纺织工具，"乃教以做造捍弹之具，至于错纱配色，综线絮花，各有其法"，然后将黎族人民先进的棉纺织生产经验与汉族纺织传统工艺结合起来，黄道婆把黎族人民用的搅车介绍过来。搅车又名轧车，是由装置在机架上的两根辗轴组成，上面的是一根小直径的铁轴，下面的是一根直径比较大的木轴，两轴靠摇臂摇动，向相反方向转动。把棉花喂进两轴间的空隙辗轧，棉籽与棉纤维就得到很好的分离，完全改变了当时用手剥籽或用铁杖擀去籽的落后劳动生产率，是当时皮棉生产中一件重大的技术革新。

黄道婆把自己掌握的精湛的织造技术毫无保留地传授给了故乡人民，将松江地区的棉纺织技术提高到了一个相当高的水平。根据纺织专家的意见，黄道婆的贡献主要有三：一是手工棉纺织生产机具上的革新和创造，"黄道婆纺车"的发明，让世间有了专供纺棉用的脚踏三锭纺车；二是色织棉布和提花棉织物的创新，创制了名扬天下的"乌泥泾被"，开发了棉织物的新品种；三是推动了松江府以上海县为中心地区的手工棉纺织生产的商品化过程，使上海县为全国最大的手工棉纺织业中心，赢得"衣被天下"的美誉。

黄道婆织成的被、褥、带、手巾等，织有各种各样的字样和花纹图案，像是一幅幅图画，非常精美。其对于纺织技术的推广与普及，主要有"捍（搅车，即轧棉机）、弹（弹棉弓）、纺（纺车）、织（织机）之具"和"错纱配色，综线挈花"等织造技术。她所织的"被褥巾带，其上折枝团凤棋局字样，粲然若写"。一时"乌泥泾被不胫而走，广传于大江南北"。棉纺织品五光十色，在全国盛况空前。

黄道婆去世后，她所留下来的纺织技术从乌泥泾进一步在江南地区传播，并在全国范围推广开来。到了明代，乌泥泾所在的上海县，已经成

清代上海城墙边的黄道婆庙

为全国棉纺织业的中心。黄道婆以对我国古代纺织业的发展作出的杰出贡献，而被载入史册，在中国科技史和手工业史上都占有一席之地，永远受到后人的敬仰。

上海县人民感念黄道婆的恩德和功绩，在元惠宗至元二年（1336），为她立祠，岁时享祀。后因战乱，祠被毁。元至正二十二年（1362）乡人张守中重建并请王逢作诗纪念。到明熹宗天启六年（1626）张之象塑其像于宁国寺。清嘉庆年间，上海城内渡鹤楼西北小巷，立有小庙。黄道婆墓在上海县华泾镇北面的东湾村，于1957年重新修建并立有石碑。上海的南市区曾有先棉祠，建黄道婆禅院。清咸丰时，上海豫园内，有作为布业公所的跋织亭，供奉黄道婆为始祖。在黄道婆的故乡乌泥泾，至今还传颂着："黄婆婆，黄婆婆，教我纱，教我布，两只筒子两匹布"的歌谣，表达了人们对这位纺织先贤的怀念。

改写中国漕运史的上海人

元代是中国历史上少有的"重商"朝代，游牧民族对物资交换的需求远高于农耕民族，商品经济在南北各地都十分兴旺，隋唐以后，大运河的开发与贯通，成为维系中国大一统局面的政治纽带，元代开创的漕粮海运则别具一格，其中还有上海县先民的一份独特贡献呢。

说起来具有传奇色彩，元初西沙（今属上海崇明）人朱清，原本是个佃农，与母亲孤苦度日，他家的财富为当地财主所夺，年少气盛的朱清，咽不下这口气，一怒之下杀了财主，卷了金银细软登船而去，在海上纠集了一批狐朋狗友，亡命海上，干起了贩卖私盐、偷盗官芦、劫掠过往船只的海盗勾当。一次将私盐贩到嘉定新华镇换米，巧遇同是天下沦落人的张瑄，张瑄是嘉定八都新华村（今上海浦东高桥）人，两人一拍即合，遂歃血结拜成为兄弟，在海上出没风波里，谋个饭吃。不要说这是民间故事，《新元史》和《崇明县志》等均有记载。诚如《雍正崇明县志·朱清事迹》说朱清"往来飘忽，习以为常，东北海道，遂无不熟"。

及至南宋亡而元朝兴，改朝换代了。至元十二年（1275），丞相蒙古族人伯颜率大军大举南下，攻下了南宋京都临安（今浙江杭州），不知从哪里打听得朱清、张瑄，水性如何了得，乃靠海吃饭的勇士，就欲加以利用，派员以礼招安并起用了这两个人，授予管军千户之职的小官。那时，伯颜准备将南宋的皇家图籍、文书、祭器等运往元朝京师元大都（今北京），因担心陆路运输遭江南义军劫夺，一时举棋不定，遂令通晓沿海水情、长于海运的朱清具体操办掌管此事。

元至元十九年（1282），朱清欣然应命，与张瑄一起协同上海管军总管罗璧，通过海运将漕粮6.4万余石运抵大都（北京）。朱清、张瑄自临安装船入海，虑及图籍轻而船吃水浅，经不起风吹浪打，所以傍岸北行。凭着积累既久的经验，最终完成了漫长航程，安抵大都。元朝世祖皇帝由衷赞叹："古云北人骑马，南人驾舟，朱清真海上奇人也！"遂大加赏赐，御赐骏马、锦缎、美酒。

唐宋以来，江南的粮食运往北方，大抵沿古运河北上，途中多次装卸，耗时费力，十分不便；又大运河溢浅，不容大舟，载运量有限。至元十九年（1282），元世祖令臣下议定南粮北调办法。元朝立国之初，急需江南财赋供给北方，以稳定整个政局。因为有了朱清、张瑄从临安运往

沙船起源于江苏崇明一带的平底船，至迟在宋代就已经出现

元大都的经验，元世祖召见朱清，大意是说，吴越多产稻米而京师之地不足，意欲南粮北调，然陆上关山河津阻隔，耗费人力财力时间无数，仍是供不应求，可否也由海上北运漕粮入京。

朱清答奏说，以小臣的经历，海运皇粮不难，愿贡献微力，报答万岁宏恩，但必须另造大型沙船，既能大量运载，又能安全往来。元世祖饶有兴趣询问何为沙船。朱清就向元世祖报告了沙船运输的种种好处，可在海上南粮北调中，大有用武之地。"世祖大喜，信而重用之"，令他与上海镇总管罗璧督造沙船60艘。

朱清受命南归，选择在太仓浏家港（今属江苏）划定造船基地，绘制沙船图式，采购上好材料，征召能工巧匠，开始打造大型沙船。至正十九年（1359）隆冬，历史上前无古人的海运壮举拉开帷幕。朱清在今江苏太仓浏河装粮，大船装载1000石，小船装载300石，每船置年壮精健监运水兵16名，60艘平底海船共装运漕粮46000石。船队从浏家港出发，他亲自在前开道，由张瑄殿后。绕过崇明西沙，经江苏海门东岸的黄沙滩头，沿海岸线北上，经淮安、盐城，转过山东半岛最东端之成山角，进入渤海湾，入海河口，于次年春天到达目的地直沽港。再陆路运往元大都。

由于朱清熟知沿途的水情地貌，全神贯注观测领航，蜿蜒回绕避开了无数个沙洲、暗礁、漩涡。这次航行取得了很大成功，首次海运漕粮告捷。朱清再接再厉，至正二十二年（1362）海运粮食10万石到京，翌年增至43万石。至元二十四年，朝廷以朱清海运漕粮有功，加封为宣慰使，兼领海道都漕运万户，以督岁运，即全权执掌海运漕粮。

此后，朱清带领船队开始新的征程，出长江口，往北过万里长滩后，

运粮船由上海出发抵达天津港的热闹场面

折向东北直放大海深处的青水洋，穿过黑水洋，绕过成山角，入渤海湾到直沽。并且在实践中不断总结经验，对新航道加以修正，缩短了海上航线，年运漕粮一增再增至330余万石之巨，且整个航程安全了许多，海运粮食损失降低了许多。经11个年头不断实践、探索、总结，朱清终于开辟了航程短又安全的新航线。他令将航行途中所经的方位、地点、时日、风向、水情、地貌，以及险情一一详细记载在日志中。这条航行路线被收录在《大元海运记》一书中，得以流传后世，如今的《郑和航海暨国际海洋博览会——船舶数字博物馆》里也有陈列。后世有学者考证，朱清开辟的这条航线，已基本上接近于近代以来的北洋航线，即今津沪航线。

　　不论朱清、张瑄最终的结局如何，这两位海上先驱，改写了中国漕运的历史，体现了上海人的风骨，中国历来为"漕运"，由漕运而海运，海运航线的开拓，功不可没。他们代表了那个年代上海先民强悍、血性、冒险与开拓的精神，还是值得肯定的。

第八章
"御倭筑城"始末

一座"不设防"的城市

北宋时期，上海分属华亭县和昆山县，崇明地区属海门县。宋初，华亭县改属两浙路秀州（今嘉兴）。这时华亭县以东的海滩，已经成为重要盐场和渔场，"人烟浩穰，海舶辐辏"，商业日益发达。

上海县设立后，并未筑城。当时，"东依海洋，北枕吴淞"，东南紧逼黄浦江，"无深山茂林之阻"，素称东方水都，是一个未设防的县邑。滨海临江的上海县，由于靠海的土地，盐碱度高，开始不适宜栽种水稻，只是到南宋后期，棉花种植在松江府已经有了相当的规模，上海县的棉花种植才大面积的种植开来。

上海县处于吴越之间，先秦时代就是一片气质刚劲的土地。《淮南子》说："越王好勇，而民皆处危争死。"班固描写这片土地上的尚武遗风，"君皆好勇，故其民至今好用剑，轻死易发"。同时，滨江傍海，加之海上流动作业，充满不稳定和不确定性，渔民出海，常受台风袭击，有时风急浪高，击岸破堤，拔树摧屋，险象环生。渔民的冒险精神和粗犷豪爽性格的生成与他们世居海边和在海上作业的这种特殊生存状态有着不可分割的关系。南宋直至明代中期，上海作为濒海边邑，靠海人家，水陆交通四通八达，为了便利，不赞成筑城，即使是金兵南侵，分道渡江南来，浙西制置使韩世忠退兵驻守上海，"待敌归邀击之"，但韩世忠率军并没有在上海久留，他的军队与金兀术决战于黄天荡，元末农民起义，朱元璋与张士诚决战，战场在常州、江阴和杭嘉湖等地，均远离上海地区。

上海县河网纵横，及至明代永乐年间黄浦江的开凿，吴淞江与黄浦江支流密布，有舟无车。贯穿县城的主要河浜有肇家浜、方浜、薛家浜、陆家浜及西洋泾浜，这五大干浜皆西东走向，另有南北走向的穿心河和中心河，将五大干浜沟通在一起。其中，肇嘉浜是通往徐家汇、蒲汇塘和松江府的运粮河，最为重要。其他小浜和桥梁不计其数，沟浜连接，黄浦江沿岸有许多码头和渡口，著名的有十六铺码头（方浜入浦处）、官大码头（肇家浜对江渡）、油车码头（薛家浜入浦处）和南仓渡（陆家浜入浦处）等。

就这样，二百多年来，已称"壮县"的上海一直没有修筑城墙。《同治上海县志》中收录了上海县人顾从礼关于上海筑城的奏疏，其中说到"上海，宋市舶司所驻之地，治原无城垣可守。盖一则事出草创，库藏钱

《点石斋画报》1891年绘黄浦江肇嘉浜（复兴东路）口"大码头"，这里是官方码头，即后来的关桥码头

粮未多；一则，地方之人半是海洋贸易之辈，武艺素有通习，海寇不敢侵犯。虽未设城，自无他患。"可见当时的上海人中有一半是做海洋贸易的彪悍商人，生命财产的安全问题并不突出。

　　上海县设立后的相当长时间内，虽然有人"尝欲请建"，提出筑城的主张，但终因"无遗址可因""其势颇难"，且上海地区"素无草动之虞，在所不必"，故"屡议而屡寝焉"（弘治《上海县志》卷一），一直没有建城墙。

　　一座不设防的城市是不需要城墙的。

顾从礼疏请筑城

到明代嘉靖年间，倭寇为患，日甚一日。十四世纪初，日本进入南北朝时期，封建诸侯割据，互相攻战，争权夺利。一些战败的封建主组织武士、浪人、商人到中国沿海地区进行武装走私和烧杀抢掠活动，一些不法的中国商人和海盗亦与之相勾结，严重威胁明朝海防，这就是倭患。再加上明初，朱元璋为抑制流窜海边的农民军活动，实行"海禁"政策，禁止或限制沿海的海上运输，下令沿海百姓必须向内地迁移。此举阻碍了日本商人的生财之道，也促使他们与流落至此的农民军从"武装经商"发展为"武装掠夺"。

明嘉靖三十二年（1553）农历四至六月间，上海县连续五次遭到来自东海倭寇海盗的侵袭，县丞、镇抚均殉职。兵民被杀，财物被抢，县署及庐舍被焚，邑里几成废墟，官民的损失越来越大。张之象（1496—1577），明上海县龙华里（今龙华乡）人，文学家。他在《乱后经故居》诗云："鸟鹊飘零月满溪，逸林何处得安栖，万方多难疲征钦，百战无功厌鼓鼙。荒径客归惟见草，故邻人去不闻鸡，携家欲问桃源洞，只恐云凌路已迷。"说的就是倭患兵燹上海后满目疮痍，一片萧条的惨况。

在这种情况下，抵御倭寇，恢复经济，保护生命财产安全，已成为上海官军民的当务之急。血的教训使上海官民乡绅认识到修筑城墙的重要性和迫切性。

潘荣说："邑以无城，群凶觊觎，民无固心，故受祸尤酷"。在酝酿筑城的活动中，时任光禄寺少卿的顾从礼是呼吁筑城的倡导者、付诸实际行动组织指挥的第一人。他《奏请筑城疏略》上书当局，请求筑城，言辞恳切，令人读之动容。

顾从礼的奏疏反映了上海吏民要求筑城自固、保家抗敌的心声，受到当局重视。松江知府方廉眼见倭寇到处窜扰，境内烽火不断，民不聊生，便毅然照准修筑上海城墙。他说："斯城不筑，是以民委之盗也"（乾隆《上海县志》卷六）。顾从礼的倡议还得到当地士绅乡民的热情支持和坚决拥护。嘉靖三十二年（1553）九月正值倭寇退去，上海县吏民遂乘隙破土动工，旦暮赶筑城墙，广大民众担土运石，登高历险，日夜操劳，仅用了两个多月的时间，上海历史上第一座城墙即告竣工。许多吏民出地、出钱、出力，以实际行动支持筑城，一时之下，筑城情景蔚为壮观。太常卿陆深的夫人梅氏捐银两千两，并将数千楹楼房让出，作城墙根基。博士王相尧也撤屋输地，尽其所有，支持筑城。城墙"落成之日，四民欣喜"额手称庆。（《潘笠江先生文集》）

顾从礼不仅是筑城的首请者，还是上海筑城的支持者和组织者。崇祯《松江府志》记载，筑城工程由顾从礼和通判李国纪共同负责，他们栉风沐雨，不辞劳苦，"旦暮督工""兴筑数月克就"（崇祯《松江府志》卷十九）在筑城亟需钱粮时，顾从礼"捐粟四千石，助筑小南门"，为筑城作出了重要贡献。就这样，上海军民仅用三个多月时间，便筑起了一座周长九华里，高二丈四尺的城墙，城墙初系泥土版筑，辟有城门6个：朝宗门（今大东门）、宝带门（今小东门）、跨龙门（今大南门）、朝阳门（今小南门）、仪凤门（今老西门）、晏海门（今老北门），并在朝宗、宝带两城门上各筑敌楼一座。水门四个：两个开在肇嘉浜（今复兴东路东西端，大东门、西门边），一个开在方浜（今方浜中路东端）。

上海旧城仪凤门。照片大约拍摄于1870年代

有必要说说顾从礼其人，顾从礼，字汝由，定芳子。生卒年不详，享年84岁，从现有资料来看，当为明正德至万历年间人。嘉靖巡视承天，以善书法被荐，授中书舍人，办事制敕房兼翰林院典籍，参与编纂《承天大志》《玉牒》（皇室谱牒）和摹抄《永乐大典》，侍经筵，在内廷讲书，后官至太仆寺丞、光禄寺少卿，加四品服。归里后，置义田，助里役，济贫睦族。倭乱时，提议筑上海城墙，并带头捐钱捐粮，又筑三里桥、五里桥、草堂桥，于城内重建抚安桥。葬于赤港北大仓（今打浦路斜徐路），王世贞铭。最为令人惊奇的是上海考古工作者1993年4月16日发掘出首次出土的明代古尸，竟然就是顾从礼的遗体，死后四百多年未曾腐烂，对

于研究我国医药科学史、上海地区文化史具有重要意义。这具顾从礼的古尸，今保存于上海博物馆。

修筑好的城墙，很快就发挥了抵御敌寇、保卫上海的作用。如嘉靖三十三年（1554）正月十八日和嘉靖三十五年（1556）五月初一日，倭寇数度侵犯上海，上海军民以城墙为屏障，英勇抗倭，大挫倭寇锐气，大大减轻了骚扰和损失。城墙不仅为上海平添了一处坚固的防御工事，也成为登高观赏海景的好去处。抚台周如斗《登上海城》诗："襟江滨海驻孤城，逝者如斯昼夜行。地僻境冲无险设，戎生寇至有谁平。升虚望景波心徹，入境观风海甸清。遥忆任人兴地利，少卿千载著芳名。"（崇祯《松江府志》卷十九）这首诗上半阕回忆筑城前，上海无险可守，屡遭涂炭的无可奈何；下半阕描述筑城后的风光，展望美好的未来；最后一句则是颂扬顾从礼这一善举。

"一城烟火半东南"

说到"老城厢"，首先是指有"城"，城不论大小，都有城墙，这是一个界限，《说文》上说，"邑外为郊，郊外为野"，意思是城里为邑，城外为"野"，出城就是郊区，这种说法大致将城市与乡村区别开来。

明代上海开始筑城，市镇的发展，人口的增长，在城外与城相连的地方就会逐渐出现人口居住区，并有一定商业活动的展开区域，今上海人所说的老城厢就是指城门内和靠近城门附近的一些地区。至清初，社会经济有了恢复，海上贸易在管控下逐渐恢复，老城厢也在原有的城区内缓慢发展。康熙《上海县志》所载的街巷数已达二十五条，比明万历年间增加了一倍多。康熙二十四年（1685），清廷废除海禁，后设江海关署于小东门内。嘉庆年间，上海已是"闽、广、辽、沈之货鳞萃羽集，远及西洋、遏罗之舟，岁亦间至"，这个地区大致涵括了今日所说的"老城厢"地区，具体范围大致在今中华路和人民路的环路内。

东门和小南门外临黄浦江，随着上海港的崛起，东门外至黄浦江边形成了很多集贸市场及与商业配套的服务业。清乾嘉时人施润诗曰："一城烟火半东南，粉壁红楼树色参。美酒羹肴常夜五，华灯歌舞最春三。"至清代嘉庆二十一年（1816），上海县城有街巷60多条，人口10余万，并成为北洋、南洋、长江、内河、外洋五条航线交汇的港口城市。

豆市街北起白渡路，南至紫霞路，全长仅235米，但就是这条不起眼的小马路，曾经撑起了上海乃至全国最大的豆类及豆制品的交易市场。清

19世纪末上海老城内百业兴旺，老上海县城街景

人《沪江商业市景词·豆麦行》写道："纷纷豆麦巨行开，或备沙船递往来。市大货多装运广，几家首创已多财。"许多生产大酱、酱油的作坊也在豆市街附近云集，这里也成了早期酱油制品的批发市场，其中著名的商号有致祥、义昌、益康、恒久等，如果受台风影响，从北方来的船数天不到，上海县城里的豆米行情就会出现波动。

外咸瓜街，里咸瓜街，听名字就很有意思。"咸瓜"，是不是江南人吃的经腌制的酱瓜呢？不是，这个"咸瓜"指的是"海货"，清代乾隆年间，福建泉州漳州一带的海船商人是最早进入上海的商帮之一，泉漳两府的商人在外咸瓜街与里咸瓜街在建立了"泉漳会馆"，那时，福建人和宁波人都将冰鲜的海货叫作"冰鲜"，将腌制后的海鱼叫作"咸瓜"。"黄瓜鱼"就是黄鱼，"咸瓜"就是咸黄鱼。后来这两条街就慢慢发展成为海货集贸市场了。

方浜中路西段，以前是"纸扎艺术品"相对集中的商铺，上海人所说的"纸玲珑"，就是指民间操办红白喜事以及在传统节日行事中经常要用到的纸扎商品，如婚事中的喜庆窗花，丧仪中的纸扎的陪葬品，或者纸扎冥器，还有各种冥币、纸钱、锡箔……当然，过年祭灶时用的灶果、灶桥、灶元宝，年初五迎财神的财神元宝，元宵节的宫灯，中秋节的香斗等等，应有尽有。城镇出现专门生产这类纸扎品的"扎纸作"就叫作"纸玲珑"，由此还产生了一批专事生产纸艺的艺人，现在该是叫非遗传承人了吧。

老城厢里的"花衣街"南起王家码头路，北迄新码头街，全长也不过两百多米，这里曾是上海乃至中国最主要的原棉交易市场。明代上海是江南主要的棉花生产地，乌泥泾被，"衣被天下"，可以想见那个年代上海县棉花种植和手工棉纺业在全国的地位。花衣街，很早就形成了，这条路

晚清上海商人聚在一起的群像

上开设了许多本地人经营棉花堆栈和棉花商行，一到秋末棉花采摘季节，江南一带车船载来的棉花出售给这里的商行棉栈，而后由广东、福建客商来此收购，并将这些棉花送到南方各地。所谓"洋广衣"，就是做西装与时装，当时有许多广帮、奉帮裁缝在此开店竞技。此处还造了一座轩辕殿，专门供奉被中国认为无所不能的百业始祖黄帝，但实际功能却是成衣业的同业公会的会所。

可以说，到上海开埠前，上海城厢内已有沙船业、土布业、豆饼业、米业、酒业、纸业、药业、茶业、丝绸业、钱庄业、铜锡业、煤炭业、典当业、染坊业等各类行业数十个，行业性公馆会所20多个。十六铺地区一带，形成了咸瓜街、豆市街、花衣街、会馆街等专业街市。陆家石桥、红栏杆桥、松雪街等处，成为城厢内的商业闹市。

小城大市面

明代，上海地区商肆酒楼林立，已经成为远近闻名的"东南名邑"。此后，历经元、明、清诸个朝代，经济民生逐渐繁荣，特别是在明清时期，上海港的两条最主要的航路：一是出东门溯吴淞江而上，入运河；二是出南门，经肇家浜、陆家浜或龙华港等入蒲汇塘，前面提到的顾从礼曾经做过一首《黄浦》的诗："黄浦滩头微雨晴，龙华渡口晚潮生。行人夜泊应无语，试听吴歌欸乃声。"可知那个时期，上海航运主要是围绕通过内河水系实现与当时繁荣的江南大都会苏州、无锡等地对接，以及围绕着对接大运河的内河航运，因此，那个时候的上海人，心目中想象的繁华之地是苏州，并每每以"阿拉是小苏州"自称。

时人当时有这样的评论上海县："自海禁既开，民生日盛，生计日繁，金山银穴，区区草县，名震天下。"在开埠前上海城市内部，已出现的行业包括米业、酒业、纸业、靛业、药业、茶业、丝绸业、土布业、棉花业、钱庄业、洋货业、腌腊业、铜锡业、煤炭业、蜡烛业、轧花业、沙船业、南货业、北货业、成衣业、典当业、染坊业、竹木业、酱园糟坊业等多个行业，这些名目繁多的商业行业，特别是日用商品零售业，最能反映城市的人口聚集、商业繁荣的程度。比如茶叶，为中国人比较重要的日常生活用品。清道光年间（1821—1850），上海有茶叶零售店20多家，规模较大的有汪裕泰（初名北裕泰，道光十七年开业）、程裕新（原名程裕

晚清时期上海县城商业街景象

和，乾隆年间开业，道光十八年改名）等多家。再如米业，上海米业有米行、米号之分，前者经营采购运销，后者主要经营零售业务。康熙五十九年（1720），上海"在城米铺"（即米号）有104家以上。而米行、米号各自的同业组织，仁谷堂公所，嘉谷堂公所，也迟至同治五、六年（1866、1867）间分别成立。从商业区域来看，开埠前上海的精华之地在沿上海浦之十六铺地区，这一带形成了前述咸瓜街、豆市街、花衣街等专业街市。城内的商业重点，则主要集中在陆家石桥、红栏杆桥、松雪街、虹桥头等处。

航运业成为上海县经济的另一支柱。航运业的发展也带动了船舶修造业的繁盛，当时往来上海的沙船，必然对本地制造或委托福建、浙江建造，至于沙船的修理业，黄浦江边号称"帆樯林立"，更是非常兴旺；再如生产农具及家用刀具的锻铁手工业"乡作"，即使在太平天国以后的年代里，上海本帮乡作较为著名的如小南门的丁源兴铁铺、老北门外郑万顺及熊顺兴，还有锡器制造作坊——锡作行业早在清乾隆年间就已形成，嘉庆五年（1800），上海锡器作坊行业还成立了行会组织"桂花会"。嘉庆《上海县志》记载的街巷已有10条，分别是：新衙巷、宋家湾、姚家弄、新路巷、梅家巷、康街巷、马园巷、薛巷、观澜亭巷、卜家弄等。而清康熙《上海县志》记载的街巷已达到25条之多。到嘉庆二十一年（1816），上海县城已有包括黄家弄、俞家弄在内的63条街巷。街巷的增多是人口向城市聚集的结果，是城市商业活动频繁的反映。

一个初具港口城市规模的上海，到清代已形成五条水上运输、贸易航线，主要运输工具为沙船，往来货物包括棉花、棉布、豆饼、大豆、豆油等。南洋航线行驶船只包括鸟船、蛋船、估船等，进出口货物主要有糖、燃料、棉花、茶叶等。长江航线则专事运输大米、杂粮、木材等货物。此外还有内河航线、远洋航线。繁忙的水上运输、贸易将上海与南北沿海各港口、长江沿岸各城市，以及周边地区联系起来，初步凸显上海在地理位置上的优势。

上海及所在的苏南浙北地区棉花种植及棉纺织业的繁荣也带动了城市的商业繁荣。明清以来，上海周边地区的棉花商品生产比较发达，吸引了各地商人来上海采购，棉花销售到全国很多地区。据记载，每到秋季，从早上到中午，小东门外"负担求售"的花农摩肩接踵，形成了繁忙的"花市"。而上海县出产的棉布，也走俏国内外市场，甚至销售到英国、美国市场。因此，在清嘉庆年间，上海县城已有"江海通津，东南都会"的美称，嘉庆《上海县志·序》写道：上海，为华亭所分县，大海滨其东，吴淞绕其北，黄浦环其西南。闽广辽沈之货，鳞萃羽集，远及西洋暹罗之

图为1857年的江海关，是一座典型的中式官署

舟，岁亦间至，地大物博，号称繁剧，诚江海通津，东南都会也。

城墙拆除与李平书

上海城墙在上海县的历史上存在了三个多世纪，在中国城墙史中是较为短暂的。与内陆郡县城市的城墙不同，上海城墙经历了因"夷"而建和因"夷"而拆的兴废史，并且其功能和象征意义也随着城市历史的演变而发生变化。

晚清租界开辟以后，洋人又在方浜以北新开一浜，通过城西沟通周泾浜。最初有城门六座，另有水门三座，肇嘉浜横贯县城，东西各置水门一座，方浜在小东门附近入城，亦置水门一座。咸丰元年（1851）太平天国农民起义爆发，忠王李秀成率太平军挺进上海，同治元年（1862），英法军队入城援助清军防守进行武装干涉。在英法军队的要求下，清政府同意在北门以东增辟一城门，方便英法军队与租界的联系，此门由李鸿章定名，取韩愈"挽狂澜，障百川"句，命名为"障川门"（亦称新北门，今丽水路旧名障川路）。所障之川，当然主要是对付太平军李秀成部。城东北处建层台三处：万军台、制胜台和振武台，后来在万军台上移建了南宋顺济庙的丹凤楼（在今人民路丹凤路附近），制胜台上建造了观音阁，振武台上建造了真武庙，亦称镇海楼。明万历年间又在城西北隅的一个箭台上建一小庙，供奉关帝，是为大境阁。这丹凤楼、观音阁、镇海楼和大境阁，曾为上海县城的四处风物名胜。

1843年上海开埠以后，英美法三国先后在上海县城北面和西面建立

辛亥革命中的上海光复

1911年，陈其美初任沪军都督时留影

租界，此时的城墙已日趋成为城市发展经济与交通的障碍物。1900年5月，上海有一个叫李平书的绅士，从广东回到上海，龙门书院同学置酒为他接风洗尘。宴席间，李平书说，现在法国人正在绘图商议拆城墙，以扩大其租界，我们不如及早自己动手拆除，以免让外人渔利。在座人听后，信疑参半。之后，李平书、姚文枏等人联名具文呈上海道台袁树勋，颇得赞同。于是，李平书、姚文枏等决定在上海文庙（今文庙路）明伦堂开会商议拆城之事，但遭到了一部分保守绅董的反对，结果会议无果而终。

当时代的指针进入20世纪后，上海城墙日渐失去军事防卫功能，租界的崛起，城市定位的改变、华洋之间矛盾和竞争的激化，使上海官绅对城墙的观念发生分歧，引发有关拆城和保城的争论。虽然两派的主张南辕北辙，但他们的出发点却惊人地相似，这就是对租界洋人扩张野心的担忧，与洋人在商业上、城市建设上争胜的心态，这才是他们想要拆墙或保存城墙的关键。只不过，面对这种竞争和威胁，拆城派否定了旧有的中国传统的城市空间格局，肯定并接受了西方近代城市发展模式，认为城墙是保守、封闭的象征，是现代性的对立物。而在保城派看来，城墙仍然是可以阻挡租界入侵、以免华洋混杂的工具。

1911年，辛亥革命军占领上海道台衙门

　　而事实上，这时候租界华洋杂处早就已经是不争的事实。他们想借城墙保留的也不过是一种主权和文化的象征而已。而城墙在"华夷之别"上的象征性，正是上海城墙与生俱来的特质之一。最后在上海辛亥革命中，城墙作为一个旧政权、旧时代的产物被拆除，但它作为现代性的对立面的意象却至今仍留在人们的观念中。

　　及至辛亥革命，上海各方面情势发生很大变化，人心思变，对上海快速发展的态势，上海城墙显得确实有些累赘和多余了。这一次，李平书在救火联合会大楼召开的南北市绅商会议上，慷慨激昂地陈述拆城墙的有利无害。他对与会者大声疾呼，现在革命胜利了，拆墙的时机已来到，如果失去此机会，就永远别想拆城了，请大家决定吧。到会的二千余人听后情绪十分高涨，纷纷表示赞同拆城。事后，李平书把开会情况报告沪军都

主持拆上海城墙的本地乡绅李平书

督陈其美后,陈当即批准。于是,商团及救火会员各自出资,星夜购置工具,一场拆城墙、填城濠、筑马路的战斗终于打响了。据当时资料记载,先拆北半城,于1913年6月竣工,马路取名民国路;后拆南半城,于1914年冬天竣工,马路取名中华路。这样,李平书在清末公开发表的时论中提出的"拆城垣,填城濠,筑马路,形成环城圆路"等变革思想,几经周折,终于得到了实现。

"烂泥渡"与"陆家嘴"

说起"烂泥渡",又要说到吴淞江了,北宋吴淞江的支流被称为"浦"的河流很多,宋范成大纂《吴郡志》中大段摘录郏亶《吴门水利书》的内容,其中就提到"烂泥浦","烂泥渡"得名也许就与"烂泥浦"有关。"烂泥浦"边上还有过一个小镇,名字就叫烂泥渡镇,过去有民谣说:"黄浦江边有个烂泥渡,烂泥路边有个行人路过,没有好衣裤。"

陆家嘴的"烂泥渡路",有一种说法,说"烂泥渡"以前一直叫"赖义渡",开通于1914年,"烂泥渡路"则为"赖义渡路"的俗名,是通往

1920年代浦东濒临黄浦江边烂泥渡的情景

赖义渡的马路，而这个"赖义"就是被民众信任和依赖的义渡的意思，而"赖义"与"烂泥"在上海话中发音是一样的，老百姓叫开了就将这一带俗称"烂泥渡"，把"赖义渡镇"也称作"烂泥渡镇"，久而久之，烂泥渡路反而成了正式路名。

烂泥渡确实是一个渡口，明永乐年间开凿黄浦江以后，江上还没有桥梁，浦东与浦西的交通全靠渡船。明嘉靖年间，朝廷在现洋泾、东沟等地设有官渡，由官府管理。清代开始，官渡称为"义渡"，设义渡局，购置船只、渡工工资等所需经费全靠地方热心人士集资，渡江船只主要是舢板和木划子。至清嘉庆十三年（1808），已形成老摆渡、杨家渡、赖义渡（义渡局设的官渡）等8个著名的渡口，时称八长渡。

上海开埠后，浦西外滩沿岸逐步繁荣，其中最热闹的铜人码头（今南京东路外滩）对岸正是浦东的"赖义渡"。据说1914年，官府在赖义渡口前修了一条弹硌路，并这条路正式定名为"赖义渡路"，早期马路卫生条件较差，陆家嘴当地民众就把"赖义渡"码头索性称为"烂泥渡"，开埠之后，"烂泥渡"有过几次人口大规模的迁徙。当时有大量的工厂入驻浦东"烂泥渡"，随着工厂大批迁入，大量企业员工和家属成了"烂泥渡"的居民。尤其是到了二十世纪的六七十年代，烂泥渡路区域的人口不断聚增，这里便成了浦东地区危棚简屋和违章建筑的集中地。这是后话了，暂且不提。

说起"烂泥渡"，自然就会想到"陆家嘴"，如今陆家嘴已经是名震全球的上海金融中心的标志性地段。其实，它的存在离不开明代上海一个鼎鼎大名的文学家——陆深。历史上陆姓不仅是上海地区大姓，而且在苏南也是望族。唐代诗人陆龟蒙（？—约881），字鲁望，自号天随子、江湖散人、甫里先生，长洲（今江苏省苏州）人，唐代诗人，据说还是一个农学家。这个举进士不第的文士，仕途不顺，大约仅做过湖、苏二州刺史幕僚。后索性隐居松江甫里（今江苏吴县甪直）。陆龟蒙与另一位诗人皮日休齐名，人称"皮陆"。其作品写景咏物为多，亦有愤慨世事、忧念生民之作，小品文写闲情别致，自成一家。到元朝末年，陆龟蒙的第十三代子孙——陆子顺为避战乱，从吴江县迁居到上海县，就在今闵行的马桥住下，稳定才能求繁荣嘛。

陆子顺之子陆余庆，陆余庆之子陆德衡，到陆德衡这一辈，已经是明朝初年了。《陆氏宗谱》记载："始祖子顺，元末居华亭；其孙德衡，明初徙上海，为上海支始迁祖"，也就是说，陆德衡是迁入上海县陆姓一支的"迁祖"，陆德衡的长子叫陆璇，陆璇有五个儿子，依次叫陆太、陆平、陆定、陆震、陆寅，其中次子陆平（字以和，号竹坡）有个儿子叫陆深，他就是与后世陆家嘴扯上关系的陆深。

从祖父陆璇、父亲陆平，再到陆深，这个家族都是"喜读书求学问，又好搜罗古代法书名画鼎彝之属……颇有斯文气息""幼事儒业，通大义""喜书法，真、行、草书""皆有晋唐风致""常扶杖漫步田间，颇有林泉高士之风"。陆深（1477—1544），字子渊，号俨山，自幼聪明过人，明弘治十四年（1501）以应天府乡试第一名的资格中了举人，四年后以第二甲第一名考中进士，可以讲是历史上上海科举考试成绩最好的人了，中进士后又经会试，他被"改庶吉士"授翰林院编修。其时，朝廷由阉人刘瑾当道，陆深被排挤出翰林院，改任南京主事、南京通政使等职。后经宫廷争斗，刘瑾被诛杀，陆深又重新担任国子监司业，继而升任国子监祭酒，这个职务就是全国最高学府的第一把手，不能类比，一定要比较的话，有点类似于后来的考试院院长或高教部部长。

明代正德年间，时在朝廷任太常卿侍读学士的陆深，"抱忧归里"，肯定也是不愿意继续在官场待下去了，退隐故乡，陆深回到黄浦江畔，在黄浦江一湾岸渚，遂运土筑岗，拓建

因陆深的故园和墓葬，便有了陆家嘴这一地名

一个私家花园——"后乐园",园名取宋代范仲淹名句:"先天下之忧而忧,后天下之乐而乐"的意思。这个"后乐园"即今上海之地标之一的"陆家嘴"。

相传明嘉靖三年（1524）,陆深在黄浦江边建"后乐园""俨山精舍"等为隐居之地。1544年陆深去世后,又奉敕葬于后乐园旁的嘴角之地,因陆深的故园和墓葬,便有了陆家嘴这一地名。清秦荣光《上海县竹枝词·古迹》:"邻黉高阁峙城中,后乐园当黄浦东。柱石俨山多胜景,陆家嘴没径蒿蓬。"作者原注:"邻黉阁,在长生桥南,陆深宅。今其地称陆家宅。后乐园,在黄浦东,陆深旧居。有柱石坞、俨山精舍。今其地称陆家嘴。"文庙边上的"邻黉阁"是陆深在上海城里的住宅,而陆深在浦东的祖宅,后来人们将此地呼为陆家嘴,以示敬意。明代嘉靖三十二年（1553）,为抵御倭寇的侵扰,上海县组织筑起了上海城墙。筑城中,深明大义的"后乐园"女主人、陆深夫人梅氏毅然决定,捐田五百亩,另出金两千两,拆房数千楹,所得全部用于助筑县城的小东门。后人为了纪念陆深夫人的义举,称小东门为"夫人门"。方浜是黄浦江浦西支流,在小东门水门流入城内,陆深夫人又捐资在小东门外方浜建石桥,这座桥就叫"陆家石桥",因陆深是大学士,故又叫做"学士桥",该桥后被定为"沪城八景"之一的"石梁夜月"。

谁能想到,几百年后,随着上海浦东改革开放的大潮涌起,市政改造步伐加快。烂泥渡路上的陆家嘴竟然托起了一座金融城。如今,浦东地图上再也找不到这个当年"声名在外"的路名,取而代之的是一条串起许多金融楼宇的银城路。当"东方明珠"高高耸起,金贸大厦、上海环球金融中心、上海中心大厦等著名地标先后落成,拔地而起,昔日烂泥渡路连同那一片危棚简屋彻底消失，取而代之的是一个令世界刮目相看的陆家嘴金融中心。在仅1.7平方公里的陆家嘴金融贸易核心区，林立的高楼大厦内，密布着众多跨国企业总部，以及各种央企、民企、金融机构等总部，使得这里就像一个"总部大脑"聚集区，每天无数的指令从这里源源不断发向全国，乃至整个世界。

烂泥渡路如今变成了银城路，在金色阳光下，路的北段一边是金茂大厦，一边是东方明珠电视塔，路的南段是美丽的滨江园，路东是巍然屹立的楼群和世纪大道，路西是滨江大道滨江花园，陆家嘴"旧貌换新颜"，已经成为上海最现代化的地区。

第九章
港口开放与贸易繁荣

"苏松太兵备道"移驻上海

清代以降，随着世界大势的发展，欧风美雨渐次影响着当时还处于闭关锁国的古老中国，上海的地位逐渐突出起来，虽然当时在行政上仍隶属于松江府，但清代雍正以后，一向驻扎在太仓、苏州，比府衙更高一级的地方军政机关苏松太兵备道衙门移驻上海，这意味着上海的政治地位也在发生着悄然无声的变化。

康熙二年（1663）苏松太道改为分守道，移驻苏州府。康熙九年（1670）改为苏松常道，管辖苏州、松江、常州三府。康熙二十一年

（1682）分出常州府属江镇道，改苏松常道为苏松道，次年兼督粮道，撤销分守道。雍正二年（1724）改为分巡道，称苏松太道，以所辖府、州得名。雍正八年加兵备衔，分出太仓直隶州属太通道，改道名为苏松道，移驻松江府上海县，雍正九年（1731）建道署于上海县衙大东门内，乾隆六年（1741）改道名为苏松太道。乾隆二十五年（1760）改为松太道，嘉庆十六年（1811）复旧。一般全称为分巡苏松太兵备道，或称苏松太仓道，因驻地在上海县并兼理江海关，又简称为上海道、沪道、江海关道、关道等。

原先设在苏州、太仓等地的"苏松太兵备道"移驻上海，这是上海城市历史上非常重要的标志性事件。上海隶属松江府，松江为府，上海是县，上海归松江管辖。而苏松太兵备道则是与府相当甚至比府级别更高一点的军政机关，这个军政机关移到上海之后，上海的政治地位就得到非同寻常的提升。苏松太兵备道，后来也被简称为"上海道"，上海最高的官员就是上海道台。自清一代，上海地方的最高行政长官是道台。道台的正式称谓是分巡苏松太兵备道。上海第一任分巡苏松太兵备道是浙江仁和人翁藻，时间是在清乾隆元年（1736）。道台除了有分巡苏松太兵备道这个正式称谓外，见之于清代官书文札、史乘著述的还有以下多种称谓：沪道、巡道、兵备道、苏松道、苏松常道、苏松太道、江海关道、海关道、关道、上海道。此外，还在上海设立了江海关，江海关是当时全国的四大海关之一。

上海是一个港口城市，它的发展依靠港口，港口兴则上海兴；港口衰则上海衰。而从元到清初，历朝皇帝都厉行"海禁"，片帆不准下海，在这种情况下，上海的发展空间就非常小。当时它主要靠内河航运和埠际贸易，靠太湖水系连通运河来维持港口的基本运营。

那么，"苏松太兵备道"为什么要移驻上海？因为这时候的上海这块经济"蛋糕"已经做大了。上海的"南北货物交流，悉藉沙船。南市十六铺以内，帆樯如林，蔚为奇观。每日满载东北、闽广各地土货而来，易取上海所有百货而去。"这些船商，财大气粗，富甲一方，繁荣的沿海南北贸易也催生了一批新兴的沙船主，像康熙时期的船商张元隆。康熙四十九年（1710），船户张元隆呈称："有自造贸易沙船一只，领本县上字七十三号牌照，于本年六月初六日装载各客布匹、瓷器，货值数万金，从海关输税前往辽东贸易。"后来，张元隆很快就在沙船经营中发达，滚滚而来的财源刺激了他扩大投资沙船业的意愿，"闻其立意要造洋船百只"。坐落于南市会馆街38号的商船会馆，就是上海最早的一座会馆；它又是在上海出现的第一个同乡同业公所；是上海开埠前航运业十分发达的实物例证。

位于上海老城厢小南门黄浦江边会馆街38号的商船会馆。建于1715年

清代乾嘉年间，上海最著名的沙船商有"朱、王、沈、郁"四家。朱家为沙船业最早的老大，由朱之淇兄弟创立的"朱和盛"号为标记，"家资敌国，称之为'朱半天'"。王文源、王文瑞家族开设的王利川沙船字号不仅拥有上百号的船只，而且还拥有以他家名字命名的王家码头。沈家是指创立的"沈生义"号沙船行，郁家是指嘉庆初年建立的"郁森盛"号沙船行，后来成为上海沙船业的首富。他们由于财大气粗，家资敌国，在商船会馆里可以左右会馆的事务。因何设立会馆？由于船商们为了争揽业务而竞相压价，引起矛盾，甚至互相械斗；加上外籍船只纷纷驶入上海，抢夺生意。为了调解同业间的纠纷，确保同业"肥水不外流"，船商会馆就应运而生。

海港和码头尽显上海的优势，以航运业，特别是内河航运业成为上海当时的一大支柱产业，许多豪富均以航运业起家，出现了不少"一家有海舶大小数十艘"的豪族和来自本地、宝山、崇明、南汇等地的在船水手十余万。许多船商富甲引领商帮勃兴，各地商帮如潮水般涌入上海，上海几成客籍商帮竞逐的天下，张春华《沪城岁时衢歌》说到"商贾频年辐辏来，浙东财赋海陬推"，除了早先声名显赫的"徽商""晋商"这些商人群体以外，在众多的商帮中，规模较大、影响深远的商帮有山西商帮、徽州商帮、陕西商帮、山东商帮、龙游商帮、江右商帮、洞庭商帮、广东商帮、宁波商帮、福建商帮、洞庭商帮、浙江宁绍帮、关山东帮、江北帮以及闽广帮、江西帮……

乾隆以后，这些客籍商帮大有驾徽商、秦晋商人而上之势。洞庭商帮多开行铺，其中不少人落籍定居；浙帮商人以浙东宁波、绍兴居多，绍帮以经营炭栈、钱庄、酒坊为主；宁帮经营范围更广，举凡海船运输、

20世纪初，十六铺钱业公会会所。钱业公会的大门有三个，还有文武门

南北货贩运、钱庄、银楼、糖业、绸缎业、棉布、药材、海鲜、咸货业，无不有他们活跃的身影，于是宁帮商人成为上海继徽商、秦晋商人之后最有势力的客籍商帮。宁波商人在上海从事各行各业，不仅在工商界从业人众，而且势力强盛，具有举足轻重的地位。

兴盛的"牙行"交易

据《上海豆业公所萃秀堂纪略·公所之创建》特别提到"牙行"，所谓"牙行"，是古代买卖双方的居间行商，衍变到近代市场中，也是一种交易过程中进行撮合、评定商品质量，或者双方价格商定的说合者和中间人。

两宋时期，由于社会经济发展，商品贸易繁荣，促使牙人数量增多，与前代略有变化则在于，牙人与官府的勾结逐渐增多。随着牙人队伍的壮大，牙人组织——牙行开始出现。明清时期则正式沿用了牙行的称谓。明中叶起，为了多揽生意，一些牙行除了撮合买卖双方成交之外，还做商贾"居停货物"。客商通过牙行买卖，需要时间与牙行磋商，牙行采取为客商提供食宿便利等服务性的措施，乃"牙行曾接客，宿店亦招商"；对于那些从事长途贩运的富商巨贾来说，经常需要雇请车船、骡马、人丁。到清代，牙行成为寄生于商品流通领域中的居间经纪行业，管理也逐渐完善起来，其主要职能是说合交易，评定货物价格及质量，司衡商品斤两，判断银水成色，防止买卖过程中的欺诈行为，并对买卖双方负责。

清末民初上海古董店的商人

明清之际，上海经济发展，贸易频繁，牙行已成为上海市镇经济结构的中枢，清代叶梦珠《阅世编》载，晚明上海"棉布盛行，富商巨贾操重资而来市者，白银动以数万两，多或数十万两，少亦以万计，以故牙行奉布商如王侯，而争布商如对垒。"这说明明代上海已成为繁华的商业城镇，操作着贸易与行商活动的运行，以至于"市中贸易必经牙行"。牙行熟知上海本地市场行情，了解沪地风土人情，能为一般客商提供许多帮助，可以降低客商在沪的交易成本。

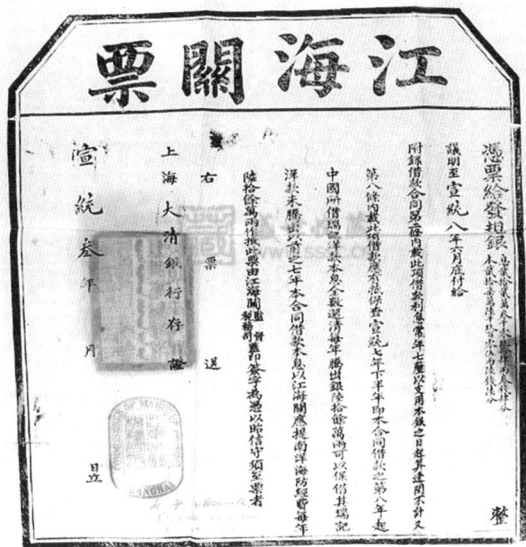

图为江海关开出的票据，时间是宣统三年

　　另一方面，上海市镇经济的繁荣，小农经济的商品化、专业化有了很大发展，这使得农家的生产必须依赖市场的交换才能实现其经济收益，对商品生产者来说，他们也不易全面掌握各地市场的供求情况和商品价格，在买卖过程中受商人坑害诈骗的活动时有发生。至近代上海的许多牙行还保留着代客买卖的居间性质。协茂水果北货行开始完全是代客买卖。北货到行后陈列大样，任客户挑选，由买卖双方自行议价，抽行佣4%。水果行"以代销为主"，抽佣8%。猪行还把只许代客买卖，不许自己投资贩运猪只及兼营他业定为行规。糖行主要为潮汕帮贩运至沪的土糖定价、推销，抽取佣金。恰如任放在《明清长江中下游市镇经济研究》一书中所说,"作为经纪人,牙行和牙人既是促成市场交易的媒介,又是妨碍市场运作的沙砾。"牙行除了在市场上起到重要的媒介作用外,还有其自身的局限性,无底线的逐利和贪欲心往往会促使他们利用市场行情的经验和官府赋予的特权把持行市,从中渔利,一些牙行阿私附势、变乱时价、乘贱居积、坐收厚利、作弊生奸,或欺行霸市、强邀货物、肆意勒索、私成交易,都是存在的,这些就看官府的监管与法制的运行了。

万商云集与八方移民

上海开埠之前的江南形势呈现出这样的图景:京杭大运河是贯通南北的黄金水道,京杭大运河沿岸形成了最繁华的城市带,这也是中国当时最富庶的一片区域。开埠之前松江的地位是府,上海是县,因为上海濒海临江,它的地位无法显现出来,对于苏州和杭州这样的府城,上海是难以望其项背的。

转机来自于两个事件,一是康熙二十四年(1685),康熙皇帝宣布部分开放海禁,也就是说上海可以开展海外贸易,上海发展的机遇降临了;二是当时上海周边还有一个在太仓的浏家港(旧称刘家港),就是郑和七次下西洋出发的港口。浏家港虽然在青龙港萎缩后曾经繁盛一时,但终因长期泥沙淤积,大的船只没法进港停泊,此时也无法与上海港争锋。这两个因素的叠加,给上海带来了千载难逢的发展机遇,使上海一跃成为江南最大、最重要的港口。随着上海经济发展越来越繁荣,上海的地位变得越来越重要。

来上海谋生的穷人是准备吃苦的,有资金固然好,没有钱也有一身的力气,带来了大量劳动力,还带来了大量的消费,四面八方的移民聚集上海,久而久之,就会产生裂变。生活在这种时空格局中的上海人比较见多识广,较易形成一种眼界开阔的开放心态。

清嘉庆年间,上海县城东门外已有专事洋货买卖的商行,所聚集之地称洋行街。当时的上海已有"小广东"之称,"洋行聚集,有洋商四家半",县城外的黄浦江已为洋货驳船停泊之所。随着对外贸易的发展,外国的银洋在上海亦日渐流通,出现了"以洋来者为贵"的崇洋风气,所谓"世俗物用都以自洋来者为贵,无论物产何地,美其名则加一洋字示珍也。

上海专门经营各种洋货的洋行

20世纪三十年代的上海移民，初到上海的外乡人（哈里森·福尔曼　摄）

更可笑者，贵游豪侈，一切奢丽生色，亦争艳之为洋气云"。在上海的发展历程中，上海从来不想囿闭自己，上海始终是敞开自己的大门，在开放中实现开发，又在开发中迎来更大的开放，并在更大的开放中带来更进一步的开发。由开放带动开发，这确实是上海与江南其他府县特别是内地府县最大的不同之所在。

"万商云集"在上海的聚合效应为上海文化铺上了商业底色，加之柔婉细腻的江南文化和西方文化的影响，上海深深地打上了外来文化的烙印，在城市文化形成过程中"五方杂处"的特有风貌，充分说明了上海无所不包的巨大容量、吞吐吸纳的恢宏气度以及前所未有的多样性。商业和商人在上海人心目中的地位和声望空前提高，而中国传统的"重本抑末""重农轻商"的观念渐为人们所漠视。总之，晚清上海人社会心态从儒家"重义轻利"到近代的求功争利，从传统"重农轻商"思想到近代重商思潮的转变，使上海逐渐摆脱了传统的政治伦理本位的观念定势，造成了近代商业革命的社会氛围，大大促进了上海经济的发展繁荣。民众生活方式和伦理观念也趋于近代化。

上海的发展历程，就是中华民族的优秀传统与外来文化结合，并且成功地将外来因素与自身特点结合，从而造就了上海成为中外文化交融中的一朵奇葩。各地移民集聚上海，经过碰撞、交汇，甚至经历痛苦的煎熬和历练，最终形成的城市传统与文化内涵。这种在商业文化基础上建立起来的市民处事风格和处世态度，通过"润物细无声"的潜移默化，而弥散在上海市民的日常生活中。

"舳舻相接，帆樯比栉"

最能代表上海文化精髓的则是沙船，直到今天，上海市的市徽中还是留有沙船的图案。

沙船由古代船舶演变而来，上海东濒大海，受潮汐影响，近海河段有明显的涨潮落潮现象，使河流的水速发生明显的不规则变化，江水中夹带的泥沙容易在出海口附近沉淀，经年累月，慢慢就在江口形成滩地，有的滩地逐渐露出

上海市市徽图案

水面而成岛，上海乃至江南地区一般将其称为"沙"或"沙岛"，地方志中记录"沙"的内容不胜枚举，而目前仍存的有崇明沙、横沙、长兴沙、团结沙、九段沙等。至于"沙船"，唐代首先在崇明岛出现，适宜于近海浅滩中航行，明末宋应星《天工开物》则以为这种船一般为五帆平底浅船，适宜于近海航行，因为北洋水域多滩地，一旦退潮水浅，不致翻船，当下一次涨潮时可继续航行，这种船"可穿越于沙浜之中"，于是被叫作

"沙船"。

元代蒙古族入主中原，元至元十九年（1282），丞相伯颜起用两个曾做过海盗的上海人，他们大胆地提出了漕粮海运的方案，创设上海漕运粮船不走河运走海运的先例，并形成了中国漕运史上海运新航线的创举。终元之世，海运不废。到至正元年（1341），通过海陆运输的漕粮以达到380万石，较元朝第一次海运漕粮翻了九十多倍，上海也在这一次次的漕粮海运中，一步步壮大发展了自身。明初承元之制，以海运为主，陆运、河运为辅。到了明末崇祯年间，上海崇明籍的沙船商人已经是"侨居海上已三代"，更有南方各地船商汇聚上海，靠经营沙船业致富。

中国的海岸线很长，今日有黄海、渤海、东海、南海等区分，古代没有这样的分法，就是以长江入海口和杭州湾为界，长江口以北的海面称"北洋"，以南的海面称"南洋"，千万年来，黄河入海形成绵延几十里乃至上百里的滩涂，在北洋航行的船只主要是南方的沙船；南洋依托的陆地是浙江福建的丘陵和山地，沿海多岛礁、悬崖，水深浪急，只有浙江、福建、广东产的深水海船才能在这里航行。换句话说，北方南运的货物必须进上海港，改换南方深水船才能继续南下，而南方北运的货物，也必须进上海港，改换沙船才能继续北上，优越的地理位置决定了上海的命运，它既是南北海运的枢纽，也是水上贸易的集散地，它的航运中心的地位是历史上自然形成的。

宋代称沙船为"防沙平底船"，元代称"平底船"，到了明代才称"沙船"。

沙船承载着各种货物，也承载着上海人与大自然顽强拼搏的冒险精神，"君看一叶舟，出没风波里"，正是这种海上风险的环境，造就了上海

20世纪三十年代黄浦江上的沙船

近代沙船片帆只影

沙船商人群体，上海的其他行业也依托沙船贸易发展起来，共同促进了上海城市的发展。位于金山区与奉贤区濒海交界处的"漴阙"，漴阙，又名漴缺。历史上，一直隶属于华亭县管辖。明代，为渔舟入海采捕和盐引集散点。鱼汛时，"渔船鳞次"，"渔人缘堤上下如蚁附"。清康熙二十四年（1685）曾在此设山海关。两年后，因公廨窄陋，船舶集中于黄浦江上海县城一带，清政府把江海关由漴阙移至上海县城宝带门内，自此，北洋的沙船和南洋的鸟船皆进泊黄浦上海港，再加上长江内河来沪贸易的船只，上海成为东部沿海重要的转运贸易港口。张春华《沪城岁事衢歌》记载，时上海"舳舻相接，帆樯比栉，城东南隅，人烟稠密，几于无隙地"，说的就是这种情形。

西学先驱徐光启

明清之际，上海地区涌现出许多世家望族，他们大多出身于科举仕途，地位崇高，并对上海历史产生过重要影响。

徐光启（1562—1633），在他出生之前，上海沿海一带经常遭倭寇骚扰，幼年的徐光启，听父辈们讲述上海人民反抗倭寇侵略的事迹，深受感动，爱国爱乡的激情油然而生。他苦学不辍，1604年考中进士，那一年他已经43岁，被朝廷选为翰林院学士。此后数年，他得以与相交甚厚的意大利传教士利玛窦频繁往来，利玛窦除了向徐光启传经讲道外，还展示和介绍了许多西方科学的成就和成果。

在与西人的交往上，徐光启的态度颇为真诚、意识更为超前。利玛窦入华，带来了三棱镜、地球仪等各种西洋奇器，一时间引得文人士大夫

争相交往。然而，这样的交往多基
于好奇心理。在许多中国人看来，
这些西洋人不过是"西夷"而已。
徐光启却不同，他秉持陆九渊"东
海西海，心同理同"的理念，突破
狭隘的民族观，真心敬服西士的学
识，将其视为良师益友。他认为学
习西方的科学，对国家富强有好

徐光启石雕像

处，就决心拜利玛窦为师，向他学习天文、数学、测量、武器制造等各方
面的科学知识。

有一次，利玛窦跟他谈起，西方有一本数学著作叫《几何原本》，是
古代希腊数学家欧几里得的一本重要著作，可惜很不容易用汉文把它翻译
过来。徐光启下定决心，一定要把它翻译成汉文，让这本科学著作在中国
广为传播。自那以后，他每天下午一离开翰林院，就跟利玛窦合作翻译
《几何原本》，利玛窦讲述，徐光启翻译记录。那时候，还没有人译过国外
数学著作，要把原著准确地翻译成汉文，难度确实很大。徐光启呕心沥
血，逐字逐句，反复推敲、修改，常常是废寝忘食，通宵达旦，终于把前
六卷《几何原本》翻译完成。

他还跟利玛窦及另一传教士熊三拔合作，翻译过测量、水利方面的科
学著作《测量法义》《泰西水法》等。1607年，《几何原本》前六卷译成
刊印。同年，徐光启父亲去世，按照明朝的法律，他必须回乡守制三年，
回到上海守丧，适逢江南洪灾，庄稼被淹。水退以后，农田颗粒无收。他
就帮助民众从闽地引来一批甘薯秧苗，在荒地上带头试种，过了不久，长

得一片葱绿和茂盛。后来，他特地编了一本书，推广种甘薯的办法。本来只在闽地沿海种植的甘薯就被移植到江浙一带来了。在徐光启守制最后一年，利玛窦在北京去世，两人的合作也就此画上了句号。

最打动徐光启的是西方科学知识。徐光启在翻译《几何原本》的过程中产生了自己的"科学思维"，他最了不起之处，是他能够正视中国学术的弱点。他对于中国文化的整体发展具有自信，并不认为学习西方的长处，就会毁灭自己的文化。1600年的中国，徐光启是少数几个了解世界局势大格局的文人士大夫之一。愿意正视西方文化，敢于接受思想挑战，他是当时真正"睁眼看世界的第一人"。

除了翻译工作，徐光启还身体力行，进行科学研究，积极应用西方先进的科学技术和方法。最能代表他的科学成就的是《崇祯历书》和《农政全书》两部著作。《崇祯历书》是一部革命性的历法，受命督修历法的

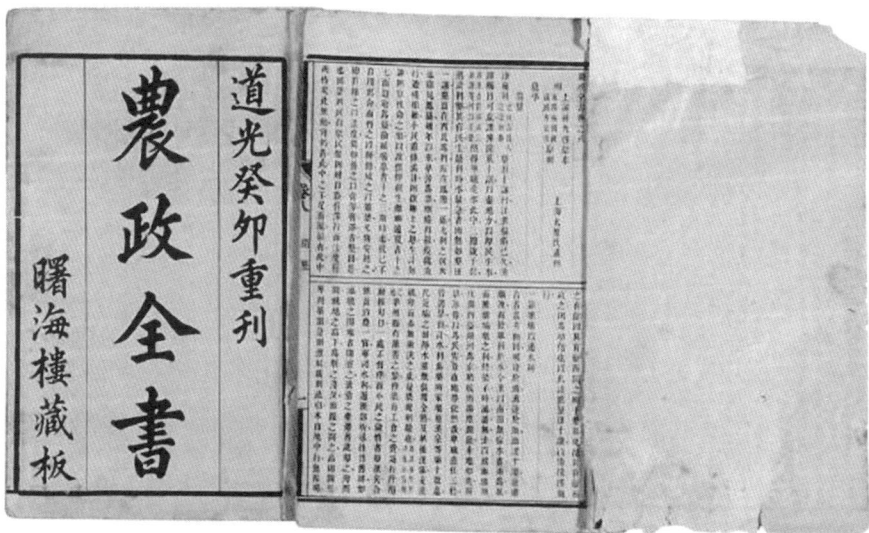

图为徐光启《农政全书》清道光年间刊印版

徐光启，大力引进西方天文学和数学知识，广泛地使用西式天文仪器。书中甚至详细介绍了当时欧洲天文学家伽利略的方法，并第一次使用望远镜观察天象。《农政全书》分农本、田制、农事、水利等12篇，共60卷，它基本上囊括了古代农业生产和人民生活的各个方面，反映了徐光启的治国治民的"农政"思想。《农政全书》堪称中国历史上体系最为庞大的农业百科全书，是一部空前的集大成之作，惠及了世世代代的华夏子孙。

明神宗死后，神宗的孙子朱由校即位，即明熹宗。明熹宗执政后，又召徐光启进京。徐光启复官后，见后金对明朝的威胁越来越大，又竭力主张要多造西洋大炮。兵部尚书却极力反对，为此，他们之间争执不休，矛盾很大，结果徐光启被排挤出朝廷。徐光启辞官回乡时，已是年过花甲的老人，1633年与世长辞，归葬原籍，选择"肇嘉浜北原"作为墓址，这里通黄浦江的肇嘉浜、通吴淞江的法华泾，在漕河泾附近交汇，徐光启墓地就坐落于这三条河流的交汇处，人称"徐家汇"。后来，徐光启的子孙也在这里生息繁衍。

徐光启是个科学天才，更是一个具有国际眼光和胸怀的了不起的上海人，对日后上海海派文化形成产生了积极影响。明末的上海县，只是富饶江南地区中一个默默无闻的滨海县城。但自万历晚期至康熙前期，因为徐光启，有多达34名西洋传教士来到上海，为上海县城平添了国际化的气息。至晚清，一度被禁的耶稣会重返中国。为纪念徐光启并传承当时的伟业，耶稣会将上海的徐家汇设为江南传教区的中心。他们在此建造了许多西式的机构和建筑，推动了上海的近代化进程。

人称徐光启终其一生，未能看到他的政治理想和科技理想的实现。历史给明朝的最后一个复苏机会，到底没有被当朝主政者抓住。

第十章

"十里洋场"与
"经济高地"

一城三治的市政格局

1842年8月4日，英国军舰驶抵南京下关江面，随后英军从燕子矶登陆，扬言进攻南京城。在英军坚船利炮的淫威之下，清朝钦差大臣耆英、伊里布和两江总督牛鉴，妥协退让，委曲求全，被迫在静海寺、上江考棚等处与英军议和，并且与英国代表璞鼎查在英军旗舰"康华丽号"上正式签订了中英《南京条约》。静海寺因此成为中国近代史起点的象征。

就是这个屈辱的《南京条约》的签署，开启了帝国主义列强开始对中国进行侵略、掠夺、瓜分的狂潮，中国亦由此开始了由一个独立的主权国家向半殖民地半封建社会转变。后来中英双方又签订《虎门条约》，对《南京条约》做出补充，规定外国人可以在通商口岸租赁房屋或营建住房等，上海租界的发端就肇始于此。根据《南京条约》和《五口通商章程》的规定，外国商品和外资纷纷涌入长江门户，开设行栈，设立码头，划定租界，开办银行等。

1843年11月14日，首任英国驻上海领事巴富尔与上海道台宫慕久达成协议，宣布上海于是月17日正式开埠。当时鸦片战争结束不久，中国官员一方面仍以大清帝国居高自大，另一方面又怕与洋人关系处理不妥而发生争执，对自己的官位不利，因此也希望能划出一块土地作为洋人的

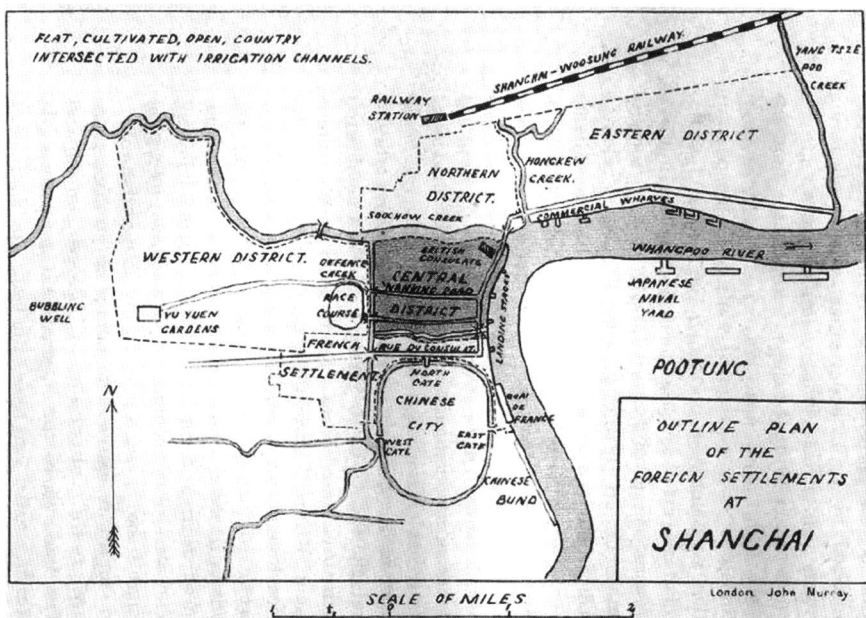

1907年地图中的上海县城墙，俨然上海最早的"一环"

"居留地";而英国人也发现城内土地狭小,不宜发展,遂以"华洋杂居"会引起冲突为由,要求划出县城北郊的黄浦滩,作为外国人居留地。1845年11月29日,上海道与英国领事签订《上海租地章程》,正式承认从"洋泾浜"(今延安东路)至李家场(今北京东路)之间的外滩,作为英国人居留地。1845年《上海租界章程规定》签署生效,英国人在上海取得第一块租界,从此,上海也进入了一个新的历史时期。

1848年和1849年,美国和法国也如法炮制,以相似方法,取得与英国人相同的待遇。后来,"居留地"就逐渐发展演变为租界。1846年英国人组建道路码头委员会,作为租界的市政组织、管理机构。1854年7月11日,租地人召开会议修改《1845年上海租地章程》,将原仅限于道路码头建设和管理的道路码头委员会,改组为工部局(Municipal Council),并由工部局组建巡捕房,从此工部局就成为租界的最高市政机构。

所谓租界,就是把土地租给外国人居住、经商,这个土地还是中国的。在租界里,中国人是不可以随便入住其中的,但人们可以进去做买卖,当时叫"华洋分处"。我租给你了,当然不能随意更改,最初的几年里,大家相安无事,"华洋分处"嘛,"黄牛角,水牛角,大家各归各",可是时间一久,因为租界里面居住的外国人太少了,不到两千人,很容易管理,反过来说,这种状况使得租界也没有很大的发展。

1850年代,中国发生了太平天国农民起义,由洪秀全、杨秀清、萧朝贵、冯云山、韦昌辉、石达开组成的领导集团在广西金田村发动反抗清朝的武装起义。后建立"太平天国",并于1853年3月攻下江宁(今南京),定都于此,改称天京。1853年上海也发生了一个惊天动地的重大事件,就是小刀起义,这两个事件,尤其是上海小刀会起义,它完全改变了上海的格局。

太平天国运动是中国近代史上规模最大、持续时间最长的一次农民战争，而江南地区处于这场风暴的中心，在战争中，旧秩序受到猛烈冲击，江南人口大量减少，土地关系剧烈变动，人们的思想观念也在发生悄然变化。从表象上来看，小刀会起义之后，大量人口涌入租界，因为租界是当时唯一的安全区域，租界原来只有不到1000人，一下子骤增至2万多人。1853年之后，由于太平天国农民起义，更多的人从苏浙涌入租界，导致租界人口进一步飙升。战后，伴随着区位性的大移民和社会秩序的重构与整合，江南地区逐渐成为中国近代化的先行区域。

由于太平天国农民起义和上海小刀会起义，这个时候对于上海租界的性质而言，就发生了巨大变化，其中最重要的一个影响，租界的性质改变了，把上海从"华洋分居"变成了"华洋杂处"，并设立了工部局、巡捕房等。那是上海租界当局自说自话改变的，当时清朝中央政府没有能力去管这个事情，所以租界就在错综复杂的情况下改变了它的性质。

这是一个巨大的变化，租界就变成了国中之国，这个改变对上海来说，不仅华洋分处变为华洋杂处，而且居留地变成了国中之国，城市边缘变成了城市中心。从此，上海就出现了一个奇怪的格局，叫做"一市三治四界"，即一个城市，三个管理机构：华界、公共租界、法租界各有自己的管理机构，华界又分为南市与闸北。

这个格局是在那种特殊的环境之下产生的，"三治"就是三家分头管理，各有各的政权，各有各的法律，各有自己的文化认同。公共租界法庭开庭是用英文，法租界法庭开庭用法文；门牌号码，也各有各的编法；各家电车轨道不一样，能源系统不一样，卫生系统也不一样。那时，如果

1899年上海租界华界之间的界碑

一个人从闸北要乘车到南市的话，要经过公共租界、法租界，必须要换车，因为路轨是不一样的。"三界四方"各自为政的畸形状态，导致城市空间模式呈现出以若干条东西向发展轴线为主体的形态，缺乏南北向的联系，从而导致城市结构的不合理，制约着城市的生机和发展。这种"一市三治四界"得格局一直延续到1940年代，对城市管理带来了难以想象的影响。

上海崛起与租界筑路

由于战乱兵祸，上海租界成了一座巨大的避难所。江浙两省的绅商士庶，不堪战乱之苦，拖家带口，举家"相率皆来""丛集沪城"，有人做过统计，1860年代来上海避难的难民流，高峰之际，使上海华洋两界总人口超过100万，而在开埠之初，上海县城的人口不过20万人。大批难民蜂拥而来，进入上海租界，它最最直接的结果是为租界的功能开发与上海经济的近代化提供了必不可少的前提条件：资金、劳动力和需求市场。从1860年至1862年，至少有650万两银元的巨额华人资本流入上海。（周武、张剑、何益忠等《太平天国史迹真相》，华东师范大学出版社1998年版）。就上海租界的开发而言，这是一笔极为重要的启动资金；人数更多的饥寒交迫的穷人到来，又提供了一个廉价劳动力的大军；大批难民的涌入，客观上又带来了一个巨大的需求市场。

洋务派首先兴办军事工业，1865年李鸿章等在上海创办江南机器制造总局。图为：江南制造局门景

依凭着这些条件，上海走进了发展的"黄金时代"。历史学者曾经这样评论："上海的意义完全变了，它不再是过去那个传统的棉花和棉布生产基地，不再是一个普通的海滨小县城，而是中国最大的贸易中心，远东的国际商港。上海正从'江南鱼米之乡'的那个社会模式中游离出来，成为一块镶嵌在东西方之间的中间地带，一个新开发的商业王国"（乐正《近代上海人社会心态》，上海人民出版社1991年版）。如果说此前的上海是江南的上海，那么1860年代以后，江南则成了上海的江南，上海步入了超乎常规的大发展时期，并成为长江三角洲地区社会经济发展的龙头，加速了沿海通商口岸与江南腹地的互动，进而构成了中国区域现代化上最亮眼的历史事件之一。

1862年到1863年，美国人华尔组织"常胜军"效力于清政府，镇压太平天国起义，与太平军转战于沪苏一带，并在上海租界以外华界地面修筑许多军路。太平军退出上海后，工部局即将这些军路修筑为马路，名为新闸路、麦根路（今石门二路）、极司非尔路（今万航渡路）、徐家汇路等。另外还有上海跑马厅股东于1862年修筑的静安寺路（初名涌泉路，今南京西路），1869年修筑的卡德路（今石门一路），1869年修筑的杨树浦路等，亦属非法修筑。围绕所筑道路的管理权及租税等问题，中外之间进行了一系列的交涉。1899年上海公共租界大扩展以后，绝大部分越界筑路已被并入该租界。但自1901年以后，该租界再度向外围地区大规模越界筑路，准备将这些地段进一步纳入他们扩展的范围。

为什么要填浜筑路呢，主要上海城市扩展，人口剧增，繁华日盛一日，在大规模的开放中，水流河道渐渐成了城市持续发展的累赘，特别是洋泾浜，阻隔着南北两地的联系，此外，潮汐涨落，黄浦江泥沙不断地灌

1910年前后的南京路

入，使得洋泾浜河身渐渐浅狭，行船越来越难，更为严重的是，由于两岸无数阴沟污水排放进入，附近的住家行人又习以为常地把垃圾、废物任意倒入河道，更有来往运粪船粪水流失河内，洋泾浜水质污秽发黑，夏天来临或低水位时，变得臭气冲天。周围一带的市民纷纷呼吁将其填没。历经讨论筹划，1914年公共租界和法租界决定联合出资，填浜筑路。1916年工程全部完竣，一条略带弧形的通衢大道赫然出世，当时报纸上誉称它是"远东最良马路之一"。

1914年，上海法租界得到大规模拓展，将其所有越界筑路全部囊括其中。其后，上海公共租界也计划再次拓展，计划中准备将沪杭铁路以东的越界筑路都纳入租界范围。由于当时袁世凯政府正面临反对"二十一条"群众运动的压力，没有批准这个推广租界合同。英国政府正全力进行第一次世界

清光绪十年（1884）上海县城厢租界全图

大战，所以最终这一大片越界筑路区直到租界收回，始终维持这种特殊的准租界格局。直到1925年五卅运动之后，大规模越界筑路才告一段落。

近代以前，上海水网密布，河道纵横，有着典型的江南水乡的风貌，可谓"东方威尼斯"。而开埠以后，西方文化的引入，对于上海来说，一开始必然是一种冲击，一种强制性的交流，不仅极大地振动了千百年来的封建统治和伦理道德，也改变着上海古河道的变化，中心城区的一条条河浜被填成道路。

例如今贯通上海城区东西向的延中高架，高架下面的延安东路原先是条河浜，名字叫洋泾浜。它夹在公共租界和法租界之间，公共租界前身是英租界，后来英美租界合并，形成公共租界，位于洋泾浜的北面，法租界则在洋泾浜的南面，洋泾浜是两租界之间的界河。洋泾浜的两岸有两条路，北岸的叫松江路，南岸的叫孔子路。洋泾浜两岸除了客栈旅舍之外，当然秦楼楚馆也不少。每当月夜升天，清光泻波之时，洋泾浜上不免现出几分秦淮风光，有诗咏道："洋泾浜畔柳千条，雁齿分排第几桥，最是月明风露也，家家传出玉女箫。"所谓"雁齿分排第几桥"？说的是洋泾浜上的桥有10多座之多，便利着两岸交通，靠近现在江西南路和四川南路的两座桥，分别叫三洋泾桥和二洋泾桥。

马路筑成，路名命名是个颇费心思的事情。这条马路归两界共管，哪一方为之取名都须与对方协商。公共租界工部局为此极为小心谨慎地致书法租界公董局总董，提请公董局能慷慨地允许将此路取名为"爱多亚路"，以对英王爱德华七世（"爱多亚"是"爱德华"的法语读音）表示崇敬。法租界公董局经讨论复信表示完全同意这个建议。然而1937年抗战爆发，上海沦陷。1943年上海租界被汪伪政权所接收。为了清除英美势

1915年，雪后的法租界外滩

力的影响，爱多亚路的路名被取消，改名为"大上海路"。抗战结束，大
上海路又被改为"中正东路"。1949年，中华人民共和国成立，中正东路
之名自然被清除，地方政府以革命圣地延安之名，将其称为"延安东路"，
这个名字一直沿用至今。

华洋杂居的城市景观

晚清著名报人王韬在1848年曾这样描绘他在上海外滩看到的景象：
"一入黄歇浦中，气象顿异""滨浦一带，率皆西人舍宇，楼阁峥嵘，缥

租界内洋楼林立

缈云外"。(1934年新文化书社初版王韬著《淞滨琐话》)同样令中国人惊叹不已的是租界的道路。翻开当年游览"洋场"的中国人的笔记、日记，常见"街衢弄巷，纵横交错""道途平坦，商户整洁，堤岸桥梁，修筑坚固""舟车填溢"，左右"树木森茂而齐密"之类的赞语。

由于规划、勘察、施工、材料设施的近代化，租界的道路从各方面体现出新型城市的风貌。车道、行人道的石勘分隔，马路界桩的设置，使道路的安全宽阔有了保证。道路始终保持平坦洁净，无尘土飞扬。沿途遍植行道树，每树相距四五步，垂柳白杨葱郁成林，法国梧桐夏季遮阴，寒带松柏四季常青，还有街心花园，灌木花草，更使人赏心悦目。

在租界内，与修桥筑路几乎同时进行的是"燃点街灯"。最初点的是煤油灯，六角玻璃壳为罩或挂高处，或置铁柱之上。1865年，中国最早的煤气公司之一在上海设立，租界马路都以煤气灯照明，俗称自来火，又因其管道从地下通出，亦称地火。当时私人用户很少，主要用于街道店铺照明。包天笑回忆说："许多店街点自来火，讲究在煤气管子头上加一纱罩"，但当时一般人家中的照明，还是用蜡烛与油盏。直到光绪年间，洋油（煤油）进口大增，"于是，上而缙绅之家，下至蓬户瓮牖，莫不乐用洋（油）灯"。未几，上海租界已开始出现电灯，因其"大过足球，去地三丈余……白光四射"，人称"赛月亮"。租界内整洁有序的市容，先进完善的设施，严格科学的管理，无不反映了西方近代工业文明的先进性和优越性。

随着"华洋杂居"态势的形成，外国侨民的进驻以及上海人与外国

马路上的煤气街灯

人接触、交际机会日益增多，最大的困难和障碍是语言不通，特别是外国商人、海员、旅游者初来乍到，由于不谙华语，难免有寸步难行、一事无成之虞。于是，社会上出现一些游手好闲、又略习英语的人，充当翻译和导游的角色，从中索取报酬，成为一项新兴的职业，名曰"露天通事"。"通事"即翻译也。当时，有一首《上海市景词》描述此类人曰："通事何因唤露天，能知西语少人延。沿街代达洋商意，买卖成交略取钱。"他们经常在洋泾浜一带的马路上游来逛去，遇有不谙华语的外国商人、水手或士兵，便主动迎上前去，用蹩脚的洋泾浜英语与他们兜搭，充任其临时翻译，有的还顺便为他们介绍生意，然后从中赚取小费。

沪上问日本葛元煦在《沪游杂记》中写道："洋船水物登岸，人地生

洋泾浜英语为市民与老外交往起到沟通作用

疏。有曾习西语无业之人，沿江守候，跟随指引。遇有买卖则代论价值，于中取利。因衣多露肘，无室无家，故以'露天通事'名之。若辈自为一业，有三十六人之例，如多一人，必致争殴。"洋泾浜地区的其他一些较低文化层次的社会群体，如小商小贩、人力车夫、码头苦力等人员中，出于经常要与西洋人做生意的原因，也有一部分会说几句洋泾浜英语。如当时的一些人力车夫在招揽西人坐其车时，常会用这样的洋泾浜语问道："油狗惠罗康伯奶?"（You go Hui Lu company？你去惠罗公司吗？）如果洋人同意，他们便会接着说道："爱泥特土角"（I need two jiao. 我要二角钱。）

洋泾浜英语虽然是一种起源于洋泾浜一带，主要运用于商贸场合中的特殊语言形式，但是这种语言形式对于上海城市的影响却远不止洋泾浜这一个地区，也不仅仅只限于用以商贸交易。实际上，它已经渗透到了上海都市中的各个地区、各种场合，以及各种层次的社会群体之中。当时上海有相当一部分从事各种职业的市民都会讲几句洋泾浜英语。他们在表示对于别人的感谢时，便会说："生克油饭来麦去"（Thank you very much, 非常感谢你）；在表示对于恋人的爱情时，则会说："阿爱辣夫油"（I love you. 我爱你）。由此可见，当时上海都市中洋泾浜英语的流传和应用范围已经相当广泛。

从语言学的角度来看，洋泾浜英语当然不够标准、不够规范，在某种程度上，它可能还会影响正常的语言交际表达，破坏语言的纯洁性和完美性。但是从社会效用的角度来看，洋泾浜英语的出现又有着一定的合理性。它解决了人们急切希望掌握外国语言，然而一时又难以很快达到目的的困难。由于洋泾浜英语主要是用一些通俗的上海方言词语拼凑而成的，因此它与原来的英语词义之间往往会形成一种独特的语言效果，使人听来甚感有趣。例如在洋泾浜英语中，称"丈夫"为"黑漆板凳"（Husband），称"妻子"为"怀爱夫"（Wife），称"舌头"为"烫"（Tongue），称"夜晚"为"衣服宁"（Evening），称"女士们"为"累得死"（Ladys），称"教师"为"铁车儿"（Teacher）。这些词语之间的关系显得十分滑稽有趣，然而也正因如此，使得人们十分容易记忆。

西人生活的示范效应

有人算过一笔账，上海的两个租界共计有48000多亩地，这是全国其他23个租界面积总和的1.5倍。可见上海租界在全国的影响之大。那个时候，外国设在中国的所有银行总部，几乎都设立在上海。正因为外国银行都在这里，经济中心就在这里。更不必说那时中国民族资本的银行总部，也大抵设在上海。

1860年代起上海租界消费娱乐业迅猛发展，消遣餐场所遍布街头。根据报道，1869年租界内仅有名号的妓馆就达数千家，烟馆超过1700家，成了名副其实的销金窟。除了传统的戏院、茶楼、酒馆，洋人带来的一些西洋娱乐形式，使人们倍感新奇，也逐步流行起来。

提到上海租界，人们总会想起被列强用坚船利炮轰开的国门，想起丧权辱国的《南京条约》等中国近代史上的灰暗记忆。实际上，正如中科院院士、同济大学建筑学教授郑时龄先生所言："一种充满矛盾的传统与现代的并存持续了很长的一个时期，形成了上海的特点，这样一种冲突也使中国新文化运动的许多代表人物在上海得到启蒙。新与旧、传统与现

清末长篇社会谴责小说《九尾狐》插图：上海居民品尝西餐

代、洋与中、优与劣、善与恶、雅文化和俗文化等都在矛盾中并存，不仅表现在城市的社会生活方面，同时也表现在城市空间和建筑上。"（《醉上海》序言，文汇出版社2016年版）上海租界对中国的政治、经济、文化等各个方面产生了影响，而且这种影响是复杂的，值得我们细细探究与思考。

上海县老城区县城的城河浜（相当于今人民路）以北，先后被开辟为租界，称为"北市"，县城区和小东门、十六铺一带的老市，因与北面租界商业区"北市"相对，所以称为"南市"。北门外已经是租界地，而且发展很快，成为上海的新兴城区。新兴城区的兴旺也吸引了老城区；资

城门低隘，经常壅塞。低矮的城墙，狭小的城门已成为经济发展的阻碍

金、物流、人流来往越来越频繁，到了19世纪七十年代，城里有钱人家里的好东西无一不是从租界里买来的。可是，这城门每晚六点就关上了。但根据清朝法律，对上海城门关闭有明文规定：逾时不关杖八十，非时擅开者杖一百，每天一到晚上六点城门就关了，人们进出城门很不方便。但租界内一到晚上福州路、南京路灯红酒绿，纸醉金迷，人们流连忘返，有的人为了进出城门，不得已还要向管理城门者行贿，从小银一枚发展到二三枚，这就成为一个社会问题。《申报》1877年10月6日记载：至半夜12点北门外积聚有近千人，小吃、水果、点心摊到处都是，一片狼藉，几成墟市，闹猛得不得了，县署只得叫开门，以防民众闹事，后来不得已

将关门时间延长到晚上十点。

"十里洋场"的兴起，越发让老态龙钟的上海县城自惭形秽起来："上海一隅，商务为各埠之冠，而租界日盛，南市日衰。"有人专门将租界与县城的市容作过对比：租界马路四通，城内道途狭隘；租界异常清洁，车不扬尘，居之者几以为乐土，城内虽有清道局，然城河之水，秽气触鼻，僻静之区，"坑脱"接踵，较之租界，几有天壤之别。

西方人来中国，当然是谋取他们的利益，老外来到上海，并不是把上海仅仅看成一个旅游的地方，他们中的一些人甚至把上海作为自己的家园来经营的，有很多老外一辈子生活在上海这块土地，甚至很多人是在这里出生，最后就终老在上海，几代人都在这里。他们把欧美国家的东西都引了进来，包括器物、制度、精神等方面，诸如电灯、电话、教育制度、自治制度等。上海在1846年就有旅馆，1863年有缝纫机，1865年有煤气灯，在物质文明方面远远走在中国其他城市前面。与天津相比，上海煤气的使用早19年，电灯早6年，自来水早14年，晚清人说天津、苏州发展很好，便说它们像"小上海"，是把上海作为现代化城市的一个范本和标的来看的。

尽管上海在开埠之前已是"人烟稠密，商贾辐辏"的"江海通津，东南都会"，但农业文明比之工业文明，差距实在很大，上海县城的现代化毕竟还有很长的路要走。于是，客观上西方文明确也具有示范效应，它为老态龙钟的上海县城起到了一种明显的示范作用，尽管这种示范效应是不自觉的。

上海形成了多国、多民族的文化传统的混合，有英国的、美国的、德国的、俄国的，还有犹太的，在虹口那一片还有日本文化的影响，这就

犹太难民在上海租界里的生活居室内部情景

使上海的文化资源相当丰富。1949年上海的人口有546万人，在100多年的时间里从20多万人发展到500多万人，绝大多数都是从海内外和全国各地来的。所以上海形成了一个集散效应。由于历史的原因，上海人较早与"老外"打交道，中西文化的早期接触与交流，也铸就了上海人看"老外"的独特眼光，这就是以平等地交易、平和地相处、平实地处事，在这种与

"老外"的双向互动中，上海文化内涵中包含了太多的西洋文化素质。如果对上海的民俗与传统作仔细分析的话，就像被称为万国建筑博览会的外滩建筑一样，上海文化内涵中包含各种各样不同的国际文化传统。

"隆起"的经济高地

19世纪中后期，资本主义经济扩张的趋势使当时晚清帝国的经济与世界市场产生了引力作用，两大体系发生不断的冲撞，上海成为因冲撞而"隆起"的经济高地。在冲撞过程中，上海自身的经济生存形态发生改变，表现为外部经济环境变化与社会经济运作方式的变异，并渐渐生成出新的商品循环和经济关系。

开埠之前，上海的贸易以国内地方贸易为主，直接外贸及外贸转运的量值十分有限。贸易的结构大致是上海输出棉花、棉布等，输入米、大豆、糖、桐油、竹木、瓷器、茶叶等食品与杂货。其功用属于国内互通有无的商品流通，其性质为传统社会有限的商品流转。而且就商业地位而言，那个时候，苏州是江南的中心城市，在区域商品流通网络的环节中，上海只是以苏州为中心的长江三角洲区域贸易的一个转运集散地。

1843年开埠后，上海商品流通量值、商品的种类、流通方式、贸易关系均发生了根本的改变，对外贸易占据了主导地位，它影响和制约了其他贸易形式的进退兴衰。1851年后，上海成为中国最大的对外通商口岸，原来绕道广州的进出口货物直接从上海进出，上海口岸的商品货物流量和交易量大幅度上升，主要是商路改变引起的出口增加。

19世纪60—70年代以后，国内市场出现了几个新因素，使得帝国主

1904年创办大有榨油公司，是中国第一家机器榨油厂，图为水压机榨油车间

义列强扩展贸易扫清了障碍，提供了新的条件：

第一件就是《天津条约》允许外商到内地经商和确立内地2.5%转运子口税，促进了上海的外贸及埠际转运增长。据记载："各国来华贸易之大号帆船及定期轮船，大多仅以香港或上海为目的地，其余别埠输出之土货，大抵先用轻便之西式纵帆船、横帆船、鸭尾船等，运到港沪二处，再行转运出口"（班思德编《中国对外贸易史1834—1881》），这就是说，上海由于其地理条件和原有的商业贸易的基础，在外贸，即国际贸易中就可以大展身手了，内外贸易流量和市场关系、商品形态得到不断拓展。

第二件事情就是1850年代太平天国起义对江南经济造成的严重创伤，不但深刻地影响着以苏州为中心的江南区域的商业发展和维持，也间接影响到了上海的对外贸易。由于太平天国掌控的苏南、浙东、浙北地区贸易凋零，运转不通，而太平天国对上海的攻击又迫使当地的海关无法正常工作。所以外夷的商船可以毫无阻拦地往来于上海各大口岸。上海的商户对内销售无门，对外却可以获得免税或部分免税的销路，结果导致上海的对外贸易大幅增加。1864年后，江南的"太平天国"战事结束，上海口岸内外贸易出现了新的增长。

第三件事情是19世纪70年代苏伊士运河的开通、航运业的提速和现代通讯业的兴起，以及中国与世界的市场信息和货物流通速度大大加快。例如上海生丝出口1860年代为23万担，至1870年代后增加到45万担。几乎与此同时，棉布、棉纱和其他工业品进口迅速增长（丁日初主编《上海近代经济史》第1卷）。开埠后的上海人均贸易量的增长，突破了明清时期商品流通总量增长而人均商品量停滞甚至下降的状况，显示了商品市场的实质性扩大。

当然，光是贸易还不足以使上海在国内外市场上形成"隆起的高地"，租界由于其特殊的地位，在动荡不宁的时代，成为人们的避难避害之地；而上海的繁荣又吸引了众多的人前来淘金和谋生。上海开埠后人口不断增长，从1852年的54.4万增至1880年的约68万，到宣统二年（1910）上海人口达128.9万，其增长率远远超过自然增长率。当时上海有一个叫葛元煦的文人在《沪游杂记》中说"自互市以来，繁华景象日盛一日……来游之人，中朝则有十八省，外洋则有二十四国"。上海人口的扩大源于大量移民的迁入。这些移民改变了上海的人口结构，也影响和改变了沪地的生活习俗。当时小刀会起义和太平军攻占江浙地区，大量富绅、官吏、地主客居沪上，对上海地区社会生活的商品化和货币化起了重大的促进作用。

百万人口的城市，本身就是一个大市场。内外贸易的扩大导致大量人口城市化、居民生活商品化，也刺激着城市消费物资与外部交换扩大，从而又导致贸易的进一步发展。这是开埠后构成上海市场经济生长循环的"闭环"。在早期，清政府不允许民间私人资本投资兴业，不能建立工厂、企业。外贸市场的兴起，国际交换迅速扩大。这种交换的国际化具有外在性的特点，生产和交换并不统一于同一个时空里，而是外贸先于国内生产

甲午战后，上海闸北迅速成长为上海一个兴旺的工业区

的社会化。这是中国现代经济起源的一个重要特点。

1894 年 7 月，中日甲午战争爆发。这场战争以中国战败而告终，双方于 1895 年 4 月签订了《马关条约》，日本通过《马关条约》攫取在中国条约口岸投资设厂的权利，按照"一体均沾"的原则，列强也都取得了这项权利。虽然外国列强此前就已在条约口岸——主要是上海投资设厂，但并不合法。甲午战后签订的《马关条约》使此前并不合法的投资设厂合法化了，于是，上海进入"外资兴业的时代"。

千万不能小看了这个政策的变化，允许民间资本投资兴业，无异于启动了上海工业化的闸门。民间私人资本压抑已久的兴业热情被释放或被召唤，于是在迈向工业化的过程当中，上海就率先在沪东、沪北、沪西、沪南形成了一些水平参差不齐的城市工业区。

原先只是贸易的港口，一下子可以建设工厂，制造产品，那是任何农业文明以及民间手工业所不敢想象的。就这样，上海开始了工业文明的进程，这块"隆起的经济高地"就是如虎添翼了。

第十一章
欧风伴美雨，海上唱新声

西学东渐，六合丛谈

19世纪初以来，首先开始大量出版西学书籍的是西方教会组织。要传播，就要有媒介，广学会与墨海书馆，其实都是出版机构。墨海书馆是1843年（一说1848年）由英国传教士麦都思在上海创建，书馆坐落在江海北关附近的麦家圈（今天福州路和广东路之间的山东中路西侧）的伦敦会总部，墨海书馆出版了一批关于西方政治、科学、宗教的书籍，如《新约全书》《大美联邦志略》《博物新编》《植物学》《代微积拾级》《代数

墨海书馆印行的《六合丛谈》第一号

学》，还出版中文期刊《六合丛谈》，是清代道咸年间译介西学最重要的出版组织，此外，早期重要的西人出版社尚有美华书馆等。广学会则是1887年由传教士、外国商人组成的另一个重要的西学出版机构，其出版翻译的大量政治、科技、史地、法律等方面的书籍，尤其在1895年以后，成为维新派如康有为等人思想的重要来源。

汉语里的"六合"指的是上下和四方，泛指天地或宇宙。中国易学文化中的三阴三阳六爻，用以解释万物之间的关系；现代有六度分割法，说明万物之间最少只需六个节点便可连接……上海墨海书馆于1857年1月26日创刊印行《六合丛谈》，主编为英国伦敦布道会传教士伟烈亚力。它是一个符号，其背后的深意就是西学在中国的广泛传播，墨海书馆是近代中国第一个教会印书馆，在其存在期间，除了出版宣传宗教的书籍外，还出版了大量自然科学方面的书籍，这些书籍的出版，对近代中国人的思想启蒙起了非常巨大的作用。当时一批接受西学的知识分子，对于科技书，如数学类《数学启蒙》《续几何原本》《代数学》等有一种如饥似渴的钻研热情，上海金山人钱熙祚（1800—1844），率顾观光、张文虎、李善兰、钱熙辅、钱熙泰等赴杭州文澜阁四库全书，校书八十余种，抄书四百三十二余卷。六年后，将所藏及抄得秘籍辑刊为《守山阁丛书》《指海》《珠丛别录》等凡数百种。百科大师阮元序其书："于人谓之有功,于己谓之有福。"这些学科为古老而封闭的中国知识界注入一股新鲜养分,填补了许多学科的空白,为中国近代科技的许多学科的近代化奠定了基础。墨海书馆通过翻译出版西书、传播西方科学文化的同时,也培养了中国近代最早一批通晓中西学的学者、科学家,如王韬、李善兰、管嗣复、张福僖等,对

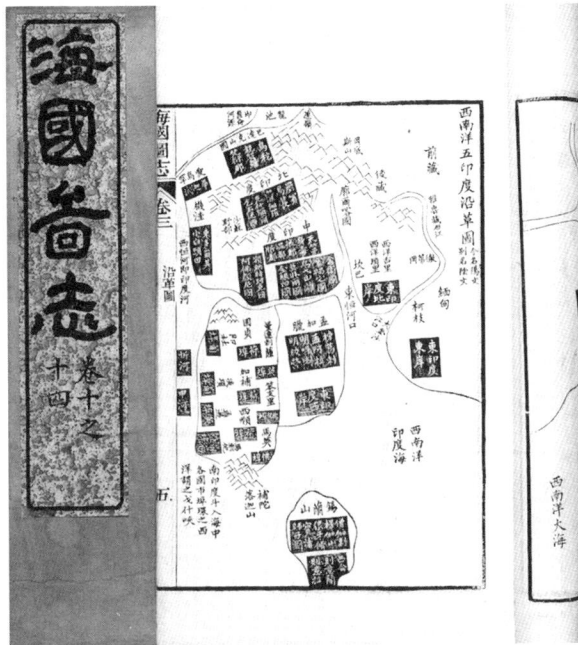

晚清开明士大夫魏源撰《海国图志》,放眼看世界

中国的近代化起了积极的促进作用。特别是面对"三千年未有之大变局",开明士大夫魏源受林则徐之托,编写了《海国图志》,这是一部饱含着对现实忧思的著作。在当时的中国可谓是具有振聋发聩的作用,在《海国图志》的开篇词里,魏源就已经用了《易经》来论证因时而动的必要性;还将清朝面对的旷古变局,比喻为周宣王时面对猃狁入侵、夷狄作乱的局面,引用诗经中歌颂周宣王中兴的篇章,暗示大清可以复制这样的复兴,本书的目的就是为了"重振中国之声灵"。

广学会也是当时全国最大的教会出版机构,光绪十三年(1887)英、美基督教新教传教士和外交人员、商人等在上海创立。前身为1834年英、美传教士在广州创立的"实用知识传播会"和1884年在上海设立

的"同文书会"。光绪十六年（1890）韦廉臣去世，由英国传教士李提摩太继任总干事。李一上任即对广学会的读者对象进行调查分析，他广泛结交社会上层人物，通过广传西学来影响中国的社会和政治。他尤其注重上层官僚及士大夫阶级，甚至利用科举考试，在考场散发广学会书刊。广学会出版的书刊，除传教书籍之外，还包括历史、科学、政治、法律、商业、文学等各个方面。1898年6月11日至9月21日，康有为等维新派人士通过光绪帝倡导学习西方，提倡科学文化，改革政治、教育制度，发展农、工、商业等，并仿照日本进行君主立宪的政治改良运动，即所谓"戊戌变法"。当时光绪皇帝准备变法，购买了129种介绍西方新学的书，其中有89种就是广学会出版的。有的地方科举考试的题目也要参考广学会出的书，有的省甚至请广学会编印一套循序渐进的课本，供人自学。李提摩太自清光绪十七年任广学会总干事起至民国五年退休回国，这25年间广学会在中国社会有较大影响。

从晚清到民国，除广学会与墨海书馆之外，上海从事西学书籍的翻译和著述的出版机构还有"江南制造局翻译馆"，江南制造局翻译馆于1868年创办，为清朝官办的翻译出版机构，简称翻译馆，附设于江南机器制造总局。1865年曾国藩、李鸿章奏准在上海兴办晚清最重要的军事工业企业——江南制造局。江南制造局最初设址在虹口，1867年扩大规模，遂迁至城南高昌庙镇。经徐寿、华蘅芳等人建议，由两江总督曾国藩奏请，成立翻译馆，这是近代中国第一个由政府创办的翻译西书机构，是我国早期一所重要的兵工专业情报翻译机构，政府译书机构中历时最长、影响最大的一个翻译机构，从中走出了一大批精通中西文化的人才和大师。

《万国公报》与西学传播

上海开埠后，西方传教士利用其特殊的身份以及传教特权，先后创办了多种报刊，最早出现在上海的是一批外文报刊，而后才出现中文报刊。这些来自不同国家，代表不同差会、团体的传教士中文报刊从晚清至民国纷纷涌现，面向中国读者和中国社会。在这些报刊中，以《万国公报》影响最大，其前身是1868年创刊的《中国教会新报》和改名的《教会新报》。创办人是美国传教士林乐知（Young John Allen, 1836—1907）。

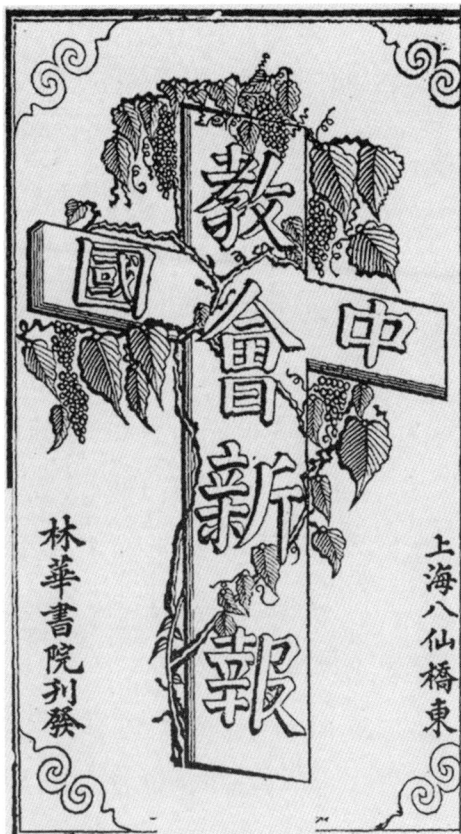

晚清西学东渐时传教士举办书馆的宣传海报

林乐知出生于美国乔治亚州帛尔克郡（Burke County, Georgia）。早年不幸的家庭让他尝到人生悲苦的命运。幸赖姨父母赫真斯夫妇抚育成人，长期受到基督化家庭的熏陶，1858年林氏在艾摩利学院（Emory College）毕业，随即获美南监理会（Methodist Episcopal Church, South）按立为牧师，当时年仅22岁。不久接受所属差会派遣，不远万里来中国从事宣教。

《万国公报》系林乐知个人创办，主编也是他本人。该刊最初向中国传播的"西学"，在西方已属普及的科学知识，而在中国尤其在知识界，却属于如饥似渴希望传播的新知识，所以《万国公报》连篇累牍刊载的各类新知识（主要是自然科学知识）文章，吸引了许多读者，开明绅士和敏感的知识分子趋之若鹜。

《教会新报》是《万国公报》的前身，为了办好这份刊物，林乐知通过一系列适应性变革与自我营销，突破传统的传播模式，深入研究，不断调整，这个典型的传教士刊物，是中国传教士办刊变迁的一个缩影。林乐知在办刊过程中，还采取降价、赠阅、奖励、刊登广告等经营手段，与众不同的林乐知，就传播效果而言，他获得了很大成功。

如果说，《万国公报》综合性强一点的话，英国传教士傅兰雅主办的《格致汇编》就显得更加专业，《格致汇编》创刊晚于《万国公报》两年，从1876年2月创刊，至1892年最终停刊。办办停停，前后历经17年时间，但实际刊行时间为7年，《格致汇编》所刊文章，几乎囊括了自然科学各个领域，物理化学、天文地理、医学农学、工艺技术，为了办好这份刊物，傅兰雅自筹资金，也是耗费了巨大的心力。

《万国公报》《格致汇编》等报刊对于新知识的介绍，宛若在一个封闭的黑屋子里打开了一个窗口。上海，就是一个首先呼吸到新鲜空气的地方。经年累月，使得上海形成了一种"开风气之先"的社会心态，更容易接受新知，接纳外来文化。

堪称近代上海影响力最大的中文日报《申报》是英国人美查（Ernest Major）创办的，其办报思想也是别具一格。上海的中文报纸在很长一个历史时期引领着全国报刊的发展，并成为那个时代全国的新闻中心。其后出现的商业性的大报小报都已初步凸显出大众文化的某些特征，采取了不同的营销手段，例如增加连载小说的通俗讲解，注重对花边新闻和与社会民生密切相关的大事的报道，《申报》19世纪末期连续关注与报道晚清杨乃武与小白菜案件，长达四年之久，很是迎合了一般市民的阅读口味。在表达方式上，报刊采用评论、小品文章，并推广通俗易懂的白话文。报刊采用的叙事类、杂体类、小品类的文体，体现着报刊的

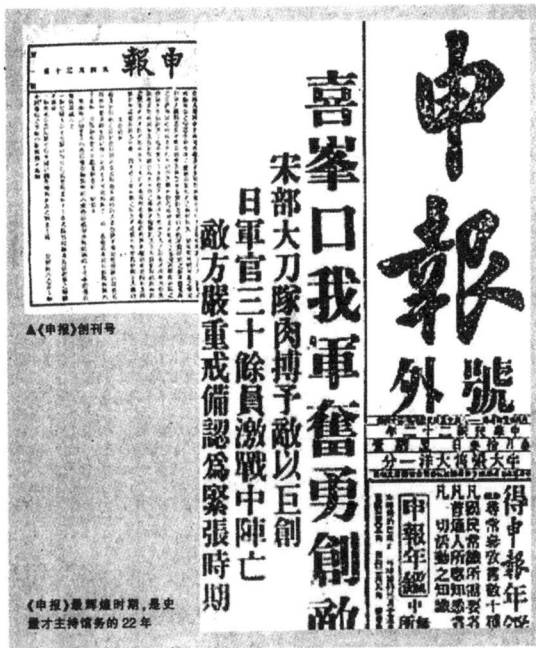

1872年4月30日，《申报》在上海创刊，从此翻开近代中国报纸史崭新的一页。图为1933年《申报》刊载抗日战争消息

"报章文体"以及"附件""杂录""杂俎"等栏目中，随感录形式也逐渐盛行，这些文体形式，长短自如、不拘一格、亲切可人，完全符合作者的自由表达和满足读者轻松获取信息的愿望，符合近代审美趣味追求实用、自由、个性化和交流互动的要求，被广大读者接受和喜爱。

恰如英国传教士李提摩太说过的："别的方法可以使成千的人改变头脑，而文字宣传则可使成百万的人改变头脑。"（李提摩太：《给英驻上海领事白利兰的信》转引方汉奇：《中国近代报刊史》上册）。一种外来文化输入一个落后的社会形态，一般都循着由物质文明到科学知识，再到制度文明，这样一个渐进的过程。物质文明最具体，难以抗拒，所以往往打头

阵，成为文化的先导。科学知识和制度文明的进入，则非常依赖于传播（包括通过学校、媒体、教会等）。其中媒体面向全社会、各阶层、各领域，影响尤其大。

"蝶变"的娱乐空间

从传统农业社会向工业文明转型的初期，上海整个社会生活随着欧风美雨的东来，以及工业化、城市化发展而发生了较大变化，作为新兴的公众娱乐休闲的场所也随之产生，大大拓展了中国人闲暇生活的品质。所谓"公众娱乐休闲场所"，应该既包含公共活动场所的物理形态，如公园、酒吧、茶馆、博物馆、图书馆、避暑地、自然山水、名胜古迹等；也包含人们娱乐休闲的精神空间，即人们对娱乐休闲兴趣培育与奇思妙想，人们的精神感受及精神张弛状态。从本质上说，公众娱乐休闲，就是通过一系列的休闲活动，以缓解近代工业社会制度化体制对人们构成的身心压抑，以利于人们的身心健康。

美国人爱德华·劳伦兹提出"蝶变效应"，说的是一只南美热带雨林中的蝴蝶扇扇翅膀，可能引起美国得克萨斯州一场龙卷风，就是说对于某些事物的一些初始状态，它看似很随机又毫无关联，但是其内在的联系随着时间推移，规律就会显现出来。直到最后，所有的碎片就会拼合起来，就形成一个整体。从这个角度来看近代上海公众娱乐休闲的状况，你就会感觉那种嬗变是很急骤的，例如，旧时茶馆本来是喝茶的，但在上海它却叫茶园，茶园即是戏馆。这是因为，1850年清道光皇帝驾崩，清王室大哀之下，决定为其守孝三年。于是，颁诏天下：国丧三年，停止演戏。这么一来，老百姓不能看戏，天下唱戏的艺人岂不要饿死？当时昆戏班尽是苏州人，有个叫钱文元的，便把昆戏改为清唱，不登台演出，一律坐唱，如此维持了两年生计。到了第三年，有人就出了个主意，改戏园为茶园，即在茶园子里演戏。于是，那些茶客们一边喝茶，一边就听戏，岂不两全其美。而艺人们也就有了演戏的用武之地，对于官场，又不触犯王法律条，只说是吃茶的地方，而里面尽管袍笏登场，笙歌盈耳，在衙门前用点小费即可无妨，一经尝试，民众热烈欢迎。由于是在茶园里看戏，所以不卖戏票，只付茶钱，就同时可以享受看戏和喝茶的乐趣。官场不问不闻，茶园之名就此代替戏园，只称茶园而不提戏园。同治、光绪年间，茶园之名传入上海，所有戏园，都以茶园名，同桂轩就先后改名为红桂茶

晚清时期上海广西路上的沿街建筑，那栋三层建筑为茶楼，上面悬挂着"凤桂茶园"的牌匾

图为晚清上海福州路的一段街景，图中右边那栋建筑为茶楼，悬挂着一个很大的店招，上书"一层楼"三个字

园、丹凤茶园。新开设的尚有丹桂茶园、大观茶园、天仙茶园、一洞天茶园、桂仙茶园、春仙茶园等不下十多家。这类茶馆的茶客基本来自中上流社会，大多为显贵要人、社会名流，文人学士、商贾阔佬以及在社会上混得人模狗样的流氓大亨、帮门大佬。

开埠之后，茶楼、茶馆、茶园这类公共空间已经难以适应变化了的社会需求。洋人占辟租界，为了侨民的生活享受，带来了夜总会、俱乐部、舞厅、旅舍公寓等西人娱乐设施，内部都附设"酒吧"，百乐门舞厅曾经是上海著名的综合性娱乐场所，全称"百乐门大饭店舞厅"。1929年，原开在戈登路（今江宁路）"大华饭店"兼营，旋即歇业，1932年，上海商人顾联承投资七十万两白银，购静安寺地营建Paramount Hall，并以谐音取名"百乐门"。1933年开张典礼上，连时任国民政府上海市长的吴铁城也亲自出席发表祝词，当时百乐门的常客有许多名流显要，卓别林夫妇访问上海时曾慕名而来，陈香梅与陈纳德的订婚仪式在此举行。

同酒吧类似的生活空间还有咖啡馆，在欧洲这个充满了政治和文化意味的公共社交空间，咖啡馆素有"思想办公室"之称，各色咖啡馆流行沪上，这些来自异地的流行文化所造就的生活消费空间，大大影响了上海人的心态和观念，各种文化在这里交汇，各种思想在这里碰撞，然后又孕育出新的思想火花，上海滩持久不衰的创新活力大概与此不无关系。

清末吴县有个叫卧读生的文人，在他的《游历上海杂记》中写道："近年称盛之处，厥惟张氏味纯园。拓地既有七、八十亩，园中居胜之处

图为张氏味纯园（张园）的大门入口处

则有旧洋房一区，新洋房两区，皆极华丽，其中最大之一区可容六百人。以故一应胜会皆不乐舍此而他属焉；而日涉成趣，士女如云，车马之集于门外、门内者，殆不可以数计。噫！何其盛欤！"此文字描写了清末民初时上海张园的盛况。

点石斋书局是中国最早用石印印书的出版机构。由英国商人美查1879年创办于上海，聘中国人邱子昂为石印技师。首先以照相缩印技术翻印木刻古籍，如用殿版《康熙字典》缩印，获利甚巨。还印《佩文韵府》《渊鉴类函》，中、英文合璧的《四书》等大部头书及中外舆图、西文书籍、碑帖画谱等。值得一提的是1884年5月8日创刊的《点石斋画报》，

《点石斋画报》"徐园采菊图"

每月出3册，每册8页，随《申报》附送（零售价五分），由著名画家吴嘉猷主笔。《点石斋画报》开启了以图文并茂的形式报道时事和传播新知的新路，代表了上海乃至中国那个时期画报的最高水平，也是研究百年前中国与上海历史文化的珍贵资料。

"公园"出现之后

上海是近代中国公园的发源地，大量外侨在此居住，加之华人人口迅速增加，各类公园数目为全国之冠，先后建成外滩公园、华人公园、法国公园、昆山公园、虹口公园、汇山公园等。根据民国时期上海通志馆编辑的《上海研究资料》，中国最早的公园是由公共租界工部局于1868年8月在上海建成的外滩公园，占地约30亩，精致而漂亮。位于上海黄浦江与苏州河交界处，起先人们还称之为"公家花园"。一百多年来，在这里发生了太多牵动国人情感的事件，其中最著名的，就是那块"华人与狗不得入内"的牌子，它成了中国近代屈辱史的一个标志。租界里的洋人为了满足自己游憩活动的需要，将欧洲的公园引进到我国。

当时公园的风格主要是英国风景式或法国规则式，具有草坪、树林、花坛等设施。据园林局统计，从开埠至上海解放仅建造公园14个，总面积为988亩。而私家公园也占了相当的比例，像著名的有哈同花园、张园、叶家花园、丁香花园、周家花园等等。

公园作为舶来品，在本土化过程中与西方发生了较大差异。西方公园是提供人们呼吸新鲜空气与休闲活动的场所，而中国的公园则强调"游学"一体化，因此，在最初传教士将植物园与动物园引进时，多附属于

上海最早的外滩公园，今黄浦公园

博物馆，而后来都转到公园内，以便让人们在游玩中获得自然知识。公园在中国本土化过程中已经与西方人原先的理念发生了一些微妙的变化。

除外滩公园之外，老上海还有不少老公园，如昆山花园，在虹口乍浦路、昆山路及文监师路（即今虹口塘沽路）毗连处，清光绪二十一年（1895）由工部局建，当初这个公园是专门供给儿童玩耍的，成人除保证儿童进内者外，不得享受权利。虹口公园（今名鲁迅公园）和兆丰公园（今名中山公园），也是上海著名的公园，早期的虹口公园，其实是一个供人运动健身的场所，而各项运动者亦按着玩球的季节川流不息地进出其中。进了门是一条20尺宽的通道，夹在木兰花行中。在游客视线里展示着的是一大片开阔的草坪，据说这里是整个远东地区最为精美的园林，直径320尺，公园中间为一条小溪流所分隔，后又用一座乡村式的木桥接连起来。一个音乐台置在丛林之中，到了夏天的晚上，工部局弦乐队就在此地演奏。东面以长湖为界，那一边就是靶子场了。清光绪二十二年（1896）工部局在北四川路界外地（N.Szechen Road Extension）购地造靶

1940年代上海最负盛名的公园——兆丰公园，即今中山公园

子场，因面积宽大，于清光绪三十一年（1905）加辟公园，至清宣统元年（1909）始见完备。民国六年（1917）复加地30亩。日本人称虹口公园为"新公园"。

兆丰公园，是一个将近50英亩约300华亩的大公园，而且专门为植物之种植所独占，不作运动的场地。该园的一部分本来是兆丰花园的旧址。兆丰花园原是西商霍克（E. J. Hogg）的私家园林，于清宣统三年（1911）得价14万，并入圣约翰大学；而极司菲尔路（今万航渡路）南端的一部分则为工部局所购得。也有人呼它为"梵王渡公园"，因为它当时傍着梵王渡火车站的缘故。

书院向新式教育迈进

古代书院是由著名学者私人创建或主持的一种教育组织和学术研究机构，始于唐、盛于宋，沿袭至元、明、清，在中国封建社会存在了一千多年。"书院"名称最早出现在唐代，起初是官方修书、校书和藏书的场所。藏书、讲学与祭祀是书院的三大功能。书院的流行与兴盛，出现于宋初。宋代著名的书院很多，这些书院一般是由私人隐居读书发展为置田建屋，聚书收徒，从事讲学活动。直至清末废除科举之后，书院改称学校，山长的称呼才被废止。

率先向中国传统教育领域发起冲击并成为中国自办新式教育样板的，是西方传教士在上海创办学校的活动。上海圣约翰大学创建于1879年，

圣约翰大学，前身叫"圣约翰书院"，以"光与真理"为校训

原名就是为了适应中国传统书院的名称，称为"圣约翰书院"，由美国圣公会上海主教施约瑟将原来的两所圣公会学校培雅书院和度恩书院合并而成，办学初期设西学、国学和神学三门，用官话和上海方言授课，1881年学校的英语老师卜舫济牧师开始完全用英语授课，这是中国首座全英语授课的学校。1886年年轻的卜舫济出任校长，时间长达52年，对圣约翰大学的发展发挥了很大的影响。

作为近代中国新式教育的先驱和输入西方科学文化的媒介，教会学校的积极作用，至少表现出以下四个方面的特点：在教学内容上彻底突破了中国旧式教育只讲四书五经的狭隘范围，除传授宗教神学外，凡史地理化等各门近代社会科学和自然科学知识均得引入，极大地拓宽了学生们的知识面；在教学方法上完全打破了中国旧式教育只管死记硬背，且轻视实践的僵硬模式，除按学生知识程度高低分别使用教材外，一般普遍重视相关的科学实验；在教学对象上首次冲破了中国旧式教育对于妇女的封建禁锢，创办了为数可观的女子学校；培养出一大批具有一定科学知识并完全不同于旧式文人的新型知识分子，其中相当一部分人成为创办中国新式教育的骨干。此外，教会学校在中国近代体育教育、生理卫生教育、艺术教育和中西文化交流等方面，也多有发端和促进之功。

清光绪三十一年（1905），清朝政府下令废除科举考试，旧式教育宣告正式结束，近代新式教育正式走上前台，原有的各级官学和书院纷纷改为新式学堂。新式学堂的培养目标已不是各级官吏，而是通晓专业技术的人才；学习内容已不是原来的四书五经，而是各种专业知识和技能；教学方式和学习期限都具有了新式教育的特征。

完全由中国人自行主持的新式教育的创办，首先是一批以学习西文和西学为主的语言学校，如上海的广方言馆、北京京师同文馆、广州同义馆等，接着又是一批以学习西方科学、工程技术和军事为主的专业学校的开办，如江南制造局附设机械学堂、福州船政学堂、天津电报学堂、北洋水师学堂等。这些在当时被称作新式学校的教学机构，在培养新式人才并致力于新式外务矿务军务商务等诸项建设各方面显示出极大的优越性。

十九世纪下半叶，兴起向西方学习先进生产技术的"洋务运动"，虽然以失败告终，但它在一定程度上刺激了资本主义生产力的发展，也催生了中国的近代新式教育。光绪二十二年（1896）刑部左侍郎李端棻上奏《推广学校》一折，建议自京师以及各省府州县皆设学堂。是年10月，盛宣怀向清朝政府正式上奏《条陈自强大计折》，附奏《请设学堂片》，禀

民国时期复旦大学校门

明两江总督刘坤一，拟在上海捐地开办南洋公学，经费由轮电两局捐输，聘请何嗣焜出任总理。12月得到光绪皇帝准允。至此，标志南洋公学正式创立。因学堂地处南洋（当时称江、浙、闽、广等地为"南洋"），参考西方学堂经费"半由商民所捐，半由官助者为公学"，故定名为南洋公学。南洋公学创始于徐家汇（今上海交通大学徐汇校区），时隶属于招商局和电报局，设立了师范院、外院、中院和上院四院，盛宣怀任督办。由于19世纪末天津发生义和团运动，因此北洋大学堂的师生被迫转移到南洋公学继续教学。

复旦大学创建于1905年，原名复旦公学，是中国人自主创办的第一所高等院校，创始人为中国近代知名教育家马相伯，1912年孙中山先生曾受邀出任校董，后人称他为复旦的"首席校董"。校名"复旦"二字选自《尚书大传·虞夏传》名句"日月光华，旦复旦兮"，意在自强不息，寄托当时中国知识分子自主办学、教育强国的希望。1917年复旦公学改名为私立复旦大学；1937年抗战爆发后，学校内迁重庆北碚，并于1941年改为"国立"；1946年迁回上海江湾原址。

兴学热潮的高涨在很大程度上得助于社会办学力量。私立学堂的数目在初级和中级教育层面中蔚然可观。上海由富商叶澄衷捐资兴办的澄衷学堂和川沙杨斯盛捐产兴办的广明小学和浦东中学等，皆成为同业中的翘楚。随着新式学校的广泛开设，传统的教科书已经不能适应。各地学校纷纷自编教材，以应急用。在近代中国教育发生巨大变化的整幅运演图中，留学生的派遣是一个重要侧面。留学生既是中国人走向世界的一支先锋队，又是中国社会变动中引来异域文明的劲旅。

第十二章
上海县衙与租界

上海衙署设立的年代

　　说到上海的县治，大家都会想到唐代设立的华亭，其实，上海历史上还存在过海盐、由拳和娄县诸县，只不过这些县治都不在今上海境内，海盐、由拳今都在浙江境内，娄县后与华亭合并，江苏的昆山就是古娄县所在地。

　　秦置海盐县于今金山县境，是为上海境内设立县治之始。地址在今金山区东南甸山一带，当时设有海盐县城，旧志记载，秦末某一天发生地陷，海盐县城沉没为柘湖。自西汉起就移海盐县治于今浙江平湖市境。除此之外，南北朝时期梁天监、中大通（529—534，是梁武帝萧衍的第四个年号）先后置前京、胥浦二县于今金山区境。此后好几百年上海全境无县治。

唐天宝十载（751）置华亭县。至元十四年（1277）升华亭县为府。次年改名松江府。元至元二十七年（1290），松江府知府仆散翰文以华亭县地大户多，民物繁庶难理为由，向元中央政府提议析置上海县。次年，

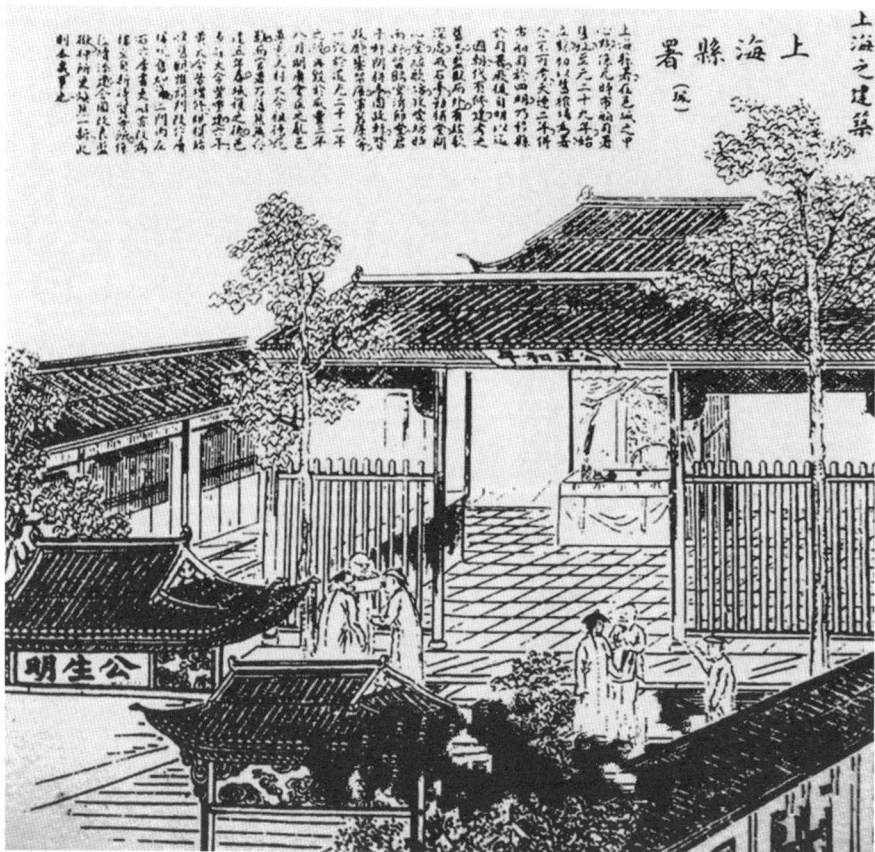

晚清吴友如在点石斋画报所绘清代"上海县衙"图

朝廷批准了这个建议，析华亭县东北的长人、高昌、北亭、新江、海隅五乡廿六保地置上海县，县治就在宋代的上海镇。

上海县的设立，是古代上海城市发展过程中的第二个转折点，它标志着上海从一个普通江南市镇中脱颖而出，成为县级政治中心之一和县级规模的政区。上海立县初，县衙以上海镇升充。古上海镇衙就在今小东门咸瓜街老太平弄附近。

关于上海县的设置年代，本书第6章已经说过，时间当是元至元二十九年（1292）。这里该交待一下有关的根据，元大德六年（1302）三月，也就是上海立县后的第11年，上海县教谕唐时措（"教谕"的官职大约类似于今教育局的总督导）撰写了一篇上海县建县记，文字只有900多字，就是这900多字的文字资料，详细记述了上海立县头十年县衙初址、二址的方位、地名和弃旧地迁建新衙署的全过程，并勒石成碑竖立于二址衙署内。现存上海县第一部县志——1503年明弘治《上海志》全文收录《唐时措记》。后世历代《上海县志》多以节文入志，有的名《县治记》，有的叫《建县记》。到新中国成立后的第一部《上海县志》也照例全文录为《上海公署记》。因为唐时措参与上海县的建县，他的记录应该是可信的，这篇"公署记"说：

"元壬辰春，圣天子以华亭地大民众难理，命分高昌、长人、北亭、海隅、新江五乡，凡二十六保，立县上海，因以名，隶松江府……初主簿郗将仕首至，是年闰六月二十二日卜廨莅事。"大意是说：元至元壬辰（1292）春，天子命立上海县。是年闰六月二十二日，主簿郗将仕上任"卜廨莅事"，将县衙就上海镇署旧榷货场而设。

根据这篇《公署记》再证之于元代的其他资料：

20世纪三十年代上海文庙前街与奎星阁

　　《元史·地理志》：上海县"本华亭县地，至元二十七年，以户口繁多，置上海县。属松江府。"

　　《元史·世祖本纪》："（至元二十八年秋七月）己未，降江阴路为州；宜兴府为县，并隶常州路。移扬子县治新城。分华亭之上海为县；松江府隶行省。"

　　张之翰《元贞建学记》："上海旧为镇……至元辛卯，割华亭东北五乡立县，甲午扁县学。"

　　赵孟《上海县修学记》："上海县，界在海滨，商贾百货所输令，昔治以镇，至元二十八年始升县。"

藏梦解《上海县释氏舍田迁学记》:"上海旧为镇,至元壬辰,始割华亭东北五乡改为县,越二年,始立学。"

黄溍《上海县学田记》:"上海由镇为县之三年,县始有学。"

……

明代弘治年间修《上海县志》,采用了唐说。"(上海)旧名华亭海。当宋时蕃商辐辏,乃以镇名,市舶提举司及榷货场在焉。至元二十九年,以民物繁庶,始割华亭东北五乡,立县为镇。""至元二十九年闰六月,始立上海县。"弘治《上海县志》是现存明代最早的一部上海地方志,它这样记述,无疑又加强了元至元二十九年(1292)设县的说法,我看是可以成立的。

古上海县地图的信息

上海县设立的时间是1292年,也就是元至元二十九年。那么,县衙的地点在哪里呢?历代《上海县志》基本上都抄录"公署记"的话,简记为:"县署,元市舶司也。至元二十九年闰六月始立县以旧榷场为之。至大德戊戌,适有并舶司于四明之命,遂移县署于司。今县是也。"说明设县当初曾经有过两处衙署,初在市舶司衙署,后因上海市舶司与四明市舶司合并,上海的市舶司撤销,就建设了一座新的上海县衙。

明弘治十七年(1504)刊《上海志》,有一幅上海县城即县域范围的古地图,可以说是现存最早的一幅上海古地图了,地图划分成棋盘状,没有标注任何路名,只有标志性的母亲河——黄浦江成了这张地图最重要的参照,建筑和地块已经依稀能够分辨出来,有些称谓甚至沿用至今。不

图为上海县城中校场，上海道台点兵操练。在今旧校场路一带，靠近老城隍庙，明代曾是驻兵演武之地；入清后，因庙会而聚成街市

过，制图者在地理方位上的排列显得较粗糙。当时西洋地图画法尚未传入东土，绘图者所用的还是中国传统绘法。图中建筑物，如儒学、察院、社坛、城隍馆驿，与实际大小不成比例，类似于今之旅游示意图，方向倒是上北下南左西右东。与当时其他城市地图相比，这幅地图最大的不同点是没有城墙。上海城墙筑于1553年，那是此图面世五十年以后的事。细细释读这些古地图，对于了解上海古代形象很有帮助。课税局东面便是一弯如练的黄浦江。全图最上边是吴淞江，最右边是大海，画有翻滚的波涛，标明从上海"东至大海五十里"。

在这张地图上，黄浦江（当时称为黄浦）将上海分为浦西和浦东两块。浦西的正中心是上海县，从图上看，县署东面是儒学，儒学东面是课税局，周围有察院等官办机构，上海县的北面是城隍馆驿。从古地图上散发的信息看，上海县以城隍庙为中心的豫园地块，说明豫园作为上海的地标确实已经有年头了。位于浦西古代地名中，沿用至今的有"龙华铺"，龙华古寺在当时也是一个地标性的建筑。

唐时措撰述"公署记"的250年后，到明嘉靖三十二年（1553）上海县修筑城墙，地理情势已经大变。从明嘉靖《上海县志》，以及清康熙、乾隆二部《上海县志》，所制县图仍能反映出上述"记"所述立县一、二址大致方位。又过250年，1814年清嘉庆《上海县志》破天荒以《上海未筑城古迹图》《古上海镇市舶司图》《古上海镇隶华亭境图》和当时实况《县城图》四张图记载了上海立县500年历史变迁轨迹。阅读这些古图，再对照1302年的唐时措《公署记》，说明上海县的衙署一直在今老城厢里。

上海立县时，上海县城这块土地依然水网纵横，老城厢内河浜交错。其中，与上海衙署设置密切相关的地址是一浦二浜。"一浦"就是上海浦（后来并入黄浦江）和方浜、肇嘉浜。方浜和肇嘉浜皆西出城厢，东入黄浦。立县初县衙地址均在这浦浜夹角之内。《上海未筑城古迹图》上，方浜入浦口向西到今三牌楼路有桥数座，一学士，二迴澜，三益庆，四泳飞。学士桥南画一方框，内写"元运粮千户所"；框西南，迴澜桥东南又一方框，内写"宋提举司署即榷场"。此框右，上框下写"元初县署在此，后乃迁阜民桥"。这就是立县县衙地址的地理位置。待到筑城后，迴澜桥为筑城墙挖护城河被废。学士桥仍在，清朝灭亡前改称陆家石桥，益庆桥在城内近墙。又过60年到同治《上海县志》成书时（1871年），二浜相继被填没，变成马路。民国初年方浜路东段（城外段）叫方浜东路至今。学士桥变南北（阳朔）路。其位向南是咸瓜街。想必这就是南市区志定咸瓜街老太平弄北地段为古上海镇街及榷货场的思路。

咸瓜街老太平弄北地块，不仅是上海镇衙故址，而且很可能就是上海立镇之前数十年乃至数百年前就有的北宋年间上海务和县衙所在地。方志学者赵震忠认为："上海市舶司，是一个笼统概念。它是上海市舶提举司的简称。在时间上它分为宋代市舶司和元代市舶司。从建立到1276年是宋代市舶司；1277年至1298年是元代市舶司。（以后又有市舶司，但址不在此）1276年元军攻打上海镇，宋市舶司使兼监镇费寀率镇降元。元

图为在电器尚未普及的老城厢，一爿销售灯笼的店铺

代重视海舶事业，第二年收青龙镇市舶司撤销并入上海市舶司，升上海市舶分司为司，并在阜民桥北建新市舶司署。此即'元市舶司'。而此前的宋市舶分司，地址在浦江西岸边，方浜学士桥南的上海镇衙，故址即三说中的今地小东门咸瓜街。"（《上海地方志》2012年第6期）我基本同意这种说法。因为根据《唐时措记》（1993年《上海县志》收为附录，改名《上海公署记》）唐时措记得，上海县衙成立的头八年，"卜廨莅事"之处，"唯旧榷场厅宇"，是"镇守总管府运粮千户所"。即上海浦西岸的原上海镇衙里的榷货场，和元朝的"运粮千户所"。其"厅宇湫隘，藏楼无庋，系囚无圉"。即房屋又少又小，而且低暗潮湿。以至办公没地放文件橱，办案无关押人犯场所。条件十分简陋。1997年4月出版的《南市区志》记载："景定五年（1264），缪相之提举上海市舶分司。其分司署及榷货场设浦滩处（今中华环路东，外咸瓜街老太平弄北地块）。"

　　到上海县成立第六年，即元大德二年（1298）秋，朝廷下令撤销上海市舶司，上海市舶司与庆元明州（今宁波）市舶司合并，这市舶司的衙署空了出来，"官吏例革，衙宇空闲"，也算是上苍给上海县治做出了安排。经过报备批准一应程序，经过修缮县衙门搬了进去，具体地址，据说就是今天南市老城方浜路南，光启路西，三牌楼路东，学院路北地块的"元市舶司"。这是上海"县治二址"，在这里，上海县衙维持了六百多年。

　　当然，好事多磨，这个"县衙二址"也不是一搬进去就完事的。搬进去的当年，暴雨加海潮，把墙泡塌，把屋顶漂走，无一间可以办公。达鲁花赤（监县）蒙古人雅哈雅，"慨然"带头捐自己俸禄，从县尹开始的一帮官员，包括县丞、主簿也都捐了俸银；县城里的富家大户也捐了钱。募得了一大笔工程款，委托原市舶司卸任官吏姜济主持，按照当时一般县衙大院的规格和布局大兴土木。三年后，1302年迁入时，有了"六房"屋和各官廨，有了大堂二堂和囹圄，总算有个相对完整的县衙办公之地了。

"南市"与"北市"

古代上海县城，无所谓"南市"与"北市"，开埠前的上海虽已立县500多年，整个城厢位于苏州河以南，占地不足2平方公里。"南市"之名产生于近代，顾名思义，"南市"是相对于"北市"而言的，因为县城之北出现了租界的盛况，老县城的人将租界称为"北市"，有了"北市"，相对应的县城属华界，自然而然地成为"南市"。就钱庄业而言，根据1858年统计，上海共有钱庄120余家，大致华界、租界各半。在此前后，出现了"南市钱业"和"北市钱业"的俗称，这就是"南市"名称的来源。

北市与南市相处，根据早先上海土地章程的约定："……该处本地居民不得自相议租，亦不得再行建房招租华商……"因此租界成为专供外侨居住活动区域。这样"华洋分居"的情况大约维持了10年。清咸丰三年（1853）小刀会起义，租界内华人陡增2万余，老沙逊、怡和及仁记等洋行，在今广东路、福州路、河南路一带建造毗连木板简屋出租，盈利颇高，由此开启了"华洋杂居"的局面。

华洋杂居，促进了租界繁荣，对房地产业的形成，起了催化作用。上海城市的性质、结构和形态等都发生了巨大转型。南市与北市，亦即老县城与租界的关系，老县城与港口码头的关系，都快速发生变化，上海县从封闭型的县城向外向型通商港城转型，由于租界的畸形繁荣，使得租界由原来的荒地成为城市拓展的重心，城市中心跨过苏州河北移，沿黄浦江发展，拓展了城市中心区域，改变了城市空间结构。城市道路也由封建城市结构转化成与资本主义经济相适应的现代工商业城市道路结构。清末出版《沪江商业市景词·南北两市》中说："南北分开两市忙，南为华界北洋场。有城不若无城富，第一繁华让北方。"指的就是这种情况。

　　到1911年，租界内外道路总长度已达110英里，形成了现代城市道路网络。黄浦江边是上海的港口和码头作业区，商家为了扩大码头作业区，肆意侵夺黄浦江岸线土地的现象十分严重，为了确保黄浦江岸线不被侵占，改善这一带交通状况，上海县政府决定沿黄浦江岸线筑一条马路（就是今天的外马路），1895年成立了"上海南市马路工程局"，这里的"南市"也是指东门外到黄浦江边的市场。

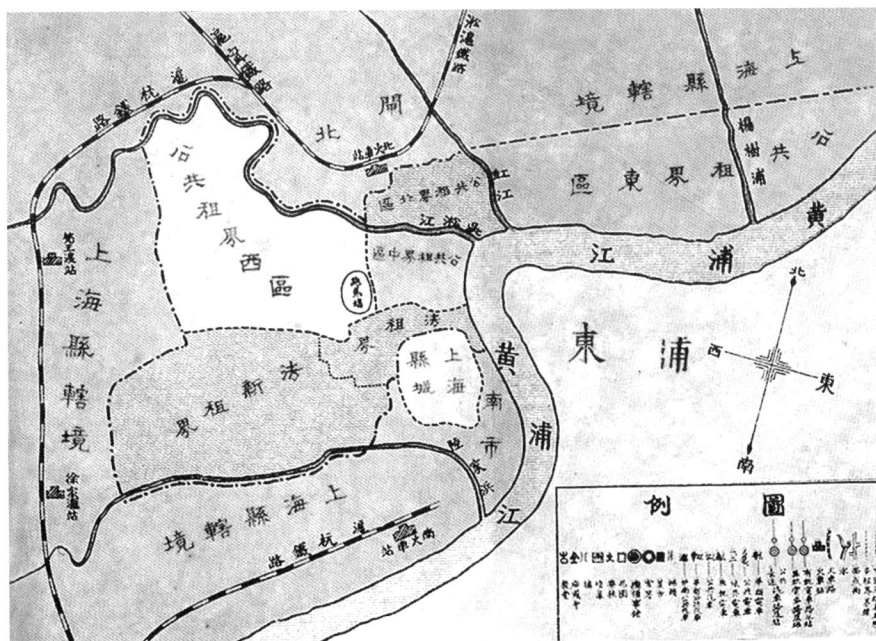

晚清上海租界图里的县城与租界

1911年上海光复后又改"上海城厢内外总工程局"为"南市市政厅",以后,"南市"才正式与老城厢相提并论。从晚清到民国,上海的租界多次扩界,野蛮生长。扩界的手段主要有两种:一种是租界当局通过谈判与中国政府达成协议后,修改《上海土地章程》,扩展并确定租界四至,如1848年英租界的扩展、1860年代以后美租界四至的划定、1899年公共租界四至的确定,以及20世纪法租界的扩展。另一种则是先筑路,造成事实上的扩界,而后通过谈判,将越界筑路地区全部或部分划入租界。

晚清上海县城里弹格路面,狭长的街道商铺林立。其中不乏卖洋货的铺子

上海租界范围有多大?1845年英租界设立面积830亩,东至黄浦江,南至洋泾浜,北至李家厂,西界未定;一年后定界路是河南中路,为1080亩;1848年11月扩展到西藏中路,面积2080亩。同年美租界设立,到1863年美英租界合并为公共租界。经过两次扩张到1899年,面积达到33503亩。1849年法租界成立,经三次扩张后至1914年面积达到15150亩,两者合起来就是48653亩。

这个面积是原来传统上海县繁华地区的8倍左右。换句话说，上海繁华地区不但从 1840 年代发生了转移，而且新型繁华地带面积远远超过传统老县城的规模，成为全中国最大的新型繁华地域。这时候的老上海县城像一个垂暮之年的老人一样，根本无力对于市政进行有条不紊地组织与指挥了。

松江府·上海县·上海道

这里特别需要再捋一下史实，上海县是县城，松江府是府城。松江府是元至元十五年（1278）改华亭府置，属嘉兴路。治所在华亭县（今上海市松江区）。松江府"取吴松江而名"（《名胜志》），辖境相当于今上海市吴淞江以南地区。至元二十九年（1292）属江浙行省，泰定三年（1326）废。天历元年（1328）复置松江府，明属南京，清属江苏省，1912 年废。

松江府前身为华亭府。元至元十四年（1277），华亭县升为华亭府，次年（1278），改名松江府，辖华亭县。元至元二十九年（1292），华亭县东北部分乡分出，新设上海县，明嘉靖廿一年（1542），华亭县和上海县部分地区划出，新设青浦县，属松江府管辖。清顺治元年（1644），袭明制，松江府领华亭、上海、青浦三县；清顺治十三年（1656），华亭县地置娄县，"为府之附郭"，松江府就领四县；雍正二年（1724），析华亭县地置奉贤县、析娄县地置金山县、析上海县地置南汇县、析青浦县地置福泉县，领八县。雍正八年（1730），福泉县并入青浦县；嘉庆十七年（1812）松江府析上海、南汇二县地置川沙厅来属。至此，松江府领"七县一厅"：华亭、娄县、奉贤、金山、上海、南汇、青浦及川沙厅。

然而，清雍正二年（1724）又设苏松太道，以所辖府、州得名。道署却不在府城，移驻松江府上海县，雍正九年（1731），建道署于大东门内，乾隆六年（1741）改道名为苏松太道。二十五年（1760）改为松太道，嘉庆十六年（1811）复旧。苏松太道、上海道，地位略高于上海松江府和上海县，低于江苏省的行政区划，其全称是"分巡苏松太常等地兵备道"，时人简称"上海道"，上海道员属重要官员，虽为正四品官，任满之后大多都升为正三品按察司或从二品布政司，也有直接升至巡抚甚至总督的。第一任分巡苏松太兵备道是浙江仁和人翁藻。道的行政首长称"道员"，也叫"道台"，按照清制，是监督地方行政的长官，上海道台就是监督苏、松、太两府一州地方行政的负责人。凡该地区内的一切政务均应由各衙门逐级上报于道，由道台实施监督，并呈送于省。上海县地处松江府

图中为倒数第二任苏松太道蔡乃煌（中）

境内，其政务照例由县上申于松江府，府上申于道，道报送于省。然而，由于道、县同城，上海县的行政事实上时刻处在上海道的监督之下。每遇大事，上海知县即就近请示道台，而上海道台在就近监督县政的同时，也对上海县发号施令，直接参与地方的治理，成为实际上的行政上司。

事实上，松江府是七县一厅的府城，上海县是其属县之一，也不要忽略其他的六县一厅，清代中后期设置上海道，其衙署不在松江府治，而是与上海县衙同在今上海老县城内。清雍正八年（1730）正式批准成立"分巡苏松兵备道"将苏州巡道衙门移驻上海，1731年在大东门内建造了一座新衙门，占地14亩。衙门西大门的原"水仙宫前街"，改为"巡道街"，南大门前新筑了一条马路，叫"巡道前街"。

"上海道"虽是文官，却能控辖苏州、松江地区军务和政务，并能调动军队。从清雍正年间江苏巡抚奏请委派苏松道监收江海关税钞以后，上海海关关务即由该上海道兼理。鸦片战争后，上海道台的上述职责并未改变，但随着上海的开埠，清政府又赋予上海道台以更大更重要的职权：一是办理地方外交，二是从事洋务活动，办理地方外交成了各口岸道员的重要兼职。第二次鸦片战争后，清政府开始自强新政运动。掌管着中国中心口岸的上海道台，自然成了洋务中人。据史料记载，上海道台不仅奉命主持清政府创办的最大的军事工业企业——江南机器制造总局，而且还担负着向总理衙门和通商大臣提供各种包括中外新闻纸在内的与外交有关的情报资料的责任。上海开埠后，为适应形势的需要，上海道增设了会丈局、洋务局、会审公廨、巡防保甲局、船捐捕盗局、改过局等办事机构。当清政府派遣的外交使团组成以后，上海道署不仅被要求为使团核算出使经费，而且还时而被要求向两江总督转交驻外使节发来的函电。

清朝廷在原上海县设立了上海道（省级派出机构，有点类似于清朝的国家新区，总管江苏省的苏州地区、松江地区、太仓地区税务和上海县地方事务），俨然一个大权在握的地方事务总管。

今天有人说"松江府"领导过"上海县"，所以就是"上海之根"，这种认识不妥当，我用葛剑雄教授的话来回答："上海城市的历史只能追溯到上海这个地名出现、上海这个聚落形成之初，而不能与今天上海市境内其他城市的起源混为一谈。例如，有人以松江县城的历史比上海县城长为由，认为应该将松江作为上海城市的起源，其实毫无道理。按照这种逻辑，要是苏州划进上海，难道上海这座城市的历史就可以加长到2500多年吗？"（载《文汇报》2004年2月8日）是啊，上海县曾经长期隶属于苏州，我们今天能不能说苏州是"上海之根"呢？！

"松江府"与"松江县"

如今，经过上海考古学者不懈地努力，特别是最近几十年有了许多新的考古发现，确实为我们认识上海早期的历史，开阔了眼界和视野，也极大地丰富了上海的早期历史，特别是考古发掘也弥补了文献记载的缺漏和不足，上海的历史就是这样不断地补充和更新。但在这个过程中，始终必须注意在特定的时间内"上海"一词所代表的不同空间，区别不同含义的"上海"。

我很赞同历史地理学家葛剑雄教授在《分清"上海"的四个概念》一文里说的观点，要分清"开埠前的上海""作为近代城市的上海""1958年前的上海市"以及"1958年后的上海直辖市"。宋代建立上海镇，这个上海镇隶属于华亭县，直到元至元二十九年（1292）设立上海县，上海这个地名的空间范围才发生根本性的变化，扩大到原华亭县的北部。

元至元十四年（1277），升华亭县为华亭府，领华亭县。一年后，华亭府改名松江府，至元二十九年，分华亭县东北境置上海县，属松江府。泰定三年（1326），罢松江府，华亭县改属嘉兴路，隶江浙行省；而设都水庸田使司于原松江府治。天历元年（1328），罢都水庸田使司，复置松江府，华亭县仍隶松江府。

在元、明、清诸朝上海县的辖境有过多次变化，一般都是有所缩小。但到鸦片战争后的1843年初，上海还是松江府所属的一个县。上海县是从上海镇发展起来的，而且在这五六个世纪中，上海县至少已是中国最发达的江南地区一个中等的县，后期甚至是一个相当发达的县。不过除了因拥有"江海之会，南北之中"的地理优势，设置了江海关以外，上海与长江三角洲的其他县城相比，还没有显著的特点。

然而，1843年11月17日上海开埠，上海的空间虽然还是这片土地，但是上海县衙是传统城市，而作为近代上海的主体部分——英租界、法租界和以后的公共租界，都建在上海县城之外，这些地方此前是乡村土地，包括一些集镇。而且租界的设立和扩大是外来因素作用的结果，并不是上海县城自然而然地扩大或延伸。再说，租界的主权实际上操在外国人手中，不隶属于上海县或松江府管辖。租界中的城市形态、功能、管理等各方面主要是外来的，而不是本土的移植。上海的城市人口主要由外来移民构成，原来的居民所占比例不足30%，连新形成的上海话也不同于县城的方言。"1928年起中国政府在租界外江湾一带所建的'新上海'大多停留在规划，建成部分并未形成新的城市，更没有取代租界部分。解放后

上海特别市政府办公楼旧影

的上海市区虽已包括原上海县城在内，但主体部分依然是原租界范围。因此，近代上海与上海县城的关系只是地域毗邻，而不是主从关系或母子关系。抗战后租界取消（名义上是1942年取消的），原租界部分与上海县城连成一体，解放后上海城市区进一步扩大，但直到改革开放之初，主体部分始终没有改变。"（葛剑雄：《分清"上海"的四个概念》）因此，说上海这座近代城市是从小渔村演变而来的固然荒唐，说松江区是"上海之根"也是说不通的。

1927年南京国民政府设立上海特别市，1930年改为上海市，1949年后延续。上海市的辖境前后也有变化，但基本上没有包括属于江苏省的10个县在内。1958年前的"上海"一般就指这一范围，此后往往还沿用这一概念，很多误解和矛盾就因此而产生。

　　1958年，原属江苏省松江专区的10个县划归上海市，使上海市的辖境扩大到6300多平方公里。这是一个由中央政府直辖的一级行政区。而现松江区，前身是松江县，是民国政府成立后的1914年设立的，当时考虑全国称为"华亭县"的县名有好几个，才改江苏省的"华亭县"为"松江县"，1958年底才划来上海地区。

第十三章
城市信仰与生命信仰

"霸王潮"与汉将功臣庙

　　上海的母亲河吴淞江，原为太湖三大泄洪水道之一，下游河道弯曲延伸，入海口又极开阔，呈喇叭状。唐宋以降，海平面上升，出现海水倒灌，每临涨潮，汹涌的潮水使水位陡涨，加上弯曲处潮流不畅，水势更大，经常造成水患，淹没农田，摧毁房舍，来势汹汹，水患肆虐，给沿江两岸的民众造成极大的威胁和生命财产的损失。在建坝筑堤尤以抵抗汹涌而来的大潮时，普通民众也只能借助于超自然的力量，祈求神灵的护佑，请出神灵来镇伏江潮。据地方志书记载，当年楚汉相争，项羽兵败后，自刎于乌江。由于他自恃天下无敌，至死不服，又无颜回去见江东父老，故化为吴淞江神，不时发怒，掀起滔天巨浪，造成水灾，人们称之为"霸王潮"。也有民间传说，楚霸王不时要与他心爱的女人虞姬幽会，（相传在今苏州河北新泾段附近就发现了虞姬庙和虞姬墩），当地民众相信，楚霸王一发怒，潮水就汹涌而来，"西楚霸王项羽做了吴淞江神，故江水如此凶险。"（明万历《嘉定县志》）

宋元间，终于出现了阻挡"霸王潮"发威的心理力量，出于传统文化中相生相克、"一物降一物"的心理，人们认为是汉初各位大将合力击败了项羽，于是请出汉初诸多开国功臣大将，在吴淞江边修建"功臣庙"，希冀通过为汉将立庙建祠的举措，以求压住吴淞江上汹涌澎湃的"霸王潮"。

由此，在吴淞江两岸陆续出现了几乎所有汉将形象的寺庙或土地庙，数量众多，如萧何、曹参、彭越、英布、灌婴、纪信，还有张良、陈平等

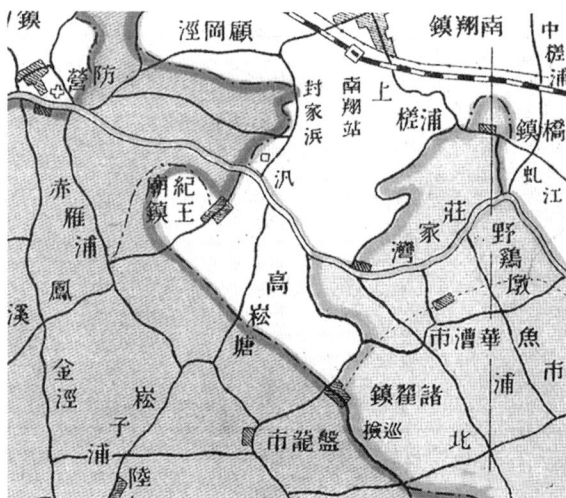

1909年《松江府属全图》纪王庙镇周边

（参见清嘉庆《松江府志》卷十七"坛庙"篇）。留传至今的曹王寺、萧泾寺、纪王寺即肇始于此。

　　据当代佛学研究者善无畏对上海100座寺庙的研究，位于宝山区罗泾镇沪太路上的宝山萧泾古寺，就是为镇吴淞江霸王潮而立的汉代功臣七十二庙之首寺。现位于上海嘉定徐行镇潘桥路上有一座曹王禅寺，原是曹王庙，传曹王庙始建于南宋淳熙十三年（1186），原名曹王祠，其中有一种说法是祭祀西汉丞相曹参，据考证，唐宋时为镇伏所谓"西楚霸王潮"，而建西汉七十二将的土地庙以镇潮，故当地平民百姓建曹王祠供奉曹参，希冀以其神力抵御潮水的侵害，此说应该有相应的证据。如今上海闵行还有个"大圆通寺"，这是新近的改名，它的原名叫纪王寺，隶属于原上海县的纪王镇，宋元间，吴淞江潮汛肆虐，江畔居住着七户纪姓渔民，所以又称为"七家村"，即纪王村的前身，为镇住江潮灾难，七户纪姓人家设立了纪王庙，祀汉将纪信以镇之，这就是"纪王寺"的开端和由来。

　　古代上海民众为镇住潮神楚霸王，在吴淞江沿岸建立的汉初功臣庙宇祠堂就有72座之多，历史的沧桑变化，这些小庙大多早已化为烟尘。如"彭越浦"，就是元大德三年（1299）僧德宁在此建彭王庙，供奉辅佐刘邦灭楚的汉代功臣梁王彭越，以永镇潮神，祈求一方岁岁平安。桃浦两岸曾有两座陈平庙（祭祀汉曲逆侯陈平），双浦两岸也曾有两座燕王司祠（祭祀汉燕王卢绾），宝山境内还有盛桥永寿寺（祭祀汉长沙王吴芮），杨行的宝胜庵和月浦的周世观音堂（祭祀汉赵王张耳），原上海县纪王乡的邬城庵、鹭山庵、慈济庵（祭祀代刘邦死难的汉将纪信）等等。

　　吴淞江沿岸的祭祀功臣庙，从性质上分析，当然不能与名山大川的壮观寺庙相比，说到底，属于乡里祠，也就是简易的土地庙，是为一方祈

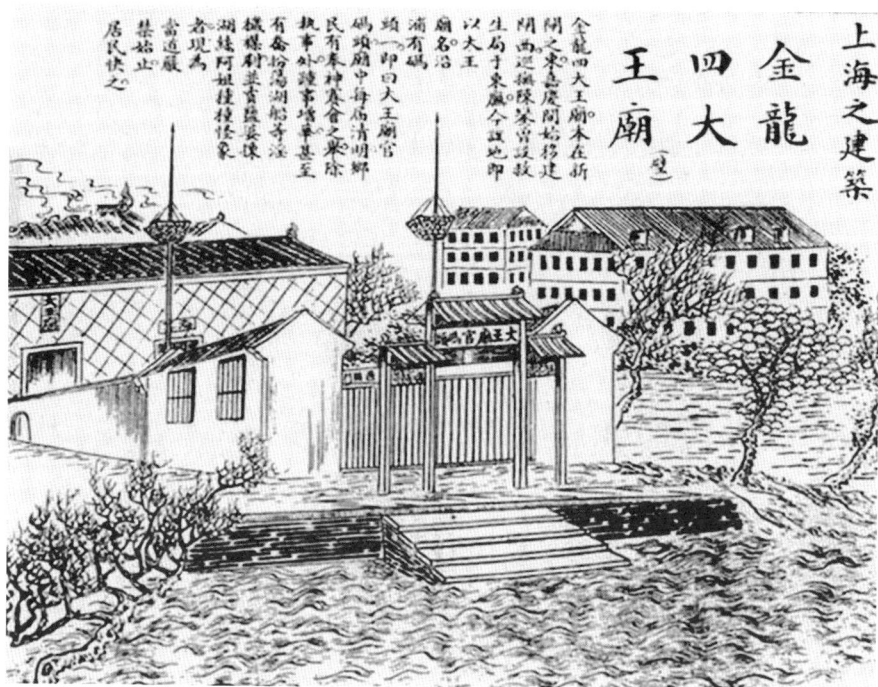

清末《图画日报》中记载的金龙四大王庙官码头

福消灾的保护神而奉祀的香火。但其规模、神像的服饰等又都非一般土地庙可比,往往都有特定的庙界和范围,保佑一方水土平安,因而深得乡里民众的重视,特别是每到清明节、中元节、十月初一、冬至节及春秋社日,都会有地方上的头面人物——乡绅与里正等率众祭祀,在民间各种神祇的诞辰日或忌日也举行祭祀仪式,遇到自然灾害如大风潮或者涝灾,就更加会祭祀。四时八节热闹的迎神赛会,也会在这些庙宇前举行,成为当地民众一个热闹的日子。如新闸大王庙,又称金龙四大王庙,位于今成都北路苏州河新闸桥南堍,是正一派主要道观之一。清同治《上海县志》:"金龙四大王庙,在新闸东。嘉庆间,移建闸西。巡抚陈銮设救生外局于东庑。"祀奉者多数是江苏往来上海的船民。暮春三月，乡民聚集该庙，迎神赛会，热闹异常。

吴淞江的滔滔洪水，造就了岸边数不清的小庙，但不论是江神，还是人神，它们的神性是后人对它加以附会想象而赋予的，都被视为超自然的神秘力量，它造就了古代上海人民的早期信仰、水，流淌在上海民众的历史信仰中。

"一庙三城隍"的城隍信仰

城隍作为神，是由《礼记》中所谓"天子大蜡八"而来。天子要祭八种神，其中有"坊"与"水庸"，大略是对城堑、护城沟渠之祭，是对城市守护神的祭祀。后经道家文化的改造，城隍是冥界的地方官，职权相当于阴界的市长。因此城隍就跟城市相关并随城市的发展而发展。城隍神原本为中国民间信仰中的城市保护神，平时保佑一方百姓不受水旱疾疫之苦；战争时保佑守土平安、城市完固。宋代将它列为国家祭祀活动之一。元代曾加封大都城隍神为护国保宁王，城隍夫人为护国保宁王妃。明代崇祀城隍更盛。明太祖朱元璋在洪武二年（1369）诏令天下，将都、府、州、县各级城隍分别封以王、公、侯、伯的爵号。城隍信仰经历了从地方到全国；信仰受众从民间到官方的过程，到明代初年，经过国家的提倡，实现制度化，并随着明清以来的城市发展而具有广大的影响力。

上海城隍庙的源头可以追溯到宋代的上海镇治，元至元二十九年（1292），上海县设立，建县之初，百业待兴，淡井庙成为上海的城隍庙。原设在淡井庙的华亭县城隍行宫，成为上海县的城隍庙。相传古代金山一

上海镇最早的城隍庙——淡井庙遗址

带常被海潮侵袭，西汉名臣霍光成神后大显神威解决危难。老百姓为纪念他，就在金山建了霍光祠，之后在上海县建了霍光行祠。上海建县后，由于淡井庙离县城太远，老百姓祭拜非常不便，后来干脆断了香火。明永乐年间，时任上海知县张守约想到一个两全其美的办法，把霍光行祠改成城隍庙，城隍庙的新主人名叫秦裕伯，明初人，是北宋著名词人秦观的后代。《弘治上海志》卷四记载，上海知县张守约在"县西北长生桥西"的金山神主庙中增祀上海县城隍秦裕伯，成就了上海城隍庙近六百年来"前殿为霍、后殿为秦"一庙二城隍的格局。

晚清时期上海城隍庙

　　"一庙二城隍",指的是将汉将霍光与秦裕伯并存,这个现象出现在明代,它显然与吴淞江古河道的治理有着密切的联系。吴淞江水利没有完全治理,显然还会继续沿袭以汉将功臣霍光将军来镇守"霸王潮"有关,明代,随着黄浦江的开凿成功,水害已经不是主要矛盾了,明代上海社会有诸多复杂的人事需要治理,这个时候,朱明王朝选择了秦裕伯。

　　这里简单介绍一下上海城隍秦裕伯。秦裕伯(1296—1373),系宋代著名词人秦观(秦少游)八世孙,扬州人,秦裕伯祖父秦知柔家族兄弟数人,在南宋咸淳年间为避乱由扬州渡江南下。其中,秦知柔一家定居上海县,先是在淡井村居住(淡井庙就是现在的永嘉路12号处,那里曾经是上海最早的城隍庙),秦裕伯在此度过童年,后随父秦良颢,定居在今闵

上海城隍秦裕伯画像

行区浦江镇陈行题桥。在元代深重的民族压迫下，秦裕伯48岁才辗转山东大名府科考取进士，出任湖广行省一个正八品的办事小吏。元至正十年（1350）任山东高密（今属潍坊市）县令，七品，有政绩，至正十三年（1353）升任福建省郎中，正五品，一年后再次升迁，历任正三品的延平路总管、从二品的御史等职，出于对元末分崩离析的时局丧失信心，也为了照料年迈的双亲，于至正十四年（1354）毅然辞官，先回扬州小住，后返上海故里，是年已经58岁。元至正十六年（1356），占据苏州的义军张士诚为扩张势力，两次派人到上海县请秦裕伯到苏州做官，秦裕伯固辞不允，为避免纠缠，他只能带着老母出外隐居。

可是终究还是逃不过命运的安排，不久，上海县就出了一件大事——上海县人钱鹤皋反明造反兵败，被活捉押送南京处决，据传行刑时喷出的血是白的。朱元璋一直心神不安，还发现宫内厉鬼作祟，朱元璋冥思苦想，最终认为钱鹤皋是上海县人，必须有一位上海高人把他镇住，于是就想到了秦裕伯。

于是，朱元璋就派人给秦裕伯传令，要他出山任职，秦裕伯以母丧守制未满而推脱。洪武元年（1368），朱元璋再次令中书省征召秦裕伯，秦裕伯称病固辞不就，朱元璋大怒，下了一道手谕："海滨民好斗，裕伯智谋之士，而居此地坚守不起，恐有后悔。"（《明通鉴》卷三）这道手谕是充满杀气的，倘若秦裕伯再不从命，必定招致杀身之祸。秦裕伯接到朱元璋手书，"涕泪横流，不得已偕使入朝"。再度出山为明王朝的统治服务，直到晚年致仕回乡。洪武六年（1373）七月二十日，秦裕伯病逝于上海家中，葬于乃父秦良颢墓旁。朱元璋得知秦裕伯死讯，说："生不为我臣，死当卫吾土"，遂敕封为上海城隍神，追赠他"显佑伯"，称"上海邑城隍正堂"（褚华撰《沪城备考》6卷）。据说上海县陈行乡曾经有秦公墓；一直保存到20世纪三十年代，又据说"秦公墓"1958年被毁，好在秦公墓中的青石盒还存留，现保存在闵行区博物馆里。

图为1930年代闵行区浦江镇陈行乡题桥秦公墓的墓道

1937年抗战爆发后，上海老百姓将当年抗英英雄陈化成将军的神像抬进城隍庙，希望他能保佑上海一方平安

话题回到朱元璋敕封秦裕伯为上海城隍神后，上海民众也无法抹去"汉将功臣"霍光镇守水患的信仰，那就既起用秦裕伯，又保留霍光，形成上海城隍庙"前殿为霍、后殿为秦"的一庙二城隍的格局。1930年代，日本帝国主义对我国发动侵略战争，上海人民想起了老英雄陈化成，1842年6月16日江南水师提督陈化成率部与英国侵略者殊死搏杀，陈化成与八十余部众全部壮烈牺牲，血染吴淞口。上海民众有感于陈化成英勇战斗、不怕牺牲的大无畏精神，奉他为神，塑像以祀。抗战期间，十分庄重地将他的座像由陈公祠抬入城隍庙。当年大殿上供奉的陈化成塑像，满面红光、神采飞扬、目光炯炯、栩栩如生，备受百姓尊崇。经历代修葺扩建的上海城隍庙，出现了"一庙三城隍"的盛况，城隍庙终与上海县署隔浜相对，成为上海县政治生活中不可缺少的公共空间。几百年来，上海城隍庙屡毁屡建，但其殿宇在建筑风格上仍保持着明代格局，整个殿宇宏伟，飞檐耸脊，气势庄严，从而一直成为上海的地标性建筑。

值得注意的是，原先的城隍信仰只是一般民众所祭祀与供奉，而明代开国后，朱元璋将城隍祭祀纳入祀典，把城隍神作为国家正祀的对象，赋予其保城护民、督官摄民的"神职"。从明代起，城隍信仰变成了国家信仰，朱元璋在《封列城隍文》中说："凡城隍之神，皆新其命……司于我民，监于郡政。"他甚至对大臣宋濂说："朕立城隍神，使人知畏，人有所畏，则不敢妄为！"朱元璋把祭祀城隍制度化，将城隍神在阴间也管理百姓、监察官员，让善恶各有所报。他的这套"城隍理论"，其用心就是使民众"不敢妄为"，以便明王朝的一统天下能传之万世。

尽管城隍信仰被朱元璋以国家力量上升为国家信仰，城隍信仰成为正统的"礼制"。但对于一般上海民众而言，恪守城隍信仰，并在清代逐渐将城隍爷变成了自己的城市信仰，从晚清到民国，源于传统的上海城隍信仰，经历了"亦官亦民"到"日益大众化"；"信仰一元"到"信仰商业化"的过程，这一过程体现了精英文化与民间文化、信仰文化与商业文化在近代上海社会生活中的博弈与重构。

上海民间对于城隍信仰保留了特别虔诚的奉祀，"御灾捍患，素者威灵"，士民对其感恩戴德。每重祷献，而于城隍庙尤甚，如祈病祈福，富室用全猪羊，贫者用三牲首。除夕日，家家户户备牲醴，前往城隍庙瞻拜。牲醴香烛，源源而来，香火称旺一时。每年清明、中元、十月朔，城隍神出巡祭厉坛，迎送间，彩旗、灯幡、鼓乐、戏妓、烟火、舆马，备极豪华、隆重，"虽王侯不能拟，官府不能禁"；与此同时，上海城隍信仰又不只是仅仅在"奉祀"中止步，而是在给城隍神提供栖身场所和发展空间的同时，加速城隍信仰的普及化，把城隍信仰上升为城市信仰，并且让城市信仰助力上海城市经济发展，所以，明代以后逐渐出现了集城隍信仰、商品交流、民间艺能表演于一体的城隍庙会，就不是奇怪的事情了。

城市信仰渊源于城隍信仰，是城隍信仰的伴生物。起初出于为城隍信仰活动服务的目的，而最终反客为主，成为城市中最主要的、最有活力的集市贸易活动，恰如颐安主人《沪江商业市景词·城隍庙》竹枝词所吟："城隍庙内去烧香，百戏纷陈在两廊。礼拜回头多买物，此来彼往掷钱忙。"这可以看作城隍信仰与近代化过程中的城市信仰的互动。宋代以来，江南以经济繁荣社会富庶而蜚声全国。明中叶以降，特别是黄浦江河道的开凿，上海依靠黄浦江生存、长大，走向繁华，出现了上海市镇的黄金时代。随着这个黄金时代的来临，上海周边一些集镇也都纷纷建立了城隍庙。这可以看作是上海城隍信仰与城市信仰的一个反证，这些集镇由于修建了城隍庙，庙会及各种信仰活动吸引了周边地区的众多民众，汇聚了人气，从某种意义上说又进一步促进了市镇经济的繁荣和发展。

"猛将庙"祭祀

吴方言，包括上海话中都有"闹猛""轧闹猛"之说，意思是赶"热闹"。"闹猛"一词，在吴方言区使用频率很高，如今在上海话里有一个俚语就叫"轧闹猛"，准确地说，它的含义就是社会学上说的"从众效应"，越是人多的地方，越是喜欢去扎堆，也许用现在的话说，就是"爱围观"。在互联网充分发达的态势下，这种习俗如今也在发生流变，变成一种关注与"吸引眼球"和公众注意力的社会现象，夹杂着"猎奇、惊叹、兴奋、无奈、热闹、烦恼"……有什么办法，似乎当今人群之间的轧闹猛与围观，成了一种见怪不怪的常态化现象。

"轧闹猛"习俗最早与猛将信仰有关。明清时期，苏沪地区的许多地方都建有祭祀"驱蝗正神"刘猛将的"猛将堂"，民间祭祀猛将的活动主要在春节，从农历正月初一开始，可延续到元宵节后。它同春节期间农村的庆祝和娱乐活动结合在一起，场面十分壮观，成为声势浩大的民俗活动。上海中心城区留下了不少"猛将庙"祭祀的遗存，如在虹口区吴淞路海宁路口，附近民居的弄堂口的横梁上，至今还留有"猛将弄"的字样。据有关史书介绍，上海的猛将庙原在上海城厢陈士安桥街上，后迁往城隍庙正殿之西，相传正月十三为刘猛将忌日，民间要进行隆重的祭祀活动。大约在1900年代，时值晚清社会，上海社会有人组织在城隍庙举行"三巡会"时，不小心引发了一场大火，整个邑庙，一片火海，猛将庙难逃这一劫，于是人们不忍心猛将庙被毁，灾后重建了一座猛将庙，不过不叫"庙"，而称为"堂"了，地址也从老城厢内迁到北面租界内的吴淞路。1918年出版的上海地图中，吴淞路海宁路口还特地标出一条"猛将衖"，衖（xiàng）是一个汉字，古同"巷"，也是"弄"的异体字。20世纪二三十年代，虹口海宁路吴淞路这一带有"小东京"之称，人来人往，很是热闹。"猛将堂"也随之热闹起来，租界内一种名叫"花会"组织会胡搞，明明是赌博，却将上海话中的"梦奖"与"猛将"谐音，于是，吸引了诸多红男绿女来参与赌博，到猛将堂拈香拜神，希望自己"梦奖"成真，最后组织"花会"的组织也搬进了猛将弄内。"轧闹猛"也就成为一种赶热闹的都市习俗而存在，进而成为上海话中的一个俚语。

驱蝗神信仰是传统农业社会重要的民间信仰之一。如今蝗虫为害仍然是一个世界性难题。太湖流域是江南稻作文化的发源地，这里的民众一

苏南与上海的吴地，乡村农民自发举行"抬猛将"的迎神活动，虔诚地纪念"刘猛将"和对来年风调雨顺、农作物丰收的期盼

般都信奉猛将神，因为他是稻田的保护者，农田的守护神。据说猛将最初是一位孩童，在帮助村民驱除啃噬稻谷的蝗虫时牺牲，当地人便逐渐形成在农历正月十三日，猛将诞辰日当天举行"抬猛将"的习俗，以此祈求平安和丰收。例如浦东庆云寺始建于明万历年间（1573—1620），其早先就是"猛将堂"，后废圮。

　　刘猛将军信仰由民间到列入国家祀典之前，已存在于太湖流域的民间社会中，如没有以下条件，也许刘猛将军信仰仍是区域性的，造成它被官方所认可的时机在清康熙乙亥年（1695），这一年华北平原闹蝗灾，沧州、静海、青县等处飞蝗蔽天，当时身为直隶守道的李维钧一面加紧捕治，一面诚心向刘猛将军祈祷，使他成为刘猛将军信仰的有力推动者。正是由于李维钧的活动，才使得刘猛将信仰最终突破民间俗信走上官方祀典。

　　与其他民间信仰神的祭祀不同，刘猛将在民众心目中是一位可亲可近的神。人们祭祀他，又同他一起娱乐、游戏。在上海松江、崇明等地，祭祀猛将庙的迎神赛会都要抬出"猛将老爷"游行，对其他神灵的祭祀，大抵是恭敬有加的，唯独对"猛将老爷"可以抬着（或背着）他跑、跳，同他开玩笑，甚至把他跌得粉碎，一如清人的记载："农人弁猛将，奔走如飞，倾跌为乐，不为慢亵"，民众以此为乐，这位"老爷"绝不会发怒。据当代民俗学者的田野调查，民间祭猛将的活动主要在春节和秋季，祭祀活动分为春秋两季，春季祭猛将要从农历正月初一开始，延续到元宵节前后，它同春节期间农

江南地区的猛将祭祀，刘猛将军被封为专治蝗虫的民间虫王

村的庆祝和娱乐活动结合在一起。在苏州东山、西山的一些乡村特别热闹，正月初一清早，各地农民抬着猛将像巡游村寨"贺年"。猛将的仪仗以杏黄大纛（旗）为引导，敲锣打鼓。每到一村，先绕村场游行一周，放鞭炮。拿着猛将的"帖子"，与该村的猛将"互访"，实际上是各村村民互相祝贺，互道吉祥。正月十三，是刘猛将的生日。这一天，在猛将庙中点燃巨烛，称"满算"。正月十五元宵节，各村上灯。猛将堂前立一大竹竿，挂"塔灯"（一串吊起来的大灯笼）。至此，春节祭猛将的活动结束。秋季祭猛将的活动称为"青苗会"或"青苗社"。时间多在农历七月半（即中元节）前后。会期一般为三天。农家在田里插五彩三角纸旗，称作"猛将令箭"，表示猛将下令驱除害虫，实际的作用是驱赶啄食稻实的麻雀等飞鸟。最后"送驾回宫"，活动结束。

刘猛将的神格，历史文献记载是驱蝗神，但在吴方言区的民间信仰中，它不止于驱蝗，或者说主要不是驱蝗。例如民国《川沙县志》卷十二记载，在川沙地区共有十一座刘猛将军庙，在长人乡一处即有三座刘猛将军庙。刘猛将是一位颇具特色的地方神，在江南地区农民祈求他驱除农作物的病虫害，风调雨顺；渔民祈求他捕鱼平安丰收；蚕农祈求他保佑蚕花茂盛。在江南民众心目中，他是一位热心为民、有求必应，而又可亲可近的地方保护神。刘猛将还具有保境安民、保家卫国的神格，据说在抗日战争时期，浦东民间还有祈求猛将显灵惩罚日本鬼子的传说，在《猛将神歌》中有猛将"杀退倭寇"的故事。在川沙合庆猛将堂附近共有海潮寺、杜浦亭庙等六座建于明、清时期的佛教寺庙，且信众较多，因此，1992年经当时的川沙县人民政府批准，将六所寺庙集中起来，并于1994年在猛将堂旧址上重建寺庙，命名为"庆云寺"，当时占地十亩左右。

金山三岛的传说

关于金山县的历史地理，谭其骧教授当年评新编《金山县志》："金山县得名于金山。金山本是陆上一山，后来沦入海中。山上山麓既有新石器时代的遗存，又有历史时期的聚落城堡寺庙港口见于记载。沦海后只露出三个顶峰在海面上，形成大金山、小金山、浮山三个岛屿。"（载《上海地方志》1991年第2期）。1935年考古学者在金山发现了戚家墩遗址，同年《人言周刊》第31期发表了《金山康王故城》，作者是考古学家卫聚贤，他认为：前在金山所发现之陶器，与余在栖霞山发现之石器，及越夏之少康后裔有关；金山（非金山卫）有此陶片甚多，相传山下有一古城，水浅时可见，后余考证于《海盐图经》，有金山与陆地相连，金山西

坐落于金山区南部，杭州湾北岸，距金山嘴海岸约6.2千米。由大金山岛、小金山岛、浮山岛以及邻近海域组成

北有康王故城之说，与本地人传说相符合。"康王故城"的发现，因与南方历史文化上渊源极深，很有价值。中华人民共和国成立以后又陆续发现南阳港遗址、亭林遗址、查山遗址和招贤浜遗址。

根据考古学者与历史地理学者研究的成果，基本可以推定，公元前21世纪时，今大小金山（古时名黄花山）一带有大片原野叫鹦鹉洲，滨海原野上星罗棋布的大小湖泊，逐水而居的先人部落生活其间，"云间"之名，也许就是当时北方移民对这一地区的称呼，后成为特定地域的代名词。鹦鹉洲地域筑有大京城（又名宁海城），时大金山称作黄花山。周康王时期垒筑东京城（后反复易名为康城、前京城、东京城），黄花山改名钊金山、钊山、金山。康城先后作为国、邑、县的首府，历时两千多年。秦汉时期曾设海盐县。南北朝又先后设前京县、胥浦县。唐复设海盐县，之后行政建制多变，直到唐天宝十年，金山地属于华亭县。

金山三岛原先是鹦鹉洲地域，并筑有"康城"，与金山本土连在一起的，由于长江南岸沙嘴的发育，加之海水动力条件随之发生相应改变，杭州湾北岸所受的侵蚀作用急剧加强，金山卫及其附近一带岸线开始向北塌进，往后退缩。至唐末五代，金山岸线已紧逼金山脚下。宋代绍熙《云间志》寺观条载云：慈济院，在海中金山绝顶。金山已与陆地脱离，南宋淳熙十一年（1184）八月大风雨海溢，康城沉海。大约在宋末元初，鹦鹉洲已完全消失，因此在元至正（1341—1370）以前，大小金山已成"两鳌之岛"，"出没于云海之中，如壶峤之在溺流外也"。随着鹦鹉洲的消失，金山故城也相应入海，在大小金山之间便形成一道海峡，史称"金山门"。

作为上海最后一个渔村，金山嘴渔村历经千余年的潮涨潮落

金山三岛位于东经121°24′～25′，北纬30°41′～42′，距杭州湾北岸陆地最近点（金山嘴）约6公里。由大金山、小金山、浮山三岛组成。根据2013年公布的上海市海岛普查名录，按照新的岛屿定义，新增大金山北岛和浮山东岛以及大金山东礁和浮山一礁、二礁、三礁。目前，金山三岛实际意义上是五岛四礁，只是习惯上还是称作金山三岛。说起这三座小岛的名字，还流传着一段金山嘴渔村金鸡的神奇传说，说得是勤劳的渔民与凶残的渔霸作斗争的民间故事。

妈祖信仰与六十甲子太岁

城市是发展的，创世神话与城市信仰则交互渗透。例如妈祖是宋代

晚清上海河南路桥堍下祭祀妈祖的天后宫景象

民众的创世神话，也是海上丝绸之路沿线区域民众共同崇拜的海洋保护神。妈祖信仰从宋代开始传入上海，经过元明两代的发展，于清代达到鼎盛。上海地区拥有大量官建妈祖庙和会馆妈祖庙，主要分布在沿海、沿江码头以及商贸中心地带。官方出于漕运、海防、御灾及外交的需要，通过敕加封号、庙宇修建、御赐匾额、行礼致祭、志书记载等方式对妈祖信仰进行提倡和褒扬。民间商人则积极捐资修建妈祖庙，虔诚举行妈祖祭祀活动，成为上海妈祖信仰传播的主体。于是在北宋建隆元年（960）诞生于福建莆田湄洲岛的一个贤良少女林默娘，就被创造成海神，深受爱戴，声名远播。上海虹口区海门路昆明路附近的下海庙，这里的香火曾经十分兴旺，如今的下海庙却是一座佛教的庵堂，虽然还有一座妈祖像供奉着，却是信众寥寥。究其原因，与信众的人口迁移离散以及与他们的职业特点不无关系，当年的上海浦两岸众多的渔民、船民，以打渔为生，他们的合力造就了妈祖庙前的香火鼎盛；如今上海人口的职业构成，渔民与船民极少，信众的基础改变了，妈祖信仰作为整体的城市信仰的构成也处于岌岌可危的边缘状态。

这些事例恰恰在反证着创世神话与城市信仰的双向回流、互动互生，城市化之前的乡村信仰依然是城市信仰的底色。从感恩自然神的馈赠到感念人格神的引领，城市信仰中对于生命的珍爱、秩序的重构、知识的尊重和英雄的崇拜，可以构成整个社会的伦理秩序，建构人们心理相通、和谐平衡的法则。

此外，上海人对于生肖"本命年"与"六十甲子"的联系，一个人出生的那年是农历什么年，就有一个相应的生肖属相，那么以后每到这一属相年便是此人的本命年，由于十二生肖的循环往复，每过12年轮回一次，许多人为了趋吉避凶，消灾免祸，就要去拜太岁。其实"六十甲子"，本是中国人创制的时间坐标，是中国人时空观的精华。明王朝将"六十甲子"改造成"六十神仙"，并且选定了从春秋直至明初的六十个有名有姓的道德人物，将他们请上神坛，封他们为护佑生命信仰与城市信仰的"大将军""守护神"，当然道家文化也对"六十甲子"改造成"本命元辰"。

这六十个有名有姓的人物，有的是为官清廉的良吏，有的是为国成边的战士，有的是抗倭的将领，有的是孝行感人的忠臣，有的是诚信经商的商人，有的是才高八斗的文士，包括忠于婚姻、拾金不昧的贩夫走卒……朱元璋将这些道德忠义之士推上神坛，册封为"太岁"神仙，如果撩开道教的改造与包装，认真审视，就会发现其中包含着丰富的关于追求真、善、美的道德元素，如"诸恶莫作，众善奉行""不偷盗""不与俗

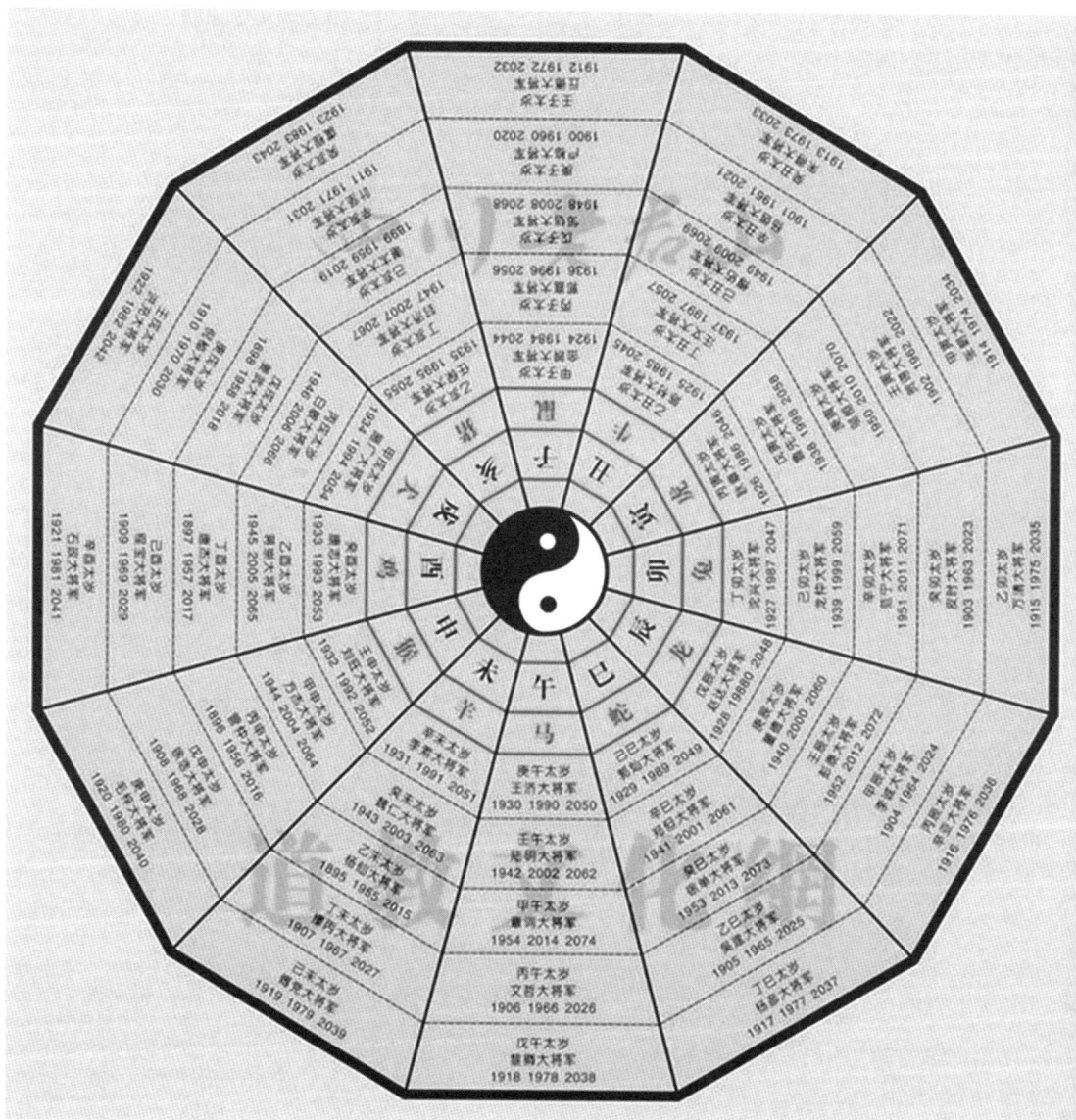

六十甲子图

争""父慈子孝""乐人之吉、恤人之苦、周人之急、救人之穷、慈心于物"等，比如"不得口是心非""不得绮言狂语""不得不忠不孝不仁不信""诚信不诈""不淫不盗""慈俭素朴"，这些东西有哪一样与现代文明发生抵牾呢？这些因素，在调节社会关系、推动社会进步的过程中释放着正能量，也正是这些积极因素，对于当今中国人弘扬和平尚德、伦理至上精神，已经成为一种自律性的集体无意识，而深刻地影响着当代民族文化整体的发展。

第十四章
千年变局中的"县市分治"

组建"上海特别市"前后

上海开埠后，当时把上海县洋泾浜以北一带（在上海县城外面）划为洋人居留地，接着形成英租界。道光二十八年（1848）以虹口一带划为美租界。道光二十九年（1849）以上海县城以北、英租界以南一带为法租界。同治二年（1863），美租界与英租界合并成立公共租界。与此同时，苏州河以北老闸和新闸一带因大量贫苦农民的流入，逐渐兴起。今天上海的核心城区开始形成的格局大体如是。

到1920年代，千年变局中的上海情势，上海再也不是"小苏州"，它早已经是"大上海"了。国内形势也在急遽地发生变化，随着北伐战争的节节胜利，国民政府要将上海掌控在它的统治之下。"上海特别市"的建制在酝酿中。首先出现的一个机构名称叫"淞沪商埠督办公署"，1926年5月4日军阀孙传芳成立了淞沪商埠督办公署，自任督办，委任丁文江为总办，设公署衙门于龙华原护军使署内。《淞沪商埠督办公署组织大纲》规定，公署有权管理淞沪商埠内的一切行政、外交、治安事务，监督地方自治运动。督办由联军总司令兼任，总揽一切政务，有权任命包括总办在内的所有官员。另设总办一人，在督办监督下指导本署各职员的行动。督办不在时，总办得代行其职务，但遇有重要事务仍须请示。公署下设总务、外交、政务、保安、工务、财政六处，其中外交、政务、保安三处的处长分别由江苏特派交涉员、沪海道尹和淞沪警察厅长兼任。其筹备工作可回溯至民国十三年（1924），时孙传芳拟划上海县城区、宝山县吴淞镇及附近地区为淞沪特别市区，民国十四年（1925），奉军南下，江苏省省长韩国钧宣布上海为特别市，直隶中央政府，但随后孙传芳驱逐奉军，重新占据上海，并于民国十五年（1926）5月在龙华设立了这个机构。民国十六年（1927）3月21日，白崇禧部占领龙华，接收公署，公署于22日上海特别市临时市政府就职典礼之日起撤销。

1927年3月21日，在北伐战争中高歌猛进的国民革命军进驻上海，3月，北伐军攻抵上海附近的龙华。北伐战争还在进行中，拟担任上海特别市第一任市长的黄郛就奉蒋介石之命筹划战争胜利后控制上海的计划，黄郛召集了一批幕僚，草拟了一份《上海特别市组织法》，规定"上海特别市"直隶于中央政府行政院，也就是类似于现在的直辖市。

上海特别市的行政辖区原本是考虑以租界为中心，但实际上未能接管租界，只是包括上海县城、华界及周边的一些乡村地区。1927年，南京国民政府宣布撤销淞沪商埠督办，在其行政区域的基础上划入宝山县所属大场、杨行、松江，青浦所属七宝乡的一部分，松江县莘庄乡的一部分和南汇县周浦乡的一部分，组建上海特别市，直属于中央政府。作为从传统行政体制中脱离出来，并将与省建制具有同等行政地位的特别市，这种建制的设置，必然会因其涉及地方利益和资源的重新配置而在建制过程中阻力重重。

上海特别市第一任市长——黄郛

从上海县到"上海特别市"，既然称"市"，其辖区就要有"区"一级的建置，原计划下设沪南、漕泾、法华、蒲淞、闸北、引翔、殷行、吴淞、江湾、彭浦、真如、高桥、高行、陆行、洋泾、塘桥、杨思、曹行、塘湾、闵行、北桥、颛桥、马桥、三林、陈行、大场、杨行、七宝、莘庄、周浦等30个区。

1927年7月7日，上海特别市政府正式宣告成立，黄郛任市长；市政府下设秘书处暨财政、工务、公安、卫生、公用、教育、土地、农工商、公益等，即所谓"一处九局"，分别接管原上海市公所、沪北工巡总局、上海县清丈局、淞沪卫生局等机构。中央政府将上海市内的行政、治安等权限委托给了由其任命的上海特别市市长。上海市市长领导着市政府各部门和各警察单位，负责指挥城内的驻军，并有权任免城市各级官员。

说是30个区，但当时上海、松江等县均隶属于江苏省政府。由于上海毗邻租界的各县对江苏省的发展具有重要意义，使得江苏省在上海特别市行政区划方案上与中央政府存在利益分歧，因此，中央政府制订的上海特别市方案并未如期实施，原上海县所辖曹行、塘湾、闵行、北桥、颛桥、马桥、三林、陈行以及宝山县大场、洋行等，存在划界争执，还继续留在各自的县内。所以，上海特别市实际辖区只有17个市乡。

1928年，南京国民政府才正式公布《上海特别市组织法》，于是上海特别市根据该法对机构作出重新调整，同时还规定了行政区域划定的具体办法。

曾经的旧上海特别市政府——绿瓦大楼，1990年代修葺后摄影

根据《市组织法》，1930年7月1日，上海特别市正式改称为"上海市"，并沿用到今天。尽管上海正式被改称为"市"是在1930年，但因为"特别市"是第一次把"市"作为行政区域单位确定下来，所以一般把1927年7月7日上海特别市的建立作为上海建市的开始日。

上海市首任市长是黄郛。黄郛（1880—1936），字膺白，浙江嘉兴人。1905年在日本加入同盟会，先后参加过辛亥革命、二次革命、护国运动、北京政变等，与陈其美、蒋介石在"打铁浜"的陈其美寓所义结金兰，成为结拜兄弟；上海光复后，陈其美任沪军都督府都督，黄郛任沪军第二师师长，蒋介石任光复军团长。历史的机缘将黄郛推上了上海市首任市长的位置。

因当时上海黄金地带已分别被法租界和公共租界占据，从1927年至1933年，上海市政府的治所只能在靠近徐家汇枫林桥地区的平江路上。

自民国十六年（1927）7月7日，上海特别市政府成立，当时沪市府负责公共租界、法租界和华界三区进行市政管理，公共租界为"第一特别行政区"，法租界为"第二特别行政区"。

1937年7月7日，上海特别市成立十周年纪念，在江湾上海市中心区举行大型的展览会，市政府广场上人头攒动，热闹非凡。

"大上海"计划始末

孙中山在民国十一年（1922）所著《建国方略·实业计划》一书提出：上海"苟长此不变，则无以适合于将来为世界商港之需用与要求"，进而提出"设世界港于上海"，设想是很宏伟的。

当时上海是海内外公认的中国最现代化的城市，是中国贸易、金融、工业和交通的中心，拥有国内最大的商埠与国际贸易港，但这都指的是租界，但当时的南市和闸北，就显现出鲜明的反差。远眺上海租界以外地区，到处是成片的田地、农舍与河流。南市和北市，好比是富豪与叫花子。于是，当局把目光投射到黄浦江下游浦西吴淞和江湾之间的大片未经开发的土地，只要吴淞开港有望，这里就能够成为一个新的繁华市中心。建设新上海的计划就在吴淞和江湾之间酝酿和发酵了。

"大上海计划"包括"市中心区域计划"，将整个上海城划分为五大区域：行政区、工业区、商港区、商业区和住宅区；"港口铁路计划"，在吴淞建设新港，使其成为振兴贸易发展的港口，成为实现大上海计划的重要引擎，分别设立铁路货运总站和客运总站，并加建一条从北站抵达江湾和吴淞的铁道线；"全市道路系统计划"，设想很是宏伟。根据拟定中

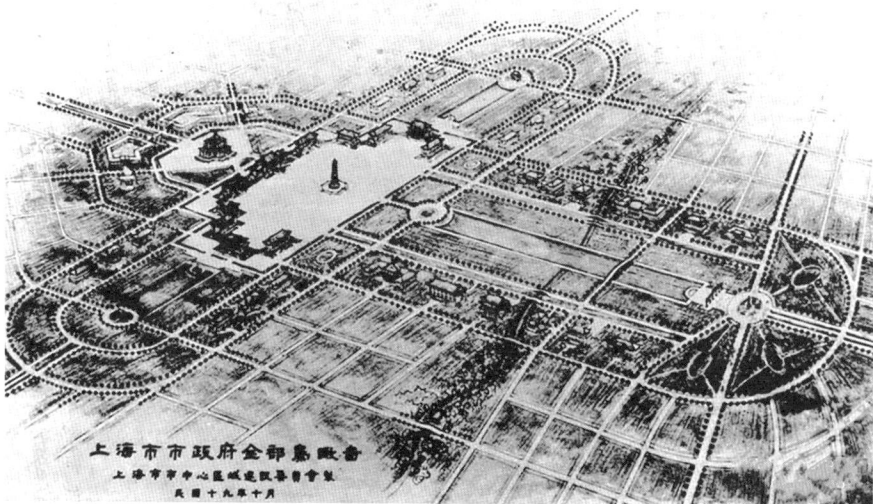

"大上海计划"中上海市政府全部鸟瞰图

的"大上海计划",将江湾一带约7000亩的土地划为市中心区域,兴建一系列市政建筑,形成形状为一个"中"字形的行政区,其中的道路系统计划围绕这个"中"字为发散形的格局,其正西、正东、正北、正南四个方向开辟四条主干道,分别为三民路(今三门路)、五权路(今民星路)、世界路(与今同)和大同路(未建成),反映了当时国民政府"三民五权、世界大同"的政治理念。在翔殷路与淞沪路、黄兴路的十字交口处再开辟一条其美路(今四平路),构成五角场格局,这项格局至今仍然保存完好。

民国十九年(1930)7月7日公布计划全文,随即测定市中心区域路线,订立界石,首先修筑道路,先后建成了其美路(今四平路)、黄兴路、三民路(今三门路)、五权路(今五星路)、淞沪路、翔殷路等。全市道路系统改建,计划修筑干道20条,形成全市干支相连的道路系统。按照计划,当时总共将构筑11条"中"字打头的马路,10条"华"字马路,5条"民"字马路,10条"国"字马路,9条"上"字马路,13条"海"字马路,15条"市"字马路,12条"政"字马路和8条"府"字马路,组合起来正是"中华民国上海市政府"9个字,并且把市中心区域(即新上海)划为政治、商业、住宅三部分,以五角场为中心形成蜘蛛网样的干支道路系统,用三条马路:黄兴路、其美路(今四平路)和翔殷西路(今邯郸路)分别接通杨浦、虹口和闸北,用两条马路:翔殷路、淞沪路通向"大上海"腹地,构成既相分割又互为联系的街区。

"大上海计划"实施前后共7年,民国二十一年(1932)淞沪抗战时,曾受到破坏,以后继续施工。先后完成了部分项目有:(1)市政府大楼：共4层，建筑面积近9000平方米。楼前有可容10万人集会的广场。北面建中山纪念堂，前竖孙中山铜像，为美术家江小鹣雕塑。民国二十年（1931）6月，市政府新厦正式开工，次年1月市政府房屋已竣工十分之七、八，因"一二八"淞沪战争爆发，工程被迫停顿。同年6月决定续建市政府房屋，至民国二十二年（1933）10月初竣工，民国二十二年（1933）10月10日举行落成典礼，市长吴铁城对10万余中外来宾和民众发表演讲，并有飞机9架飞临上空祝贺。（2）社会、工务、公用等各局办公楼，6500平方米。（3）建成了上海市体育场（今江湾体育场），占地300亩。由田径运动场、游泳池、体育馆3大建筑组成。体育场可容纳观众60000人，游泳池和体育馆可容纳观众各5000人。民国二十四年（1935）10月交付使用，当月举行了第六届全运会。（4）建成了市立博物馆：为高24米的两层建筑，建筑面积6860平方米。民国二十五年（1936）2月建成并对外开放，当时首次展出的中国建筑展览会，参观人数超4万，为中国建筑史上的一次空前盛会。（5）市立图书馆：为高25米的两层建筑，建筑面积6940平方米。民国二十五年（1936）6月建成并对外开放。拥有藏书50万册，其中珍本4000余册，由蔡元培、王云五、张元济、李公朴等8人组成董事会。

此外，还完成了包括黄兴路等在内的72条道路、虬江码头、市立医院、音乐专科学校和有5378平方米建筑面积的36幢花园洋房等，人称"三十六宅"，至今存留。

可惜这个雄心勃勃的计划还未完成，日本帝国主义的战火，阻止了"大上海计划"的进一步实施，1937年11月，上海沦陷，"大上海"计划被迫中止，抗战胜利后也没能重新恢复和延续执行。

"县市分治"后的上海县

民国十六年（1927），南京国民政府宣布撤销淞沪商埠督办，正式组建上海特别市，直属于中央政府，1928年春，上海特别市宣布租界为其特别区。7月，上海特别市接收了上海县属上海（沪南）、闸北、蒲淞、洋泾、引翔港、法华、漕河泾、高行、陆行、塘桥、杨思和宝山县吴淞、殷行、江湾、彭浦、真如、高桥等17市乡，面积494.69平方公里（不含租界），开始了上海市的发展与运作。

行政区划范围扩大了，有国民政府直接管辖，上海的对外贸易迅速发展，是当之无愧的中国对外贸易中心。凭借着优越的港口和航运优势，当时国内进口的外国产品，基本都要通过上海分销到全国各地；而国内的特产，如猪鬃、茶叶、桐油等，也大多经过上海集散再出口到世界。这时候的上海，无论是政治地位，还是经济地位，都是苏州、杭州这些传统城市所不能比肩的了。

作为江苏省上海县的情形又怎样呢？因撤销上海县的议案，曾经遭到地方势力的强烈反对。那年九月，刚上任仅半年的上海县县长邵树华被调离，后继者是江家瑂，反对撤销上海县的呼声还是未能平息，争执持续发酵，议案无法实施。在那个奇怪的政治格局中，居然还会发生上海县对中央政府和上海特别市政府的决定龃龉不从，"接受未果"的情况下，最终只能是继续保留江苏省的上海县，并与上海市划界分治，1928年7月9日，上海市政府派员到上海县政府办理交接手续，实施市、县划界，从此实行分治。结果，江苏省政府终于同意将塘湾、北桥、马桥、颛桥、曹

1915—1933年上海县署、县政府所在地（南市杨家桥，今黄浦区蓬莱路171号）

行、陈行、三林等7个乡和闵行镇列为暂缓接收区。这就是说，在设立上海特别市的同时，也保留了江苏省上海县的建置；上海这块土地上既有直属南京国民政府的上海市，又有隶属于江苏省的上海县，这就是历史上的上海"县市分治"的局面。

分治后的上海县，仅存西南8乡，县境减缩十分之六，仅152.86平方公里，人口11.4万人，为江苏省61县中面积最小、人口最少的一个县。地方小了，人口少了，随即从过去的一等县改为三等县，既然是三等县，县府机构就相应缩小，仅设秘书1人，改3个科为2个科，改公安、财政两局为科，此外有教育局、建设局、册单局、公款公产管理处和农业改良场等县直属机构。由于变更仓促，上海县治来不及迁移，于是老态龙钟的上海县，开始了流离不定的状态。

先是寄居上海杨家桥（今蓬莱路171号上海市公安局南市分局址）新署办公。边上是新崛起的上海市，上海县只得孤悬寄居，长此以往总不是办法，接下来的考虑就是上海县治何处去的事情了。

上海县治寄身何处，这里得提到一个人，他叫钮永建（1870—1965），字惕生，一作铁生，又字孝直，号天心，上海县马桥乡人。近代民主革命家。六十岁辞官职，回家乡自筹资金创办俞塘民众教育馆，进行近二十年的探索，为建设乡村新生活提供历史样板。据说钮永建直到年近八旬时，身为政府要员仍天天奔走在乡村小道上。自带粽子当饭粮，星夜冒寒巡视马桥各村，督导"全民扫盲"工作，精神可嘉，乡人无不为之感

钮永建，曾任江苏省政府主席。上海县马桥乡俞塘村人

动。纽永建当时力主将上海县治迁移到他的家乡马桥。

由于钮永建在马桥俞塘做得风生水起，很多人也主张将县治设在马桥地区。但这个建议遭到很多人的反对，结果未遂。更多人主张县治放在闵行镇更为合适，民国二十年（1931）初，南京《中央日报》总编辑严慎予（1901—1969）担任上海县县长后，认为闵行镇位置偏南，他属意沪闵路市面并不繁荣的北桥段，认为北桥既清静，出行也很方便。匆匆以出售"新衙门"的土地得款8万元，购田50余亩，就建造上海县政府办公大楼。1931年6月，上海县决定将县政府迁至北桥（位于现沪闵公路北松公路口），并开始在北桥进行新的县政府各机关的场所建设，1933年1月建设完毕，正式迁入。

可是，年少气盛的严慎予不像他的名字那样严谨，因寓沪洋人"猎纸会"案的牵连，遭中央公务员惩戒委员会查处，最终虽然没有被革职，还是换个地方去做他的县太爷去了。北桥镇就正式成为上海县治所在地。

1933—1937上海县政府北桥所在地

1945年8—10月上海县政府所在地（三林）

1945年10月—1948年7月上海县政府所在地（闵行）

1937年11月，侵华日军攻占上海地区，北桥的县府大楼被日伪政权占领，直到1945年抗战胜利。光复后，当中央接收大员来接受上海县时，那个时候上海县的工作人员只能栖身上海县三林乡（今浦东新区三林镇）南行街26号一户康姓私宅里办公，这时，北桥的县衙也已风烛残年，破旧不堪，中央接收大员看看实在可怜，故决定先暂且将县治设立在闵行镇，等北桥县府建筑修复后再迁回。

就这样，1945年10月，上海县政府成员从三林镇南行街迁到闵行镇北庙（今新闵路）办公。1948年7月，北桥的县府建筑修复完工，县政府成员再次从闵行迁回北桥原址办公。1949年5月，人民解放军到达北桥，上海解放，在此建立上海县人民政府。

上海市署与上海县署

元至元廿九年（1292）上海设县，县衙设立在今小东门外，老太平弄北面的外咸瓜街上。有人说在来榷场，靠近十六铺，其实榷场就在老太平弄以北的外咸瓜街，实际上是指同一个地址。在经历了近七个世纪的历史风尘，老县衙的搬迁、迁移不定，具体的屋舍也早已灰飞烟灭，我觉得能够确定大致方位即可，至于纠缠于具体地址的细节，这种争论已经没有太大意义了。

辛亥革命后，清朝皇帝宣布退位，中华民国成立。上海县历经元、明、清三朝，长达六百十七年封建王朝的行政管辖中心，今小东门外，老太平弄北面的外咸瓜街附近有一个"县左街"地名，就是一个历史佐证，县衙坐北朝南，"县左街"就是县衙左边的大街而已。1912年后的民国政府，改设"上海县民政总长公署"，后又改称"上海县知事公署"，但都仍在原旧县衙内办公。

由于1927年的"县市分治"，既存在上海特别市政府，又存在上海县政府，市、县政府的治所就完全是两个地方。先说上海市政府办公处，1927年5月18日，国民政府任命国民党元老黄郛为首任上海特别市市长。7月7日，上海特别市政府正式成立，选定交通路（今平江路48号）沪海道尹公署旧址为市政府办公楼；是日，黄郛在公署礼堂举行市长就职典礼，蒋介石亲临发表"训词"，强调上海对国民党政权统治的重要性，称上海特别市为"东亚第一特别市"。这幢建筑目前是信息产业部第一研究所所用，两层小红楼的建筑，外观是用色墙砖砌成，连接主楼和附楼的工字型天台，使得工整整齐的屋舍有一种蜿蜒曲折的感觉。在总体西式的建筑两端，造型独特的封火山墙高出屋面，采用了中国传统民居封火山墙的变异形式，显得壮观而优美。

1933年，随着"大上海计划"的落实，地处江湾五角场不远的上海特别市政府新大厦落成，于是，就将市政府由平江路48号的办公楼，迁往江湾新市政府大楼办公（即今上海体育学院主楼）。平江路48号楼房后又由外交部上海办事处使用。1936年11月楼房转让给上海军医事业委员会。抗战期间，此处曾为汪伪政府办公机构的一部分。解放后，平江路

1914—1933年间上海地区最后一个县署所在地，今蓬莱路171号

48号屋舍收为国有，主楼曾一度作为医科大学幼儿园，辅楼为医科大学教工职工宿舍所在。1975年，电信科学技术第一研究所（原邮电部第一研究所）与上海第一医学院经房屋置换后将楼房作为办公所在地。

再说上海县政府办公楼，1915年因政府职能不断增加，原县衙办公场地不够用了，就在县城前清提标右营游击署旧址上，重新设计、建设了一个全新的县衙。这就是蓬莱路171号上海县办公大楼，这幢大楼目前还在。到1931年6月上海县决定将县政府迁至北桥（位于现沪闵公路北松公路口），并开始在北桥进行新的县政府各机关的场所建设，1933年1月建设完毕，正式迁入北桥上海县县府屋舍。如前所述，期间，经历了8年抗战时期的一段曲折历程，1945年10月上海县政府成员从三林南行街迁往闵行镇北庙（现在的新闵路530—532号）办公。1948年7月北桥的县府建筑修复完工，县政府成员从闵行迁回北桥原址办公。1954年4月上海县人民政府从北桥迁往闵行镇建设路1号（县府迁走后一度曾为闵行三中所用，原建筑已不存在）。

1958年1月，上海县自江苏省划属上海市辖，上海县重

中华人民共和国国务院

国函〔1992〕130 号

国务院关于上海市设立新的闵行区的批复

上海市人民政府：

你市《关于撤销上海县和闵行区设立新的闵行区的请示》（沪府〔1992〕29 号）收悉。同意撤销上海县和闵行区，设立新的闵行区，区人民政府驻莘庄镇，以原上海县和闵行区的行政区域为新的闵行区的行政区域。

一九九二年九月二十六日

国务院关于设立新的闵行区的批复

回故地，不过它已经是上海市的属县了，是年8月西郊区大部分地并入县境，为便于交接，上海县人民委员会暂从闵行镇迁往原西郊区人民委员会所在地哈密路1330号办公（现属于长宁区）。1959年2月上海县人民政府迁回闵行镇建设路1号。1959年12月成立闵行区，成立之初上海县人民政府并未迁移，上海县府寄居闵行区。因莘庄镇位置较为适中，即在道院浜南隙地今莘建路201号张家花园旧址建造县人民委员会大楼，1960年12月迁治所于此（位置在莘中路口正北面现莘建路201号，县府迁走后一度后曾为闵行区公安分局所用，原建筑已不存在）。

1992年9月26日，根据中华人民共和国国务院国函〔1992〕130号文件《国务院关于上海市设立新的闵行区的批复》，上海县与1959年设立的闵行区"撤二建一"成立新的闵行区，新的区政府设在今莘庄地铁站北面沪闵公路与水清路口西北侧（沪闵路6258号）。从此，上海县不复存在。

从上海县到闵行区

1949年5月中国人民解放军解放上海，此后上海管辖内有黄浦、老闸、邑庙、蓬莱、嵩山、卢湾、常熟、徐汇、长宁、普陀、闸北、静安、新成、江宁、北站、虹口、北四川路、提篮桥、杨浦、榆林等20个区和新市、江湾、吴淞、大场、新泾、龙华、洋泾、真如、高桥等10个郊区。基本保持了1930年代上海市成立时的行政管辖规模。

解放初期，上海市还是被江苏省紧紧包裹着，就像北京市被河北省紧紧包裹着一样。1950年上海市辖区面积仅636.18平方公里，市区面积仅为82.4平方公里，大量工业人口集聚在这片狭小的土地上，城市空间紧

1952年5月22日，上海县诸翟乡顾小弟（中）出席市郊农业丰产评模大会，被评为丰产模范及模范互助组长（历史档案照片）

张的程度可想而知。1953年，国家第一个五年计划开始实施后，上海的工业生产处于恢复性发展之中，用地局促，原来的空间已经完全不够周旋，成为一个基本的事实。与此同时，上海市人口规模一再膨胀，1956年，市区人口从1950年的418.94万增长到563.48万，市区人口密度达到48347人/平方公里。到1957年，全市总人口为689.69万人，比1949年的人口总量增加186.77万人，增长了37.14%。相较于同时期的其他大城市，如北京、天津等，上海市无论在人口规模还是在人口密度方面，都面临着极其巨大的压力。

人多好办事，人多力量大，但人多了，吃喝拉撒睡都是一个现实的问题，副食品供应出现短缺，市民居住条件也呈现出困难的境地。这种状况说明，不断增长的空间需求同有限的可用土地之间的矛盾日渐尖锐，上海亟需新的空间补充来解决工业发展、人口疏散、副食品供应基地和基础设施建设等城市发展中的一系列重大问题。

马桥公社俞塘大队妇女队长平品花（1958年《人民画报》）

持续膨胀的人口一方面给上海市带来诸多社会问题，限制上海城市的进一步发展。在这样的形势下，若不进行辖区拓展，上海市的居民住房、交通问题等基础设施不足的问题势必会更加严峻。由于上海郊区面积太小，副食品供应也只能是"吃全国"，依靠其他地区的调剂支持。以蔬菜为例，解放初期，上海市郊区只有菜田8.5万亩，随着土地改革的完成，1952年郊区的菜田增加到16万亩，本地蔬菜的供应量也从1949年的12.6万吨，增加到1952年的16.5万吨，占上海市蔬菜供应总量的40%左右，其余60%的蔬菜供应要依靠江苏、浙江、福建以及山东等地的客菜补充。

调整工业布局，就成为加快上海生产力发展的内在要求。要挪出空间，给工业基地的建设急需之用，与此同时，科学技术基地的建设也对空间和周边环境条件提出了更高的要求。而上海城区空间有限，还受到机场、国防、电台等方面的禁建限制，市区范围内已经无法提供充足的适合工业建设和科研院所布局的场所。

特别是经过近百年的工业发展，到1949年，上海地区的工厂数量已居全国之首，工厂分布主要集中在沪南区、曹家渡区、杨树浦区三处，另外徐家汇区、闸北区、吴淞区、浦东区等地方也集中了不少工厂，这些工厂布满了沿河沿江的地段，黄浦江以及苏州河两岸几乎全部为码头、仓库、工厂所占。当时的上海市政府一方面组织工厂内迁，支援内地工业建设，另一方面也在考虑在已有工业分布得到合理的资源配置。

上海重工业"四大金刚"都在闵行，其中上海汽轮机厂当年挂牌情景

正是在这样的背景下，上海市领导开始酝酿扩大郊区，向中央争取土地，得到了中央政府的支持。1958年是上海行政区划调整力度最大的一年。年初，先把邻近的宝山、嘉定、上海3县从江苏省划入上海，到这一年的年底，又将原属于江苏省的川沙、南汇、奉贤、松江、金山、青浦、崇明7县划归上海。上海的行政区划一下子扩大了十倍，基本奠定了今天上海国土规模的基础。

也就在上海县并入上海市的时候，西郊区与上海县也完成了大合并。其中龙华、新泾、华漕几个镇属于多年之后重回上海县的大怀抱。莘庄和七宝属于十多年前刚从松江或青浦划入市属郊区的乡镇，在上海特别市时期，曾经被征入上海市版图，但是由于争执严重，并未成功。抗战胜利后，上海重新划定行政区的时候才正式划入，但这十余年，还没有来得及好好亲近一下大上海，这些乡镇一下子又回到了郊县之下，也显现出些许无奈。

在新中国前三十年的发展时期，闵行一直是上海工业发展的骄傲，从一号路开始了沿着黄浦江的拓展。而以上海电机厂、上海汽轮机厂、上海锅炉厂、上海重型机器厂为标志性的"四大金刚"，使得闵行的重要地位取代了北桥，而成为新的上海县县治。但是，大量上海市区人口落户闵行，又必须解决这些人的城乡户口"剪刀差"问题。到1960年底，吴泾地区矗立起吴泾化工厂、吴泾热电厂、上海焦化厂等一系列大型国有企业，这些都从上海县析出，成立了闵行区，就如同吴淞区也从宝山县分立出来一样。

1960年代在上海县塘湾乡附近的上海吴泾化工厂，图为工人们正在安装这个厂碳化工段的碳化塔

徘徊中的上海县治失去了最为精华的部分，几易其处，新的县治选在哪里？莘庄被选中了。据上海县志记载：莘庄集镇跨莘溪而名，故集镇又名莘溪。明嘉靖、万历年间因市业兴而成集镇。20世纪50年代，莘溪东西向横贯全镇，狭窄的东西市街沿北岸而建，绵延千余米。南北街约250米，与东西街相交于平桥北堍（现海星商场处）。因为地理上处于上海县的中间，且发展余地较大，或许这就是所谓的后发优势。新的沪闵路通到了莘庄，往北是七莘路，联络了全县。1960年，上海县治迁此，辟莘建路，建县政府机关大楼，市貌未有大改。1965年填没莘溪改建为莘浜路，70年代后期加快改造旧街，镇貌始为大变。拆除南北街旧房，在镇北、镇西兴建五、六层居民住宅楼，并建成莘浜、莘建、莘松路等骨干道路，以莘浜路为商业街；莘建路原有中共上海县委、县政府及县级机构、莘庄乡政府；莘松路有原县医院、体育馆、文化馆、工人俱乐部。现老镇商市集中在莘松路和沪闵路交界处龙之梦购物中心和邻近区中心医院一带的莘东路、莘松路，镇区西扩至沪杭铁路外环线一侧，完全改变了一座市郊古镇的格局。

1984年随着城市化发展，徐汇和长宁开疆拓土，北到北新泾，南到徐家汇西部、龙华镇一带的土地在城市化之后，包括虹桥机场、西郊公园，三分之二的虹桥乡，二分之一的梅陇，漕河泾镇、龙华镇等等统统划入了市区——成了长宁和徐汇的管辖地。莘庄虽然得了县政府所在地的好处，但发展的机遇仍然可望而不可即，依然是一个普通的郊县县城，默默地为上海西南部地区发展做着贡献，与此同时，为满足闵行开发区和上海交大等建设需要，曹行和北桥、马桥也有部分地区划入老闵行区。

历史的年轮终于转到1990年代，随着浦东开发开放号角吹响，上海终于真正进入了改革开放的快节奏。1992年7月份，新泾乡整体析出，虹

闵行区梅陇乡的花农在进行花卉生产

桥和梅陇也各自析出几个行政村，这是上海县失土的又一次小高峰。无论如何，合并是必然的。不论叫什么名称，最终都会宣告上海县的退出。此时，跨过黄浦江设立浦东新区，1993年3月17日上海县浦江四乡中最富庶的三林地区也纳入了浦东新区的版图，1992年11月2日，宣布上海县与老闵行区"撤二建一"，1993年新闵行区人大和人民政府举办成立仪式，从理论上说，1992年9月26日国务院批复决定之日起，上海县就"自行撤销"了。因此，上海县终止日期应该是1992年9月26日。

从元至元二十九年（1292）到1992上海县名称的撤销，上海县从起始到最后，历经近整个世纪，从江南默默无闻的小县城，成为中国近代历史的缩影，上海县仍然不失它的荣光，因为举世闻名的大上海，是从上海县母胎里分离出来的。"上海县"永远会留在上海市的编年史上。

第十五章
百年上海的转型
与跨越

工业化的艰难起步

    1949年上海解放的当初，据说有位法国记者采访新中国第一任上海市市长陈毅元帅，问他："在你一生中，什么时刻最使你激动！"陈毅市长回答说："最激动的时刻，那就是进上海。"为什么？因为在中国现代史上，解放与接管上海，是上海历史上最具影响的事件，也是中国共产党历史上一个十分精彩的亮点。

    尽管上海在旧中国时期打下了一定的工业基础，但解放之初，总体上还是一个贸易型都市，要跻身世界屈指可数的城市，没有工业化是无法想象的。由消费型城市转变为生产型城市，进一步转型为共和国的工业基地，真是任重而道远。

在1950到1952年的三年经济恢复时期，国家对上海机械工业进行了一系列紧张的、正确的改组、改造和改革工作，取得了很大的成绩，为第一个五年计划打下了很好的基础。

国家没收了资本额占整个资本主义经济80%的全部官僚资本企业，并将其改造成为社会主义国营企业，从而掌握了国民经济的命脉；实现了全国范围的财政经济工作的统一，达到财政收支平衡，制止了通货膨胀，稳定了物价；调整了工商业，进一步确立了国营经济的领导地位，并把私营工商业初步纳入社会主义改造的轨道；肃清了国民党反动派在大陆的残余力量和土匪，镇压了反革命，开展了"三反""五反"运动，胜利进行了抗美援朝战争；发展了社会主义国营经济，有系统地恢复了工农业、交通运输业和商业贸易。

整个过渡时期所进行的"一化三改造"。即社会主义工业化，改变生产关系；即对农业、手工业实行合作化，对资本主义工商业实行公私合营。

上海全市包括郊区在内的面积仅为618平方公里，其中市区面积占82.4平方公里。这样狭小的市域空间显然已难以适应工业发展的需要。1958年，国务院批准将原属江苏省松江行政专署管辖的上海、嘉定、宝山、川沙、南汇、奉贤、松江、青浦、金山、崇明等10个县划归上海市，上海辖区面积一下子扩大了10倍，总面积达到近6185平方公里，这是上海有史以来在地理空间上一次规模最大的扩展。1961年3月，浙江省舟山县嵊泗人民公社所辖行政区域也一度划归上海市管辖。辖区的扩大，为上

万吨水压机1961年在上海重型机器厂诞生

海工业发展与产业布局提供了有力的空间支撑。再加上上海启动卫星城建设计划，第一批重点建设闵行、吴泾、安亭、嘉定、松江等五个卫星城。1970年代以后，上海又新建了两个以大型企业为依托的卫星城：一个是以上海石油化工总厂（简称"金山石化"）为依托的金山卫星城；另一个是以蕴藻浜工业区和宝山钢铁总厂（今已重组改制为宝武钢铁集团公司，简称"宝武集团"）为依托的吴淞卫星城。

百废待兴，上海人民在中国共产党的领导下，把经济建设开展得有声有色。由于新中国发展迅速，电力、冶金、重型机械和国防工业都需要大型压力设备，差不多到1950年代末期，中国还没有制造过大型水压机。万吨水压机堪称中国工业的"擎天柱""工业的母机"，没有这个巨无霸，关键锻件根本没法制造。

1958年5月，在中共八届二中全会上，时任煤炭工业部副部长的沈鸿给毛泽东主席写信，提出了自主设计制造万吨水压机的建议。沈鸿（1906—1998），是一个颇具传奇色彩的机械工程专家，布店学徒出身，上过四年学，也是技工出身，在抗战中携机器奔赴延安，成为技术多面手和当代权威。他的技术才能和勤奋钻研精神在延安时期就已是出了名的，毛泽东那时就对他的自学成才表示肯定。作为这台水压机的总设计师，沈鸿为之倾注了大量的心力和智慧。他在立项、设计制造、项目管理、人才培养、技术总结和技术推广等多个方面，发挥了关键作用。

毛泽东对沈鸿的信很感兴趣，当天就把信批给了邓小平。毛泽东还就此事"拿着这封信，去问上海市委第一书记：上海能不能干，愿不愿干？中共上海市委明确表示：要厂有厂，要人有人，要材料有材料，一定要把万吨水压机搞出来！

经过中央有关部门的研究，决定由沈鸿任总设计师、林宗棠任副总设计师，组成设计班子，徐希文任技术组长。万吨水压机安装在位于闵行的上海重型机器厂内，由江南造船厂承担建造任务，组织全国大协作。在拿出第一张设计草图后，为了检验设计的正确性，沈鸿发动大家用纸片、木板、竹竿、铁皮、胶泥、沙土等材料做成各种各样的模型、模拟实验机，并征求有经验的老工人师傅的意见。经过反复实践、修改，到第十五个草图，总算把万吨水压机的设计搞出来了。为了做到万无一失，设计组先制造了一台1200吨的水压机，作为试验样机，取得成功后，把它放大十倍，然后才把万吨水压机的蓝图设计出来。

在制造过程中，上海的工人师傅们克服了一个又一个困难，创造了一个又一个奇迹。上海的一批非常优秀的技术工人脱颖而出，在简陋的条件下，用"以小干大""以粗干精"的方法，加工制造出一个个关键零件。1961年12月13日，万吨水压机开始总体安装，只用了2个月时间。最后经上海交通大学和国家第一机械工业部所属的机械科学研究院等单位的应力测定试验。第一台万吨水压机建造成功，消息传遍全国、传遍全世界，上海人沸腾了，全国人民沸腾了。

万吨水压机建成后，为国家电力、冶金、化学、机械和国防工业等部门锻造了大批特大型锻件；直到现在，仍在正常运转，为社会主义建设事业作出了重大贡献。它只是那个年代上海工人阶级自力更生、奋发图强，改变新中国落后面目的一个案例。

在1950年代，中国生产的喷气式飞机上天了；1960年代，中国第一颗原子弹试制成功；1970年代，核潜艇下水，中国具备了初步的核反击能力。同样也是在1970年代，我们的钢铁产量超过英国，这意味着，中国具备了初步的工业化国家能力。这些成绩的取得确实来之不易，是中国人民节衣缩食换来的，上海人民在这个过程中也付出了艰苦卓绝的努力。

工业化体系不会从天上掉下来，几乎任何一个主要工业国，建立基础工业体系都付出过惨痛的代价。但是，中国人却抗过来了。整整30年，中国人吃糠咽菜几乎把每一粒粮食、每一件物资都省下来投入到工业化中，这种发展工业的基本思路或者说模式是在新中国成立初期就形成并长期坚持的，加上改革开放后40年努力，所以现在我们成为了一个工业大国。

"江南"：国家工业化的缩影

说起江南造船厂，它一百多年的沧桑道路，正是中国晚清到现代，从最早的官办军事企业到国家特大型企业所走过道路的一个缩影。江南造船厂前身是江南机器制造总局，是中国近代工业史上的"中国第一厂"，从它诞生之日起，它就是一个特殊的企业，既承载了一个濒临绝境民族的富国强兵之梦，也开始扭转国人由内控天下到外向海洋的世界观，它是近代中国强国之梦、海洋之梦开始的地方，作为中国近代工业的起点，她见证了一个半世纪的沧桑，被称为国运的"晴雨表"、时代的"风向标"，还是上海孕育第一代产业工人的摇篮。

江南造船厂具有荣耀的历史，中国的第一炉钢、第一门钢炮、第一艘铁甲兵轮、第一台万吨水压机……每个江南人都如数家珍。新中国成立后，江南人"自强不息，打造一流"，攻克了许许多多技术工艺难关，填补了我国工业发展史上一个又一个空白。1950年代，江南造船厂职工在

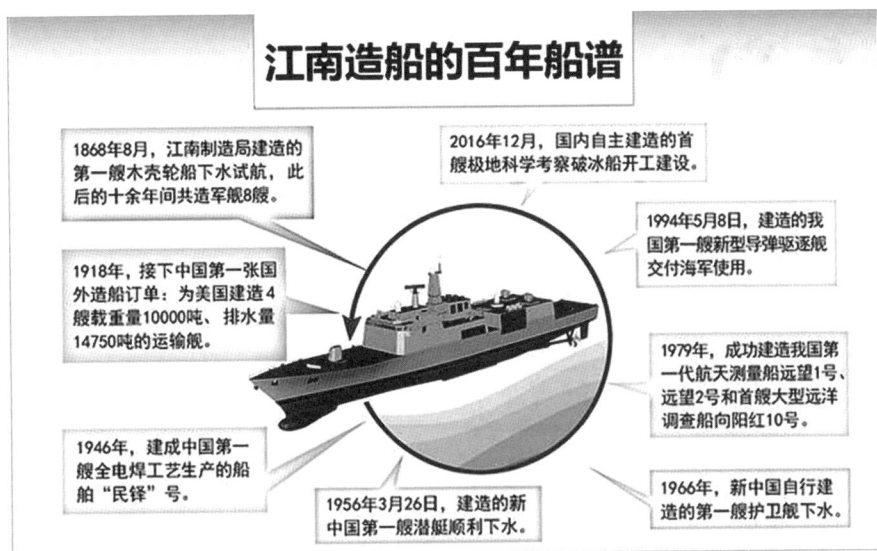

江南造船的百年船谱

1868年8月，江南制造局建造的第一艘木壳轮船下水试航，此后的十余年间共造军舰8艘。

1918年，接下中国第一张国外造船订单：为美国建造4艘载重量10000吨、排水量14750吨的运输舰。

1946年，建成中国第一艘全电焊工艺生产的船舶"民铎"号。

1956年3月26日，建造的新中国第一艘潜艇顺利下水。

2016年12月，国内自主建造的首艘极地科学考察破冰船开工建设。

1994年5月8日，建造的我国第一艘新型导弹驱逐舰交付海军使用。

1979年，成功建造我国第一代航天测量船远望1号、远望2号和首艘大型远洋调查船向阳红10号。

1966年，新中国自行建造的第一艘护卫舰下水。

江南造船的百年船谱

国民党飞机频繁轰炸的艰苦环境下，进行边抢修、边生产，仅用一个半月时间就修复3座船坞的闸门。1960年4月，中国自行设计制造的第一艘万吨级远洋货船"东风"号下水。为了试制需要，经六机部同意，于同年7月再次改造，滑道接长17米，下水设计负荷提高到2000吨。1976年，又将2号船台接长的水平段加建成斜坡段，为"远望"号主测量船建造创造了条件。

公元1865年乙丑，清穆宗同治四年，第一个大型近代企业江南机器制造总局在上海建立。江南造船厂从晚清诞生之时起，就承载了一个民族的富国强兵之梦。

从江南制造总局到江南船坞，从江南造船厂到江南造船集团，她见证了历史，更引领着未来。

1960年4月，江南造船厂自行设计制造的"东风"号万吨远洋轮下水

在发展船舶工业的同时，江南造船厂成功承建了一大批国家重点工程，如我国第一座导弹发射架、葛洲坝大型船闸闸门、宝钢总厂200米钢质烟囱及塔架等。进入90年代，还承接了上海体育场、上海大剧院的钢屋架，以及上海延安路高架、金融大厦、航运大厦、浦东国际机场和长江三峡等重点项目中的大型钢结构工程，并建立了我国最大的压力容器生产基地。作为中国近代化产物的江南机器制造总局，在自身的发展过程中，

又反过来开启并深深影响了上海乃至中国的近代化进程。

上海是江南典型的港市，轮船，特别是远洋巨轮的建造，既是国家工业实力的体现，也仿佛就是一种开放的象征。开埠之前中国南北整个物流交通体系是以大运河为中心，整个运河城市带在清帝国晚期当中扮演了非常重要的角色，只有到海运取代河运的时代，上海的地缘优势才可能显现出来。江南造船厂作为中国民族产业发展的一个缩影。伴随中国工业的世纪腾飞，上海不断涌现一个个工业巨擘，这一艘艘"制造业巨舰"，正逐渐构成中国民族工业的现代化"船队"，高速驶向更加广阔的海域。

江南造船厂是上海人民有志气、有信心、有能力，赶超世界先进水平，建设自己工业化体系的一个缩影。一个半世纪创造百余个全国第一，得益于"江南精神"的代代传承。

"包容"与"开放"的传统

说到上海"包容"与"开放"的传统，也要从历史说起。

19世纪五十至六十年代，开埠不久的上海，突然遭遇小刀会起义，租界从"华洋分居"变成"华洋杂处"。租界原来只有500人，一下子骤增至2万多人。更大的变化是1853年太平军定都南京之后，富庶的江南因战事而变得生灵涂炭，难民都从四面八方涌向租界，因为租界是当时江南唯一的安全区域，避难的士庶官绅视租界为"避秦之桃源"，造成太平天国时期上海人口激增。

各地移民，情况是各种各样的，有富人穷人，有老实巴交的农民，也有无恶不作的强盗，投资者，冒险者，躲债者，亡命者，寻找出路者，谋生者，追求理想者，有文化的，没文化的，富翁，遗老，政客，穷汉，红男，绿女，流氓……各色人等，各种欲望，怀抱着各自的梦想从四面八方汇聚到上海。可以说，开放的上海，对不同的人群都有着不同的吸引力，这时候的上海，表现出惊人的包容力量，江浙沪本来就是一家人，从上海人的祖籍来看，解放初期上海人祖籍在江苏浙江的占80%以上，上海市区通行的方言也是以苏州话宁波话的一种混合，浙商在上海近代发展史上，有着不可磨灭的功绩；而江苏在人力资源上也为上海的发展做出卓越贡献，上海今天的成就是江浙人民辛勤耕耘、相互支持、相互协作的结果，全国一盘棋，都得相互扶持，在全球化的今天，更应如此。

有个叫宫崎市定的日本学者，是个熟稔中国江浙地区的汉学家，他曾对上海的繁荣有过一个铁口直断："近现代上海的繁荣，无非是以太平天国为契机，苏州的繁荣转移过来的结果。"这个结论有道理吗？它忽略了长江冲积平原东扩的地缘因素和陆权文明向海洋文明转型的必然，长三角地区必然要有一个出类拔萃的城市，冲在最前面，这个日本人恐怕忽视了这种必然性；但是，宫崎市定也说了实话，苏州移民和宁波移民，乃至中国各地移民，不仅给上海带来了财富，也塑造了后来海派文化中传统、高雅、精致的一面。上海成为一个各路英雄自由落脚的码头，客观上又使上海成了新文化的源头。

从民俗文化的角度来考察，各地的民众带来了中国各地的风俗习惯，纵观老上海传统的岁时节令，几乎月月都有节日，每个节日都相当出彩，过年的祝福演绎了举国欢庆、万民同乐的壮丽图景，而清明的肃穆、端午的龙舟、七夕的美妙、中秋的望月、重阳的登高……这些传统文化元素都给上海市民的生活平添了人间的温情。

近代上海是中国最大城市。城市的集聚作用在上海表现得相当突出，其中很重要的部分是江南的人口、产业与资金，高度集聚到上海。城市本是移民文化的熔炉，上海作为特大城市则是移民文化的特大熔炉。各种不同的地域文化在这里交流、碰撞与融合。这种交流，当然不是各地移民文化的物理叠加，而是通过大熔炉的冶炼，创造出一种新的城市文化，即我们今天所称的海派文化。对于这种交流、融合，1920年代有一本《新上海》期刊，1925年第1期刊登了《上海观察谈》的文章，该文写道：

"上海仿佛是一只镕化人的洪炉，一切风俗习惯，便是这洪炉中的木材煤炭，最会镕化人的。但瞧无论那一省那一府那一县的人，到了上海不须一年，就会被上海的风俗习惯所镕化，化成了一个上海式的人，言与行二大条件，都会变成了上海式。至于一衣一履之微，那更不用说了。说也奇怪，不但是本国人容易上海化，连碧眼虬髯的外国人，也容易上海化，他们远迢迢的到了上海，不多时自会变成一个上海式的外人。"

就现代中国的思想文化变迁而言，上海的重要性更是不言而喻。上海不仅是通商的大码头，也是新知识的码头、新思想的码头、新文化的码头。中国共产党诞生在上海绝非偶然。《新青年》是旧中国时代最早的一份思想启蒙刊物，也是中国文化史上一本具有里程

陈独秀主编的《新青年》杂志

1920年9月第二版的《共产党宣言》。图片来自中共一大会址纪念馆编《伟大开端：中国共产党创建历史陈列》

碑意义的杂志，它是最早在中国介绍社会主义和共产主义思想的刊物。凝聚了当时中国一批优秀的知识分子，如陈独秀、李大钊、鲁迅、胡适、刘半农、钱玄同、周作人、沈尹默等，堪称是一代大师的群英会。

可以说，在中国近现代历史上，从来没有任何一本刊物的影响力可与《新青年》比较。西方的新思想、新知识、新思潮、新学术、新文化最早是由上海登陆，并借助上海的文化生产能力、文化组织能力、文化表达能力、文化融汇能力和文化传播能力，源源不断地输送到全国各地。在这个过程中，上海成为全国乃至整个东亚无可争辩的文化中心。这实在是上海"包容"与"开放"的资本所在，一个让所有中国城市羡慕却又很难学到的资本。

中国共产党在上海诞生，也与上海的文化环境有关，在1920年代，没有哪一个城市像上海那么信息发达，可以跟国际上任何大的城市有通信往来，交通上跟欧美、日本及南洋都有轮船航线，面向国内还有内河航线。清末铁路的发展，更使上海成为交通和信息通信的枢纽。从交通往来这个角度来说，上海也具有其他城市没有的优势。上海较高的国际化程度，许多新发明、新产品如电话、电灯、汽车在上海的使用跟西方大城市

1921年7月23日，参加中共一大的13位代表们聚集在上海望志路106号（今兴业路76号）狭小的石库门厅堂里，探讨中国的前途和命运，从此揭开了中国共产党开天辟地的革命与建设之路。这是中共"一大"会址

几乎同步，这与侨居在此的西方人有一定关系，当时在上海安家置业的西方人少则三四万，多的时候有八九万，其中很多人都自称"上海人"，他们使用一些新式物品对华人的示范效应非常强，而上海对这些先进的东西接受得也非常快。"城市性格决定了城市居民的性格，上海对西方新事物的接受度高于全国其他城市。当资本主义大潮来时，西方的各种思潮传至国内，上海是一个最好的载体。"上海市党史学会会长忻平教授认为，作为20世纪三四十年代最国际化的城市，上海在西方商品经济的冲击下，打破了社会原有的等级差别、文化差别——西方的观念、文化与本地文化

交融，形成"平台文化"，这种文化性格使得上海具有非常强的包容度，与盛行传统文化的北京完全不同。同时，上海的商业程度高，成熟的商业社会，法治程度往往也很高，两者作用下还能够产生较高的生产效率，因此工厂集聚。"当时的上海可谓机会遍地、出版业也非常发达，人人都看报纸从中寻找机会。这种生活方式与留学生留学的国家极为相似，因此很多人留学归国后就往这里聚集。他们把外国的方式拿来中国实行，尽管方式可能不同。"

海派文化的整合：以"精武"为例

海派文化的特色是她的包容与创新，中华文化、江南文化、海派文化就是一脉相承的，有情浓形美的文字，有诗意凝固的建筑，有天人合一的自然，有尚贤重义的文化。而且在百年来适应国际国内不断发展的形势，海派文化一直在进行着她的自我更新和资源整合。我们不妨以已经有110年历史的精武体育会为例，看看上海文化的演变与发展。

20世纪初年，中国正处于风雨如磐、积贫积弱的时代，在那个饱受屈辱的年代，正是英国大力士奥皮音口出狂言，说中国人是"东亚病夫"的一个偶然事件，却搅动了当时中国人捍卫民族尊严的轩然大波。

当时人还在河北的霍元甲接到邀请，便携其徒刘振声于1909年3月赶到上海，并在陈公哲及译员陪同下，找奥皮音商谈比武事宜，奥皮音认定用西方人的规则，霍元甲则是抱定中国人的方式，最后议定"用摔跤方式，以身跌于地分胜负"。于是，发起人开始筹措资金在上海静安寺路（今南京西路）张氏味莼园（张园）内搭建了"高四尺，宽广二十尺"的擂台。这就是发生在上海具有传奇色彩的"张园比武"，但这场轰动上海的擂台赛最终以奥皮音爽约而告终。此消息在当时上海报界舆论中不胫而走，中国人扬眉吐气，后来在民间越传越神奇，文艺家将这个事件搬上舞台银幕，编撰出多种版本"精武门"故事，由此造成了人们的刻板印象，好像精武会里的人都是一些打打杀杀的武夫，错！真实的"精武会"，比电视剧里的形象厉害百倍，它是海派文化土壤里养育滋润的一项世界文化遗产。

1910年6月以霍元甲的名义，在《时报》刊登建会招生广告，1910年7月7日（农历六月初一）正式成立中国精武体操会，会址设在闸北旱桥以西王家宅。正当霍元甲主持精武体操会精心培养骨干，以图大展伟业之时，霍元甲却英年早逝，死因有多种说法，兹不赘言。霍元甲的突然逝世，使精武体操会失去了支柱，会务一度出现停顿。为了继承霍元甲的遗愿，一大批志士能人，有钱出钱，有力出力，在他们的支持下，1912年，精武体操会迁入万国商团中国义勇队旧址（今静安区民德路南端跨越铁路至浙江北路处）；1915年，精武体操会在王家宅的会馆因台风毁损，陈公哲捐出倍开尔路（今惠民路）73号作为馆舍。1916年，中国精武体操会正式更名为上海精武体育会，并于1919年底迎来了孙中山的视察，孙中山再次来到精武体育会，并为其题词"尚武精神"，还应邀撰写了《精武本纪》的序言，足见这位伟大的民主革命先行者对精武体育会和中华传统武术的重视。

中共早期领导人之一，为中国解放革命事业做出过巨大贡献的陈延年（1898—1927），他是陈独秀长子。1915年，考入上海法语学校专攻法文；1917年考入震旦大学攻读法科；1918年12月，加入上海精武体育会，会员编号696；1919年12月下旬，与弟弟陈乔年受上海精武体育会会长霍守华资助赴法国勤工俭学。1919年担任上海精武体育会会长的朱庆澜将军（1874—1941），1925年后长期从事慈善救济与抗日救亡事业，1933年初，朱庆澜以东北义勇军后援会会长和东北抗日义勇军总司令的双重身份，多次奔赴热河前线。1934年夏，由朱庆澜及其好友马德建、司徒逸民、龚毓珂等集资创建的中国电通影片公司成立，共拍摄了《桃李劫》《风云儿女》等四部享有盛名的影片。特别是朱庆澜出资赞助上海电通影业公司拍摄抗战电影《风云儿女》，其主题歌集合了田汉与聂耳两位大家作词作曲，本来影片中的主题歌并没有确定歌名，只是写了"进行曲"三个字，作为东北义勇军总司令、东北义勇军后援会会长、影片出品人朱庆澜将它命名为《义勇军进行曲》。这首不朽的歌曲如今是我们中华人民共和国的国歌。

"精武四杰"之一的陈公哲，为精武会不断捐资，散尽家财

那个年代，一大批聚集在上海租界内外的知识分子，同时在做着各种各样的救国的梦想，改造国民性的努力，他们的内心充满着炽热的爱国情怀，"……萃群众于一堂，互相观摩，互相砥砺……期造成一世界最完善、最强固之民族。斯即精武之大希望也，亦即精武之真精神也。"精武文化就是在这种时代背景下被提上了议事日程。许多成员同时是爱国实业家，陈公哲、姚蟾伯、卢炜昌分别有自己经营的公司，故有"精武三公

司"之说。

　　1919年夏天，一神秘人物来到上海精武体育会，他二话不说，交给陈公哲一口大箱子便悄然转身离去。箱中附有信函一封，书曰："精武能为社会谋幸福而无权利思想，故以此三万银元为赠。愿执事扩而充之，以期造福全国。"陈公哲读信之后，为之动容，慨然建言："隐名氏捐此三万银元，乃期吾精武造福全国，我们切不可只为精武体育会着想。上海租界内有一外滩公园，门口写有'华人与狗不得入内'，此乃我华夏同胞的奇耻大辱，用此笔资金来建造一座'精武公园'，以扬我华人志气。"精武会主事共议精武新会址之事，上海精武体育会用三万银元购得倍开尔路精武

1921年铸造的悬于精武
公园的黄钟及霍元甲像

会舍旁十余亩空地，1920年初春，精武公园正式落成，与租界里"华人与狗不得入内"的侮辱性招牌截然相反，落成后的精武公园门口赫然写道："凡属人类苟能守文明通则者，咸准入园游玩"。这是多么难能可贵的精神境界！

精武公园建成后，陈公哲将其夫人卢雪英女士的三十两金银首饰熔铸于铜，铸成了一口黄钟悬于精武公园内，目的在于"唤醒黄魂，注重武术"，强我国人之体魄。又是何等爱国情怀，这种拳拳报国的热忱就像磁石一样吸引着广大市民的积极参与。1922年，由陈公哲在上海虹口横浜桥的福德里觅得空地一块，建造精武中央大会堂（即今上海精武总会所在地），1923年7月迁入办公。中央大会堂中为堂座可作运动场，后为楼座，全堂上下可放八百座位，并有办公室、藏书室。1927年9月中央精武在上海召开精武第一届代表大会时统计，国内外精武分会已达49所之多，会员超过40万人。

精武体育会之所以能如此受人瞩目，其中一个重要原因就是主事者大抵都是上海复旦大学、大夏大学、光华大学的高才生，他们学贯中西，深谋远虑，深知"无武不能强壮，无文不能行远""'乃武乃文，唯精唯一'谓之'精武'"，每年秋季都要举行一次大规模的运动会，在每次运动会结束之后，必定会迎来一次会员激增的高潮。

精武会消除门户之见，融合众家之长，为复兴、推广、发展中华武术不遗余力。在内部治理结构上，在一百多年前就引进了西方的理事会制度，又是何等眼界！历来的武馆都是师傅带徒弟，人身依附关系甚浓，矛盾纠葛理也理不清，精武会废除了传统的师傅与徒弟的旧式关系，而采取了新式学校的师生关系。中国武术的门户之见、派别之争由来已久。各派学习拳术者，每欲一显身手，好勇斗狠，时有死伤，门徒有隙，累及全家，拳术日渐被视为下流末技。为此，精武体育会的组织形式也是令人耳目为之一新，其倡导的"我之拳头不许加在同胞身上"之口号，影响所及，万众风从。

据1924年重订的国术总目所称，"精武"传播的武路有黄河流域、长江流域和珠江流域等各派的代表拳术，仅黄河流域派就有独习拳术69种，对手类拳术19种，独习兵器56种，对手兵器36种，空手入白刃类6种。除教授武术外，精武会还设有音乐部、戏剧部、摄影部、兵操部等，各部均有主持者与指导者。张大千为《精武画报》题签，徐悲鸿为"精武潭腿"作画，上海滩一大批知名艺术名家均为精武会献计出力，人才济济，独树一帜，从本质上说，是百年前海派文化的一次大整合。"乃武乃文，唯精唯一"的题中之义从1916年到1919年三届精武运动会都通过强大的宣传、会员的示范向国人展示了"弱者以强、病者以起"的精武风采，极大引起了国人的习武热忱，当时社会各界在精武精神感召下，纷纷邀请精武体育会派员到各地教授武术，而精武体育会也会在人手比较充裕的时候，尽量满足社会各界的需求。为将精武精神以文字形式更加广泛的传播，精武体育会集中会员中的能文之士出资编辑出版了《精武外传》《精武本纪》等数十种武术类书籍。据相关资料显示，精武会出版的书目有44种，其中书籍31种，杂志7种，特刊6种。此外很多分会也自行编辑出版了多部武术专著或期刊。

作为国家级非遗"精武武术"的重要承载平台，在我国近代民间体育史上，它是成立最早、规模最大、历时最长的一个民间体育组织，在国内遍地开花，在海外许多国家开枝散叶，产生了极其广泛的影响。精武文化将中华民族的传统武艺与西方体育的概念和内容有机结合，"爱国、修身、正义、助人"以及"乃文乃武，唯精唯一"的尚武修文精神，构成精武的文化内涵，它超越了武术的各个门派，对于提振近现代中国人的民族精神起到了振聋发聩的作用。

精武会诞生在上海，活跃于世界各地，如今全球范围内已经有80多个国家与地区建立了精武会。"精武文化"本身的意义已经超越了体育与武术，超越了民族与种族，是上海一项不可多得的城市主题文化品牌。因为"精武"，中国传统武术的深厚土壤里，生长出一朵永不凋谢的奇葩！因为"精武"，近世以来积贫积弱的中国，擎起了一面振奋民族精神、弘扬中华国威的旗帜！因为"精武"，作为国际大都市的上海，在上海城市文化资源中，留下了可歌可泣的靓丽篇章！更是因为"精武"，强健着我们这个民族的精神与体魄。

向着全球卓越城市迅跑

上海，是一座具有深厚底蕴的历史文化名城，又是一座富有光荣革命传统的英雄城市，中国共产党的诞生地，也是一座崇德向善、文化厚重、和谐宜居的创新之城、人文之城、生态之城。

对现代中国而言，大上海的兴起具有极其特殊的意义。中国绝大多数城市基本上是行政中心，都要讲究城市的规模、地位与城市的行政等级，依次是都城、省城、府城、县城，都城比省城重要，省城比府城重要，府城比县城重要。但纵观上海的兴起，则完全超脱了这样一种模式，上海既不是"省会城市"，也不是"府治城市"，开埠的时候就是一座小县城，这座城市兴起过程中，不靠皇帝、不靠官吏，不靠行政级别，虽然上海的开埠还被迫的，但它是靠贸易发展起来，商业精神是它的灵魂，商业的本质是交易，交易的本质是平等。正如历史学家周武所说的："上海跟中国传统城市类型不一样，如果把上海放在世界城市序列中来观察的话，它显得非常另类。它不像伦敦、巴黎，伦敦、巴黎从前近代一直到现代，是通过自我更新机制来完成整个城市的演变，是从传统一直延续下来的；它不像纽约，上海是一个移民城市，纽约也是移民城市，但纽约是在主权完整的情况下发展起来的都市；当然它也不像加尔各答，不像香港那样，完全变成了殖民地，是殖民城市，上海则有所不同。就城市而言，上海是一个非常独特的标本。"（周武：《上海的两次跨越与三次转型》，载新华网）

中国之有现代工业始于上海，上海之有民族现代工业也始于上海。正是因为上海在全国率先实现工业化，上海才真正确立起自己无可撼动的优势地位。一旦形成优势，就会产生积累效应。全国工业资本和人才向上海集中，就体现了这种效应。但工业化不仅产生集聚效应，也会产生外溢效应。在上海工业化的进程中，中国其他城市无论是青岛、天津、汉口、无锡，还是大西北，现代工业的建立都离不开上海，最初都是从借鉴上海经验开始，然后慢慢发展起来。工业的发展，离不开研发，离不开现代科学技术。上海从一个滨海县城衍变为现代化国际大都市，每一步都离不开科学技术的研发、创新与发展，离不开科学技术的转化、应用和推广。

"五方杂处""客土杂居"的格局，极易在市民中养成一种海纳百川的气度和多元开放的性格。这种特质，为上海带来巨大的发展潜质和活力，也培育了上海人的一种"天下情怀"。新中国建立后，上海得到了全国各兄弟省市的帮助与支持，同样，共和国的困难，就是上海的困难。20

上海，拥有不可限量的伟大前程

世纪60—80年代，有超过150万的普通上海市民，响应政府号召，背井离乡，参与了"支内""大三线"和"小三线"建设，以及各种支援内地兄弟省市的建设事业，为了国家的需要，"打起背包走天下"，奔赴生活、工作和发展条件远差于上海的内地和边疆，其中还有很多人，至今没能落叶归根。

改革开放40年来，上海以壮士扼腕的精神，下决心治理苏州河，以良好的生态环境成为最普惠的民生福祉，从美丽家园到美丽乡村建设，从交通文明大整治到最美河道建设，从黄浦江滨江公共空间贯通工程到崇明世界级生态岛建设，上海把生态环境综合治理作为为民、利民、惠民的主要途径，精神文明创建工作虚事实做，接地气得民心，市民居住生活环境持续改善，市民群众的获得感和满意度也不断增强。面对全球气候变化和环境资源约束带来的发展瓶颈，上海致力于在2035年建设成为拥有较强适应能力和更具韧性的生态城市，并通过空间资源环境和基础设施等方面的动态改善，成为引领国际绿色、低碳、可持续发展的杠杆。

城市精细化管理就是政府通过与公众的良性互动，协调政府、市场和社会力量，确保各项公共事务有序进行，向公众提供广泛、优质、公正的公共服务。在"人民城市人民建，人民城市为人民"理念引领下，上海的未来，"建筑是可以阅读的，街区是适合漫步的，公园是最宜休憩的，市民是尊法诚信文明的，城市始终是有温度的。"城市不是钢筋水泥，城市不是漠然冷酷，城市不是嘈杂喧闹。城市应该是有温度的。有温度的城市，绿树成荫，风景如画；有温度的城市，微笑相待，互帮互助；有温度的城市，霓虹闪烁，魅力无限！

伟大的上海，前程不可限量；美好的未来，引领我们前行！

主要参考文献

书刊：

《上海府县旧志丛书》（电子版）内容包括《奉贤县卷》《南汇县卷》《崇明
　　县卷》《松江府卷》《松江县卷》《嘉定县卷》《宝山县卷》《青浦县卷》
　　《金山县卷》《上海县卷》《川沙县卷》，上海古籍出版社2017年版

《上海史》，唐振常主编，上海人民出版社1989年版

《上海通史》，熊月之主编，上海人民出版社1999年版

《近代上海城市研究》，张仲礼主编，上海人民出版社1990年版

《江南市镇：传统的变革》，樊树志著，复旦大学出版社2005年版

《实证上海史——考古学视野下的古代上海》，陈杰著，上海古籍出版社
　　2010年版

《论清末民初的中国社会》，蔡尚思等著，复旦大学出版社1983年版

《近代上海繁华录》，唐振常主编，商务印书馆1993年版

《旧上海史料汇编（全二册）》，上海通社编，北京图书馆出版社1998年版

《透视老上海》，熊月之著，上海社会科学院出版社2004年版

《旧上海租界史话》，薛理勇著，上海社会科学院出版社2002年版

《口岸开放与社会改革——近代中国自开商埠研究》，杨天宏著，中华书局
　　2002年版

《从上海发现历史——现代化进程中的上海人及其社会生活（1927—

1937)》，忻平著，上海人民出版社1996年版

《上海语言发展史》，钱乃荣著，上海人民出版社2001年版

《上海社会大观》，施福康主编，上海书店出版社2000年版

《霓虹灯外：20世纪初日常生活中的上海》，上海史研究译丛，［美］卢汉
　　超著，上海古籍出版社2004年版

《旧上海人口变迁的研究》，邹依仁，上海人民出版社1980年版

《海外上海学》，熊月之、周武著，上海古籍出版社2004年版

《上海的外国人（1842—1949）》，熊月之、马学强，上海古籍出版社2003年版

《1927—1937年的上海》，［法］安克强著，上海古籍出版社2004年版

《近代上海的公共性与国家》，［日］小浜正子著，上海古籍出版社2003年版

《魔都上海：日本知识人的"近代"体验》，［日］刘建辉著，上海古籍出
　　版社2003年版

《"江东孔子"顾野王》，蒋志明著，中国文史出版社2017年版

《上海街头弄口》，仲富兰著，上海辞书出版社2006年版

《上海民俗：民俗文化视野下的上海日常生活》，仲富兰著，文汇出版社
　　2010年版

《醉上海》，仲富兰著，文汇出版社2016年版

《上海六千年》（1—3卷），上海地方志办公室编　仲富兰著，上海人民出
　　版社2018年版

论文：

谭其骧《上海得名与建镇的年代问题》，《文汇报》，1962年6月21日。后
　　载《长水集》下册，人民出版社

谭其骧《上海市大陆部分的海陆变迁和开发过程》,《考古》1973年第
　　1期

吴贵芳《从建国以来上海考古发现看古代上海的发展》,《学术月刊》1979
　　年第9期

褚绍唐《吴淞江的历史变迁》,《华东师范大学学报（自然科学版）》1980
　　年第2期

黄宣佩、吴贵芳《从严桥遗址推断上海唐代海岸的位置》,《考古》1976
　　年第5期

吴健熙《丁文江和淞沪商埠督办公署》,《史林》1992年第1期

陈钰《试论马桥文化鸭形壶的来源与传播》,《南方文物》2011年第4期

张秀桂《上海浦东地区成陆过程辨析》,《地理学报》1998年第3期

葛剑雄《分清"上海"的四个概念》,《文汇报》2004年2月8日

周敏法《上海建镇年代考证辩》,《上海地方志》2018年第1期

赵震忠《上海县衙初十年址在今何处——兼说上海的根》, 载《上海地方
　　志》2001年第1期

周敏法《从〈云间志〉的"华亭"名称说起》,《上海地方志》2019年第
　　3期

周武《上海的两次跨越与三次转型》, 载新华网2020年1月10日

后　记

　　这本书的大纲草成于2019年的秋天，后来因手里有其他事情放下了，及至2020年初，新冠疫情病毒肆虐，宅家的日子，反而让我有时间静静地坐在书桌之前，修改稿子。几个月过去了，我国疫情防控形势持续向好，这本《上海小史》的初稿也完成了，心头上禁不住感到一阵轻松。

　　大概十几年前，我在华东师大传播学院讲授"民俗与旅游"课程，那个时候，我对于各地民俗旅游地提出了"三要素"的观点，即要有一篇精彩的导游词，提纲挈领地勾勒出它的历史文化精要之所在；要有最能体现这一地主体特色和特点的系统看点；当然最重要的是有一批熟稔当地历史文化的民俗文化学者，他们是一地（村、镇、乡）的公共民俗学家。直到现在，我还是坚持这些看法。在复兴传统文化的热潮中，有这批公共民俗学家作为地方文化的人才队伍，可以提振我们对土地记忆和地方文化事业的高速健康发展。我们欣喜地看到，这支队伍在上海已然形成，喜欢本土文化与土地记忆的学者越来越多，他们有的在史志、档案、文博、图书等机构供职，有的可能是各级学校任教，有的是教育、传媒或文化部门退休的文化工作者，更多的是业余文史爱好者，这是一支宏大的文化大军。以上海地方文化的情形而言，发挥好这支队伍的作用，功德无量，上海文化繁盛有望。多年来，我自己常常有这样的体会，就是将一地的历史文化放在一个历史的全局来考量至关重要，保持一种客观的眼光至为重要。历史地理和行政一直处于变动不居之中，如果为突出自己家乡的某个历史文化事项，添油加醋，无限放大；说到别处的文化事项就加以贬损，甚至妄议，就是不可取的治学态度。提高自己的视野和眼界，与提高自己的学养同等重要，甚至更加重要。我在本书写作过程中，就反复提醒自己，要力求客观公正。借书出版的机会，我将这点浅见与各位专家与同好共勉与分享。

写作过程的艰辛就不说了。深切感谢上海市闵行区政协党组书记、主席祝学军先生的帮助与支持。也感谢本书特约编辑吴玉林先生等，他们在本书的编辑、出版过程中，提出了许多很有价值的修改意见，付出了大量辛勤的汗水。

最后，衷心地期待上海史研究的专家学者、学者通人和广大读者多提宝贵意见，批评指正，多多赐教！

仲富兰

2020年4月15日初稿、7月31日改订

于沪上五角场凝风轩

图书在版编目（CIP）数据

上海小史 / 闵行区政协学习和文史委员会编；仲富
兰著. — 上海：上海书店出版社，2020.12（2021.2重印）
（"发现闵行之美"闵行区政协文史丛书）
ISBN 978-7-5458-1976-2

Ⅰ.①上… Ⅱ.①闵… ②仲… Ⅲ.①上海–地方史
Ⅳ.①K295.1

中国版本图书馆CIP数据核字（2020）第216881号

特约编辑	吴玉林
丛书策划	闵行区政协学习和文史委员会　明镜文化
责任编辑	张冬煜
封面设计	王小松

上海小史

"发现闵行之美"闵行区政协文史丛书·岁月有痕辑

仲富兰　著

出　　版	上海书店出版社
	（200001　上海福建中路193号）
发　　行	上海人民出版社发行中心
印　　刷	上海丽佳制版印刷有限公司
开　　本	710×1000　1/16
印　　张	22.25
字　　数	200,000
版　　次	2020年12月第1版
印　　次	2021年2月第2次印刷
ISBN 978-7-5458-1976-2/K.389
定　　价	88.00元